KB236259

키워드로 읽는 매체언어

키워드로 읽는 매체언어

저자약력

김승종

전주대학교 국어국문학과 교수

주요논저: 『한국현대소설론』, 『한국현대작가론』, 『문학감상과 글쓰기』(공저) 외

류수열

한양대학교 국어교육과 교수

주요논저: 『스토리텔링의 이해』(공저), 『문학@국어교육』, 『고전시가 교육의 구도』 외

이용욱

전주대학교 국어국문학과 교수

주요논저: 『사이버문학의 도전』, 『문학, 그 이상의 문학』, 『온라인게임 스토리텔링의
　　　　　서사시학』 외

키워드로 읽는 매체언어

초판1쇄 인쇄 2010년 8월 16일 | **초판1쇄 발행** 2010년 8월 23일

지은이 김승종 · 류수열 · 이용욱

펴낸이 최종숙 | **책임편집** 이태곤 | **편집** 추다영 · 임애정 | **표지 디자인** 안혜진 | **마케팅** 문택주

펴낸곳 글누림출판사

등록 제303-2005-000038호(등록일 2005년 10월 5일)

주소 서울 서초구 반포4동 577-25 문창빌딩 2층(우137-807)

전화 02-3409-2055 | **FAX** 02-3409-2059 | **이메일** nurim3888@hanmail.net

홈페이지 http://www.geulnurim.co.kr

ISBN 978-89-6327-082-1 93710

정가 : 16,000원

* 잘못된 책은 교환해 드립니다.

키워드로 읽는
매체언어

김승종 · 류수열 · 이용욱

글누림

머리말

우리가 살고 있는 오늘날을 규정하는 말은 무수히 많다. 그 중의 하나로 정보화 시대를 꼽을 수 있다. 오늘날 정보는 도처에 흘러넘친다. 그러나 그 흘러넘치는 정보에 인간이 휩쓸려 가는 것도 우리가 살고 있는 이 시대의 특징적인 현상이다. 인간이 정보의 주인이 아니라 정보가 인간을 지배하는 꼴이다.

정보는 전통적으로 서적의 형태로 유통되었다. 그런데 오늘날에는 정보통신 기기, 즉 대중매체를 통해 흘러 다닌다. 이미 구매체가 되어버린 TV, 신문, 영화, 그리고 21세기에 정보통신의 총아로 떠오른 인터넷에 이르기까지 서적을 대체한 미디어는 무수히 많다. 그래서 오늘날을 미디어 시대로 규정하기도 한다. 정보가 인간을 지배한다는 것은, 달리 말해 미디어가 인간을 지배한다는 말과 동의어라 할 수 있다.

이 책은 이러한 사태에 대응할 수 있는 비판적인 주체를 길러내야 한다는 교육적 목적 아래 기획되고 집필되었다. 물론 이와 유사한 목적을 가진 책들이 이미 간행되어 있다는 것도 알고 있다. 대부분 TV, 신문, 영화, 인터넷 등등 매체 장르별로 각각의 특성을 설명하는 체제를 갖추고 있다. 그러나 우리는 장르별 구별보다는 모든 매체 장르에 두루 적용될 수 있는 주요 개념을 중심으로 접근하는 것이 훨씬 더 효과적이라 판단했다. 그리하여 대학의 교양교육에서 학생들이 충분히 소화시킬 만한 수준에서 주요 개념을 고르고 이에 대한 설명을 풀어나갔다.

한 단원이 끝나면 'workshop/textshop'이라는 표제 아래 일종의 연습 문제를 덧붙였다. 보통 작품(work)이 작가의 권위를 동반하는 개념이라면, 텍스트는 독자의 자율성을 강조하는 개념이다. 이와 같은 구별법의 연장선상에서 우리는 이 책의 주된 독자가 될 학생들이 자율적으로 이 활동에 참여하기를 바라면서 연습 문제를 구성한 것이다. 정답을 쓰는 것이 중요한 것이 아니라 매체언어를 주체적으로 읽을 수 있는 능동적인 사고가 중요하다.

이 책은 세 명의 필자가 영역을 나누어 책임 집필 하였다. 서로 논의하고 토론하고 합의했음에도 불구하고 보완해야 할 부분이 적지 않다. 기회가 주어져 개정판을 내게 된다면 시각 자료의 역할이 분명해질 수 있도록 컬러판으로 바꾸고, 필자들 간의 문장 톤을 맞춰 문체와 뉘앙스의 차이도 줄이고 싶다. 여기에 더하여 책을 읽은 독자 여러분의 조언을 보태어 완성도를 더 높이고자 한다. 독자 여러분의 적극적인 참여를 부탁드린다.

마지막으로 책을 쓸 수 있도록 배려해준 전주대학교 총장님과 교양학부장님, 특별히 필자들에게 물심양면으로 도움을 주신 도서출판 역락의 이대현 사장님과 글누림출판사 최종숙 사장님, 무더위 속에서 글자와 문서와 종이와 씨름하며 책을 꾸며주신 이태곤 본부장님께 감사의 말씀을 전한다.

2010. 8.

필자 일동

 차 례

1장
매체언어 둘러보기

매체언어 둘러보기

1. 매체언어의 개념과 종류

매체언어는 일반적으로는 매체에서 쓰이는 언어를 가리킨다. 그러나 '매체'와 '언어'가 각각 지니고 있는 의미로 인해 이는 이는 동어반복에 가깝고, 이로 인해 그 개념을 규정하는 일이 순조롭지는 않다. 특히 '매체'는 넓은 의미와 좁은 의미의 두 가지 개념으로 통용되고 있어서 그 개념 규정에 어려움을 더해 준다.

미디어(media), 즉 매체라는 말은 어원적으로 양면적 의미를 내포하고 있다. 미디어의 어원적 의미는 '중간'이고, 이 중간은 서로 거리를 두고 있는 두 개의 항을 양편에 두고 있을 때 성립한다. 이 중간은 서로 떨어져 있는 두 지점의 거리를 전제할 뿐 아니라 그 두 지점이 상호간에 맺고 있는 관계를 내포한다. 다시 말해 미디어란 '거리'와 '매개'라는 양면적 의미를 동시에 포함하고 있는 것이다.

매체의 개념을 이처럼 폭넓게 설정하면, 인간의 모든 언어활동을 매체를 이용한 행위로 볼 수 있게 된다. 음성언어이든 문자언어이든 그것은 두 인격 사이의 시공간적 거리를 좁히는 데 핵심적 기능을 두고 있기 때문이다. 그 언어활동의 목적이 정보의 교환에 있든 관계의 형성에 있든, 그리고 언어활동의 양상이 일방적이든 쌍방적이든 그 기능은 변하지 않는다. 나아가 기계나 전파라는 도구를 통한 의사소통도 매체를 이용한 행위이다. 이러한 견지에서 보면 '매체언어'라는 말은 마치 '인간남자'와 같은 일종의 동어반복이며, 의미의 과잉이기도 하다.

넓은 의미로 쓰이는 매체 개념에 근거하여 현재까지 인간이 영위해 온 매체를 구별해 보면 다음과 같다.

매체의 종류	특성	예
표출매체 (presentation)	면대(面對)하여 직접 소통되며 저장이 불가능함	음성언어
표상매체 (representation)	표상적 부호로 소통되며, 먼 거리에두 통달이 가능하고, 저장이 가능함	전보, 신문, 잡지, 만화 등
기계/전자매체 (mechanic/electronic)	표상적 또는 기술적 요소가 필요하고, 장치의 조작능력을 요함	전화, 라디오, 텔레비전, 인터넷 등

위에서 알 수 있듯이 인간이 의사소통을 위해 발명한 모든 것은 실상 매체에 포함된다. 개인 간에 주고받는 은밀한 편지를 매체로 보는 데는 이견이 있을 수 없다. 문자언어를 통해서 소통되기 때문이다. 그런데 문자가 아닌 다른 부호를 통해서도 의사소통은 가능하다. 어떤 모양을 본뜬 그림은 물론이고 연기와 불의 관계와 같이 필연적인 인과 관계를 맺는 지표, 사전에 정해진 약속을 통해 성립되는 부호도 모두 매체에 포함된다고 볼 수 있다. 암각화나 고분벽화 등 문자가 발명되기 이전의 모든 그림, 봉화를 올려서 위기 상황을 알리는 통신은 물론이고, 음의 고저장단을 표시한 오선지나 정간보, 지리를 표시한 약도나 지도 등도 당연히 매체에 포함되는 것이다. 이들 매체는 언어를 포함하고 있지는 않지만, 어떤 의미를 담고 있는 부호를 가지고 있기 때문이다. 이 부호를 매개로 어떤 메시지를 전달하는 사람과 그것을 수용하는 사람이 소통을 하게 되는 것이다.

〈울산 반구대 암각화〉　　　　　〈고구려 고분 벽화〉

　그런데 이렇게 되면 우리가 일상적으로 쓰고 있는 '매체'와 의미 층위에서 혼란이 생겨날 수도 있다. 우리가 '대중매체(mass media)'를 한 단어로 인식하는 데서 알 수 있는 것처럼, 매체는 통상적으로 인간의 의사소통에서 전통적으로 활용되었던 문자언어나 음성언어 자체가 아닌, 그러한 언어를 실어 나르는 도구를 가리키는 경향이 때문이다. 이것이 좁은 의미로 쓰이는 매체의 개념이다. 구체적으로는 기계나 전기, 전파 등의 기술적·공학적 수단이 매체인 셈이다. 이 협의의 개념에 기댄다면, '매체언어'의 개념은 기계나 전기, 전파 등을 이용하여 무차별적 대중 혹은 다중(多衆)을 대상으로 메시지를 전달하는 언어로 규정된다.

　그러나 언어는 내용물이고, 매체는 이를 담는 그릇이라는 논리를 담고 있는 이러한 개념 규정에도 문제가 있다. 매체 자체에 의해 언어의 형식은 물론이고 내용까지도 달라지는 현상을 설명하기 어렵기 때문이다. 따라서 다소 조작적이라 하더라도 다음과 같이 매체언어를 정의하기로 한다.

　먼저 '매체'를 대중매체를 가리키는 의미로 쓴다. 따라서 사적인 용도로 쓰는 전화는 여기에 포함되지 않는다. 다음으로 '언어'는 매체에 내재적으로 부가되거나 포함되어 있는 기호를 가리키는 뜻으로 쓰는 것이다. 여기에서 '내재적'이라는 수식어가 붙는 것은 이들 매체가 어떤 의미를 가지는 기호를 필연적으로 거느려야 하기 때문이다. 이는 기차와 텔레비전의 차이를 통해 더 확연하게 확인할 수 있다. 기차도 넓은 의미에서는 매체 중의 하나이지만, 그것이 필연적으로 항상 어떤 의미를 지닌 기호를 동반하지는 않는다. 반면에 출연자의 음성언어나 자막과 같은 문자언어, 그리고 인물이나 배경 등의 이미지가 배제된 텔레비전은 존재하기 어렵다. 그런 텔레비전이 있다면, 그것은 단지 하나의 가구나 장식품에 지나지 않는다. 여기서 말한 기호에는 음성언어 혹은 문자언어는 물론이고, 이미지와 동영상, 청각적 음향과 음악 등 어떤 의미를 내재적으로 거느리게 되는 모든 것이 포함된다. 따라서 '매체언어'에서 '언어'는 모든 기호를 대표하는 개념인 셈이다. 이렇게 되면 매체언어는 기계나 전기, 전파 등을 이용하여 무차별적 대중 혹은 다중(多衆)을 대상으로 메시지를 전달하는 기호로 규정된다. 라디오, 대중소설, 만화, 잡지, 신문 등의 인쇄물과 텔레비전, 비디오, 영화 등의 영상물, 컴퓨터 통신 및 인터넷 등이 여기에 포함된다.

2. 매체언어의 특성

매체언어의 공통된 점을 생산자와 수용자의 관계를 중심으로 간추려보면 다음과 같다. 먼저 매체언어의 수용자가 불특정 다수의 대중들이라는 점을 들 수 있다. 전파나 웹은 공간을 차별하지 않고 거의 무한대의 공간을 넘나든다. 수용자는 기계를 조작할 수 있는 간단한 기능만을 익혀도 매체언어의 소통에 거의 무한정으로 참여할 수 있게 된다. 생산자는 자신의 매체적 언어활동이 구체적으로 어떠한 인격을 가진 개인을 상대로 하는지를 고려하지 않는다. 따라서 자연스럽게 생산자와 수용자는 매체를 매개로 거리를 좁히기는 하지만 인격적인 관계를 형성할 수는 없다. 거리의 축소가 반드시 친밀성을 형성하지는 않는 것이다. 바로 이 점에 매체언어의 역설이 있다.

매체언어의 이와 같은 일반적 성격은, 모든 매체가 인간의 삶의 형식에 변화를 불러일으킨다는 점에서 특히 주목되어야 한다. 문자의 발명이 음성언어의 시공간적 한계를 극복하게 만들었으나, 문자언어는 단순히 음성언어를 대체하는 편리한 도구에 그치지 않았다. 기록문화를 형성하고 인간의 삶의 방식을 변화시켰다. 먹 혹은 잉크가 인간의 성대를 대체한 도구에 머물지 않았던 것이다. 마찬가지로 매체언어의 등장도 일차적으로는 음성언어나 문자언어의 한계를 넘어서게 하는 편리한 도구의 등장으로 이해할 수 있으나, 기계/전자매체의 등장을 단지 새로운 의사소통의 도구 하나가 추가된 것으로만 볼 수는 없다. 왜냐하면 미디어 자체가 견인해 내는 삶의 변화와 차이에 주목한 '미디어가 곧 메시지'라는 맥루언(Marshall McLuhan)의 명제가 뜻하는 바처럼, 미디어 자체가 인간의 감각 형태(men's sensory patterns)를 변화시키기 때문이다. 컴퓨터로 글을 쓰는 경우라면, 그것은 이전의 글쓰기 도구인 펜을 키보드로 교체한 정도에 머무르지 않고, 문체와 사고방식, 표현 주체의 자기 존재에 대한 인식까지를 바꾸어놓고 있음을 쉽게 확인할 수 있다. 따라서 컴퓨터는 단순히 하나의 도구적 기계에 불과한 것이 아니라 그 자체가 의사소통의 한 형식으로 바라보아야 할 것이다. 이는 물론 라디오와 텔레비전에 대한 접근에서도 마찬가지이다.

또 하나의 특징은 신매체의 등장이 구매체를 결코 대체하지 않는다는 점이다. 새로운 매체의 탄생은 이전의 매체를 대체하는 것이 아니라, 다만 매체의 범위와 종류를 넓히면서 새롭게 부가될 따름인 것이다. 물론 펜이 붓을 대신하면서 붓이 사라져가듯이, 미시적인 도구의 국면에서는 대체가 있을 수 있다. 그러나 문자 자체가 음성을 대체하지 못하듯이, 거시적인 채널로서의 매체는 결코 대체될 수 없는 것이다. 이는 자동차가 나타났다고 해서 자전

〈마살 맥루언〉

거가 사라지지 않는 것과 같은 이치이다.

나아가 이들 매체들은 서로 상보적일 수는 있어도 변별적이거나 배타적일 수는 없다는 점도 특징이라 할 만하다. 문자의 등장 이후, 순수한 구술성도 순수한 기록성도 없어진 것처럼, 매체의 본성들은 끊임없이 융합되고 착종된다. 구술성이나 기록성은 어디까지나 질적 경향일 뿐이다. 모든 커뮤니케이션의 형태는 확장과 복잡한 적응 시스템 안에서 공진(共進)·공존(共存)한다. 새로운 매체는 자발적이고 독립적으로 나타나지 않고 기존 미디어의 변형을 통해 점진적으로 나타난다. 또한 매체언어의 새로운 등장과 정착은 기존에 형성되어 있던 구술의 질서와 기록의 질서에 변화를 초래한다. 인터넷에서 쓰이는 어휘나 문장들이 문자 텍스트나 음성 담화에 뒤섞이는 현상이 이를 뒷받침하는 하나의 사례이다.

즉흥적이지 않고 철저하게 계산된 방식대로 송신된다는 점도 매체언어의 특성으로 추가할 수 있다. 방송이나 영화에서 보듯이, 하나의 매체언어 텍스트가 성공하기 위해서는 수용자의 관심을 끌어야 하는바, 매체언어의 계획성과 의도성은 바로 그 관심을 끌기 위한 전략이다. 매체언어 텍스트에 대한 수용자의 관심이란, 얼마나 깊고 넓게 공감할 수 있는가 하는 점과 얼마나 지속적으로 흥미를 가질 수 있는가 하는 문제로 나누어 생각해 볼 수 있겠다. 매체언어의 성공은 결국 공감의 깊이와 넓이, 그리고 흥미의 지속성 정도에 의해 판가름 나는 것이다. 따라서 하나의 매체언어 텍스트를 제작하는 과정은 철저하게 계산된 스크립트(script; 대본)에 의해 진행된다. 누가 출연해서 말할 것인가, 언제 만들고 언제 방송할 것인가, 얼마나 오래 방송할 것인가, 어디에서 촬영할 것인가, 어떤 내용을 담고, 어떤 형식으로 엮어나갈 것인가 등등의 제반 계획이 사전에 미리 수립된 후에 제작되는 것이다. 물론 장르에 따라서는 출연자가 미리 주어진 계획대로 연행을 했다 하더라도 편집 과정에서 재구성될 수도 있다. 그러나 그 편집마저도 공감과 흥미의 증폭을 겨냥하여 이루어지는 것이 일반적이다. 결과적으로 매체언어는 공감과 흥미를 겨냥하는 흥행(興行)인 것이다. 더욱이 대중을 상대로 한다는 점, 궁극적으로 영리를 목적으로 삼고 있다는 점에서도 매체언어는 하나의 흥행으로 간주될 수 있을 것이다.

그러나 이러한 공통점 못지않게 각각의 차이점에 대해서도 주목할 필요가 있다. 표상매체인 신문과 기계/전자매체인 TV 방송이 동일한 사건을 보도하는 경우는 물론이고, 같은 기계/전자매체에 속하는 TV 방송과 인터넷이 동일한 화제를 다루는 경우에도 그 차이는 작지 않다. 일간지 신문에 실리는 만화와 인터넷에 게시된 만화도 소재의 선정에서부터 내용의 편폭에 이르기까지 모두 다를 수 있다. 이제 동일한 사건을 보도한 두 가지 매체언어를 통해 이를 확인해 보기로 한다.

(가) '결혼관' 세대차이‥엄마 따로, 딸 따로

▌앵커▌

결혼 적령기에 대해 요즘 어머니와 딸들은 어떤 생각을 가지고 있을까요? 여성들의 사회적 지위가 급격히 변하면서 같은 여성이라도 결혼에 대한 세대 간 생각 차이는 큰 것으로 나타났습니다.
○○○ 기자입니다.

▌화면▌
▌자료화면▌ 통화모습
"평범하게 사는 게 여자는 최고 행복한 거야. 결혼해서 자식도 낳고, 신랑한테 사랑도 받고……"
"엄마, 결혼이 우선이야? 나는 일하는 게 재밌는데……."
"우선이지. 너 나이가 몇 살인데……."

가끔 회사로 걸려오는 어머니의 안부전화는 이렇게 말다툼으로 끝날 때가 있습니다. 실제로 통계청이 2~30대 여성과 50세 이상 여성을 나눠 결혼에 대한 의식차이를 조사했더니, 50세 이상에서는 '결혼은 반드시 해야 한다'는 응답자가 많았지만, 2~30대에서는 '결혼은 해도 좋고 안 해도 좋다'는 응답자가 더 많았습니다.

┃인터뷰┃

박정현(27세)/회사원

"(사회생활한 지) 제가 1년 정도 됐거든요. 그래서 그런지 아직은 일을 하고, 제가 일에서 뭘 성취할지가 더 중요하지 결혼에 대해서는 깊이 생각해 본 적이 없는 것 같아요."

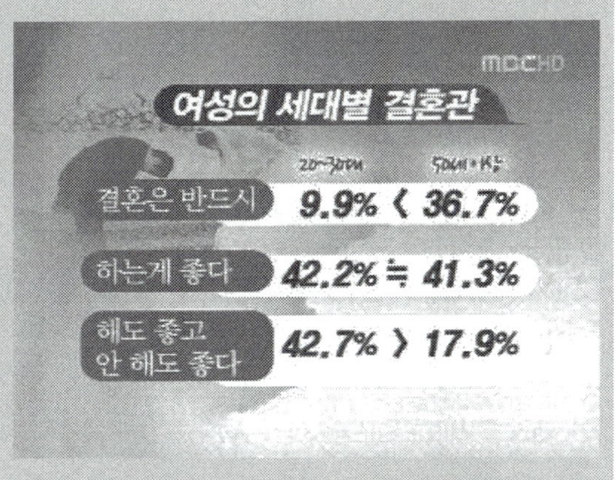

여성의 사회적, 경제적 지위 변화 속도를 감지할 수 있는 현상은 또 있습니다. 지난해 여학생의 대학진학률은 82.4%로 남학생의 진학률을 처음으로 추월했습니다.

┃인터뷰┃ 이소라/○○대학교 대학원 2학년

"수업조교를 하며 명부를 봤었을 때 실질적으로 눈에 보이니까, 수치가 눈에 보이니까 그때 제일 많이 느꼈고. 그리고 도서관에서도 여학생이 굉장히 공부를 많이, 열심히 하고 있거든요."

지난 6월 뽑힌 지방의회 의원 중 여성의원의 비율도 4년 전 선거보다 6% 포인트 가량 늘어나 사상 최고인 20%를 기록했습니다. 세대를 가리지 않고 집안일은 대부분 여성이 주로 담당하고 있어 아직까지 여성이 바라는 사회적 지위와 현실 사이에는 상당한 거리가 있는 것으로 나타났습니다.

mbc뉴스 ○○○입니다.

▶ 출처 : imnews.imbc.com

(나) 모녀세대간 결혼관·가족관 세대차 극심
─ 여성가구주 삶의 만족도 크게 낮아 ─

우리나라 모녀 세대 간 결혼관과 가족관 등에서 커다란 세대 차이를 보이는 것으로 나타났다. 또한 여성가구주들의 삶의 만족도가 일반 여성들에 비해 상대적으로 낮은 것으로 조사됐다.

4일 통계청의 '2010 통계로 보는 여성의 삶'에 따르면 어머니 세대인 50대 이상 여성은 결혼에 대해서 '반드시 해야 하거나(36.7%)'나 '하는 것이 좋다(41.3%)'라고 생각하는 것으로 조사됐다. '해도 좋고 하지 않아도 좋다'는 17.9%였다.

반면, 딸 세대인 20~30대는 9.9%만이 반드시 해야 한다고 생각할 뿐, 42.7%가 해도 좋고 하지 않아도 좋다고 생각해 큰 견해 차이를 보였다.

이혼에 대해서도 극명한 차이가 나타났다. 50대 이상 여성은 '어떤 이유라도 이혼해서는 안 되며(30.5%)', '이유가 있더라도 가급적 해서는 안 되는 것(44.1%)'으로 알고 살아온 것으로 조사됐다. 20~30대 딸들 세대는 절반 가까운 47.8%가 '이혼 할 수도 있고 하지 않을 수도 있다'고 생각하는 것으로 나타났다.

가사분담에서는 50대 이상 여성은 74.9%가 '부인이 주도'해야 한다고 생각했고, 20~30대 여성은 '부인이 주도(51.8%)'에 이어 47.3%가 '공평하게 분담' 해야 한다고 생각했다.

노부모 부양은 50대 이상 여성은 44%가 '가족'이 노부모를 돌보아야 한다고 생각하지만, 20~30대 여성은 50.7%가 '가족과 정부·사회'가 함께 돌보아야 한다고 생각했다.

가족관계 만족도에서는 50세 이상의 경우, 배우자와의 관계에 있어서는 51.8%가, 배우자 부모와는 36.1%만이 '만족'하는 것으로 나타났다. 반면 20~30대 여성은 현재 배우자에 대해 71.4%가, 배우자부모에 대해서는 54.3%가 '만족'한다고 응답해 어머니 세대보다 훨씬 만족도가 높은 것으로 나타났다.

'남녀가 결혼을 하지 않아도 함께 살 수 있다'는 의견에 대해서 20~30대 여성의 52.6%가 동의하지만 50세 이상 여성은 74.9%가 반대했다. '외국인과의 결혼'에 대해서는 20~30대의 66.0%가 '상관없다'고 생각했으나 50세 이상 어머니 세대는 57.3%가 반대했다.

20~30대 여성은 92.1%가 '직업을 가지는 것이 좋다'고 생각했지만 50대 이상 여성은 20~30대 보다는 다소 낮은 77.8%만이 여성 취업에 대해 긍정적이었으며, 12.9%는 '가정 일에 전념하는 것이 좋다'고 생각하여 세대 차이를 보였다.

소득, 직업, 교육, 재산 등을 전반적으로 고려했을 때, 20~30대 여성 본인이 생각하는 주관적 사회경제적 지위는 66.9%가 '중층'이라고 응답했으나 50대 이상 여성의 경우, 절반 이상인 51.7%가 본인은 '하층'이라고 생각했다.

한편, 올해 현재 우리나라의 총 1715만 2000가구 가운데 여성이 가구주인 가구는 380만 9000가구로 전체 가구의 22.2%를 차지한 것으로 나타났다.

노후준비를 하고 있다고 응답한 여성가구주는 55.5%로 전체 여성(61.2%)보다 낮게 나타났다. 여성 가구주의 주된 노후 준비 방법은 국민연금(37.6%)과 예금·적금(28.3%)순이었다.

60세 이상 여성가구주 중 '본인 및 배우자'가 직접 생활비를 마련하는 비율은 40.6%에 불과하고, '자녀 또는 친척 지원(40.0%)'을 받거나 '정부·사회단체의 도움(19.3%)'을 받는 비중도 높았다.

여성가구주 10명 중 3명은 '낙심하거나 우울할 때 도와 줄 이야기 상대'나 '몸이 아파 집안일을 부탁할 사람'이 없는 것으로 나타났다. 여성가구주의 15.3%가 현재 생활에 '만족'한다고 응답해 전체 여성의 만족 비율(19.5%)보다 낮게 나타났다.

여성 가구주의 10명 중 1명은 지난 1년 동안 한 번이라도 자살하고 싶다는 생각을 해 본 적이 있다고 응답했다. 그 이유는 '경제적 어려움(43.5%)'과 '외로움·고독(18.5%)'으로 나타났고, 가정불화(11.8%)도 있었다.

▶ 출처 : www.eto.co.kr(경제 투데이)

　(가)는 TV 방송 자료이고, (나)는 인터넷 경제 전문지의 기사 자료이다. 모두 통계청의 자료를 출처로 삼고 있다. 그러나 제목에서부터 초점은 다르다. (가)에는 결혼관에만 초점이 있고, (나)에는 결혼관뿐만이 아니라 가족관, 그리고 여성가구주의 삶의 만족도까지 표제와 부제를 통해 제시하고 있다. 제목이 그러한 것처럼 전체 기사 내용도 그 범위와 상세도를 달리하고 있음을 확인할 수 있다. 경제 전문지의 정체성을 보여주는 것이다.

　표현 면에서도 두드러진 차이가 있다. 텔레비전은 '~합니다'체를 사용하는 반면에, 인터넷 신문은 '~하다'체를 사용한다. 구어체와 문어체의 차이에 가깝다. 또 문장의 길이는 텔레비전에 비해 인터넷 신문이 상대적으로 길다. 이는 문자언어를 사용하는 신문에서는 문장이 다소 길더라도 독자들이 집중해서 독해를 할 수 있지만, 텔레비전 방송은 집중할 여유를 주지 않는 데서 비롯된 결과이다. 텔레비전 방송에서는 시각 언어가 포함되어 있긴 하지만, 대부분의 정보가 청각적으로 수용되므로 말의 문장이 길면 이해에 장애가 되기 때문이다.

　이 밖에도 텔레비전이 모녀간의 전화 통화를 삽입하여 극적인 효과를 높이고 있다는 점, 인터뷰 장면을 삽입하여 전달력을 높인 점 등을 두드러진 차이로 꼽을 수 있다. 이는 인터넷 신문에서는 통계 자료를 도표화하여 정리하는 한편 그 자료를 문장으로 풀이하면서 통계 수치를 제공함으로써 객관적 정보 위주로 흘러가는 점과 구별된다.

　물론 이러한 차이에는 기사 작성자의 개인적 관점의 차이가 작용하기도 하지만, 기본적으로는 매체에 따라 정해진 시간이나 지면에서 제공할 수 있는 정보의 양이 다르기 때문에 생겨난다. 매체는 이처럼 정보의 질이나 수준을 결정하는 데에도 절대적인 영향을 미친다.

Workshop/Textshop

1. 신문과 방송은 대표적인 매체언어이면서도 그 특성은 다르다. 그런데 그 특성을 역이용해서 기사를 작성하는 경우도 있다. 다음 자료가 신문에 보도된 기사라는 점을 고려하여, 통상적인 기사와 비교하여 어떤 보도 전략을 취하고 있는지, 그 효과는 무엇인지 판단해 보자.

'눈물의 커피'를 마시는군요

저는 커피콩입니다. 제 이름은 '히말라야의 선물'이고 네팔의 해발 2000m 고산지대에 있는 굴미마을이 고향입니다.

우리는 키 1cm에 몸무게 0.15g의 작고 못생긴 존재지만, 그 몸 안엔 지름 1만2756km의 지구가 겪는 눈물과 한숨이 고스란히 스며 있지요. 제 친구들이 자라는 네팔을 비롯해 케냐·인도네시아·브라질 같은 '커피벨트'에서 2500만명의 커피 경작 농민들이 다국적 기업에 착취당하며, 땀 흘려도 가난의 굴레를 벗지 못하고 있으니까요.

아프리카 우간다의 키툰투에서 자란 친구들 얘기를 들어보죠. 1kg당 영국돈 40펜스(730여원)에 '코요테'로 불리는 중간상인들에게 팔려간답니다. 생산 비용의 60%도 안 되는 값이라니! 1997년 500명이던 이 마을 중학생 수는 4년 만에 54명으로 확 줄었다고 하지요. 아이들도 농장에서 일해야 했기 때문입니다.

그러나 다행히도 전 저를 심어 기른 하리고탐 아저씨한테 더는 고통을 주지 않습니다. 한국의 '아름다운 가게'에 1kg당 3천원에 팔리게 됐거든요. 물론 아저씨는 그 돈으로 농약과 화학비료를 쓰지 않으면서 제 친구들을 다시 키우고, 아이들을 학교에 보낼 수도 있게 됐지요.

한국에 온 저는 서울 명동의 한 커피 아카데미에서 볶아집니다. 지금은 어느새 달콤쌉싸름하고 풋풋한 초콜렛향 커피로 다시 태어나 동그란 에스프레소 잔에 담겼습니다. 아, 저기에 저를 음미할 손△△(47)·○○(43)씨 자매가 앉아 있군요. 두 분은 곧 커피 전문점을 내려고 이 곳에서 전문가 과정을 수강하고 있다는데, 무슨 말을 나누는지 들어볼까요?

"언니, 이 5천원짜리 커피 한 잔이 농사지은 네팔 사람한텐 수고로움의 대가를 제대로 치러주고, 마시는 한국 사람한텐 농약 걱정 없이 커피를 맛있게 즐길 수 있도록 해준다는 게 참 장해."

"응! 저 멀리 사는 농부들이 나랑 연결돼서 함께 살아가는 사람들이라는 느낌이 들어. 우리, 가게 내면 '히말라야의 선물' 커피도 같이 팔면 어떨까? 이 착한 커피, 손님들도 좋아하지 않을까?"

저는 보름 전부터 한국에서 일반 소비자들에게도 팔리고 있어요. 9월부터는 저를 파는 가게와 커피점들이 훨씬 많아질 거라고 하네요. 유럽이나 미국에서처럼 말이죠.

커피를 마시는 게 누군가의 눈물이 아닌, 행복을 마시는 일이라면 얼마나 좋을까요. 지구의 환경과 미래, 연대를 지키는 행복한 커피향이 이 땅에도 빨리 퍼져나가면 좋겠습니다.

▶ 한겨레 신문(2006. 09. 02)

작성 전략	문체 (어투)	
	설명 방식	
전달 효과		

2. 다음은 매체언어 교육에서 강조되고 있는 수용자들의 기본적인 의문점들이다. 이러한 의문점들이 매체언어의 어떠한 특성을 염두에 두고 도출된 것인지 추리해 보자.

* Who is communicating, and why?
* What type of text is it?
* How is it produced?
* How do we know what it means?
* Who receives it, and what sense do they make of it?
* How does it present its subject?

▶ A. Goodwyn, *English Teaching and Media Theory*, Open University Press, 1992, p. 33

3. 매체의 변천

매체(media)라는 용어의 어원이 고대 희랍에서 '사이(between)'의 의미를 가진 단
어로부터 유래하였다는 사실에서 알 수 있듯이 사람과 사람 사이에 의사전달의
주요한 수단이었던 매체는 당대 최고의 테크놀로지를 항상 필요충분 조건으로 삼
았다. 인간은 사회적 동물이며, 사회 구성원으로의 위치와 역할을 공고하게 하기
위해서는 타인과의 커뮤니케이션이 중요했다. 원활한 커뮤니케이션과 효과적인
의사 전달을 위해 인간은 도구를 사용하기 시작했고 바로 그 도구가 기술의 발전
과 맞물려 매체로 진화하게 된다.

최초로 인간이 사용한 도구는 인간의 몸 자체였다. 발성기관을 통한 말하기
(telling)는 서로 얼굴을 맞대고 이야기를 나눌 수 있다는 점에서 친밀감과 유대감을
확보할 수 있었고, 이는 아직 사회 규모가 거대화, 익명화, 분화되지 않은 인류 문
명 초창기에 매우 유용한 수단이 되었다.

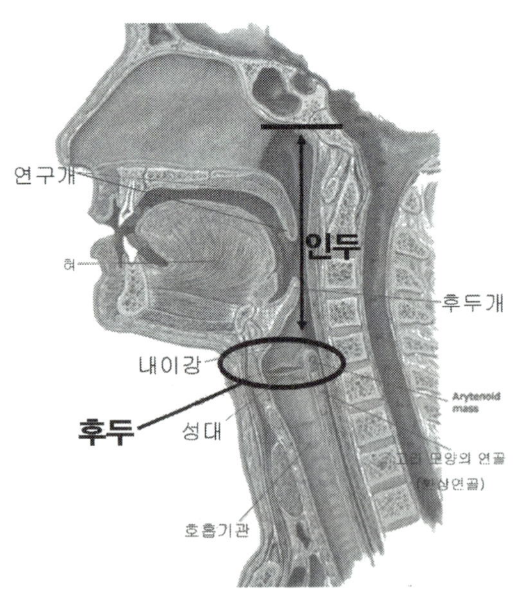

인간의 몸을 이용한 최초의 매체를 '음성매체'라고 부른다. 음성을 통한 의사소통을 위해서는 수신자와 발신자가 동시에 한 장소에 존재해야한다. 얼굴과 얼굴을 맞대고 의사소통을 하기 때문에 매우 생동감 있고 관계중심적이며 수신자와 발신자간에 직접적이고 즉각적인 피드백이 가능하다. 의사소통을 위해 특별한 장비가 필요치 않으며 고도의 기술을 배워야 할 필요도 없다. 음성언어는 생득적인 능력이기 때문이다. 음성언어는 시간과 공간의 제약을 가장 많이 받는 매체이다. 말해지는 순간 공기에 흩어져버리는 강한 휘발성 때문이다. 긴 문장이나 상당 분량의 메시지를 가감 없이 재생하는 것이 용이하지 않다. 재생할 때 누락하거나 첨가하는 등의 왜곡 현상 또한 가장 심한 매체라고 할 수 있다. 이야기를 전달하는 수단으로 음성을 사용해오면서 인류는 이런 한계를 극복하기 위해 많은 노력을 하였다. 예컨대 음성으로 전달되는 메시지를 잘 기억하기 위한 시적인 운율 사용, 알파벳의 첫자를 이야기의 실마리로 풀어가는 방법, 다양한 감정을 전달할 수 있도록 음성의 고저장단, 빠르기, 톤 등을 사용하고 표정과 몸짓 등의 바디랭귀지를 보조 수단으로 활용하기도 하였다.

그러나 개인 대 개인 간의 정서적 의사소통에는 별 문제 없었지만 집단이 축적한 지식과 정보를 후대에 전달하기에 음성매체가 소통 조건으로 갖는 면대면 환경은 치명적인 한계를 노출하였다. 뛰어난 통찰력과 기억력을 지닌 현명한 원로가 죽었을 때 발생하는 집단 전체의 지적 퇴보는 우려할만한 수준이었다. 결국 인류는 시간의 제약을 받고 저장이 안 돼는 음성매체를 대체할 수 있는 새로운 도구를 발명할 필요성을 느끼게 되었다. 주술적인 목적으로, 왕권을 강화하고 신성함을 강조하기 위해서, 상업적인 거래의 수월성을 위해서 등 다양한 요구에 의해 발명된 인류 최초의 문자는 기록과 저장의 당대 최고 기술력의 집약이었다. 문자의 발명은 매체와 기술이 결합된 최초의 사례이다.

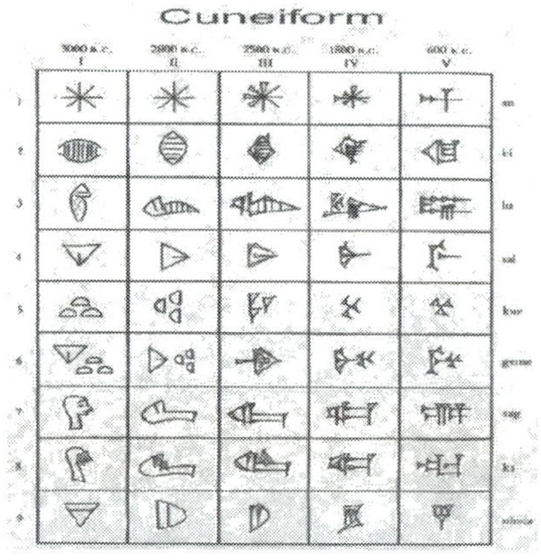

〈설형문자의 변천〉　　　　　〈점토판에 새겨진 쐐기문자〉

　　문자의 발명으로 인류는 시간과 공간을 초월하여 자신의 메시지를 보전하고 먼 지역까지 전달할 수 있게 되었으며, 세대를 초월하여 지식을 전수하고 축적하며 같은 주제를 시공간의 차원을 달리하여 학자들이 동시에 탐구하는 진정한 학문의 시대를 열게 되었다. 문자의 발명과 더불어 인류의 지식 문명이 놀랄만한 성취를 이뤄내게 된 데에는 종이와 인쇄기의 발명이라는 기술적 쾌거를 배경으로 하고 있다.

〈중세 수도원의 필경사〉

　문자의 발명으로 인해 인류의 커뮤니케이션 활동은 음성매체에 비해 질적으로 양적으로 비약적인 발전을 이룩하였지만 문자 매체 역시 음성매체와 마찬가지로 인간의 육체적 활동(필사)에 의존한다는 점에서 몇 가지 태생적인 문제점을 안고 있었다. 첫 번째, 문자매체의 생산자와 소비자가 문자를 읽고 쓸 수 있으며 종이와 필기구를 소유할 수 있는 경제적 부를 확보한 소수의 지배 계급에 집중됨으로써 지식과 정보가 지배 계급의 권력을 정당화하고 세습화하는데 이용되었다. 두 번째, 인류가 생산해내는 지식과 정보를 다 기록해내기에 소수의 지식인들에 의해 진행되는 수작업의 속도가 따라가지를 못하였고 결국 생산과 소비의 불균형으로 이어졌다. 마지막으로 수작업으로 생산된 필사본은 소량 생산될 수밖에 없다. 오래된 지식과 정보일수록 그만큼 귀중한 것이지만 전쟁이나 약탈, 방화 같은 외부적 요인에 의해 소실된다면 그것을 복원해내는데 어려움을 겪을 수밖에 없다.

　중세의 황혼기에 문자매체를 통한 지식과 정보의 확산이 한계점에 다다르고 르네상스인(신지식인)의 등장으로 인본주의 사상이 널리 퍼지게 되자 인간의 지적 활동과 그 결과물을 널리 공유하기 위해서는 더 빠르고, 더 정확하고, 더 경제적인 기술의 등장이 요구되었다. 독일의 기술자 구텐베르크가 그 요구에 응답하여 인쇄기를 발명함으로써 오랜 시간 지속되었던 문자매체의 시대는 막을 내리고 인쇄매체라는 새로운 매체의 시대가 시작되었다.

〈구텐베르크의 활판 인쇄기〉

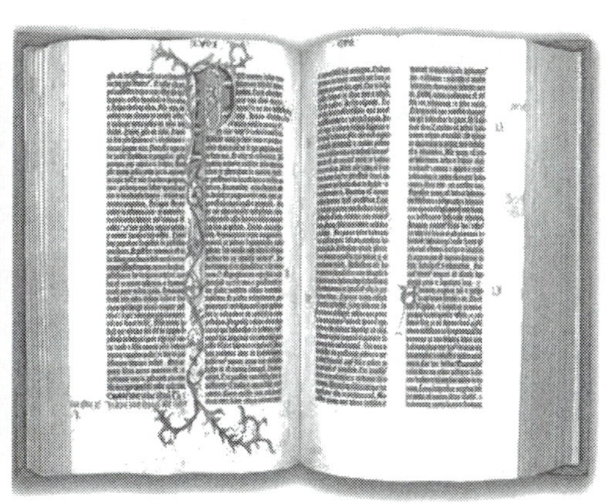

〈미국 텍사스대학에 소장된 구텐베르크 성서〉

인쇄술의 등장으로 인류는 또 한번의 지적 혁명을 경험하게 된다. 인쇄기의 발명으로 생산 속도가 빨라진 지식과 정보는 소수의 독점을 넘어 사회 전반에 광범위하게 확산됨으로써 대량 생산과 대량 소비로 이어졌고, 중세봉건질서가 무너지면서 새로운 신질서의 주역으로 부상한 부르조아 계급의 이데올로기 문법을 충실하게 따르게 된다. 인쇄매체를 대표하는 책의 등장은 작가와 독자를 구분지었고, 선형적 독서를 체계화하였으며, 학문을 분화 발전시켰고, 지식과 정보의 공유를 통한 민주주의를 촉진하였다. 이제 지식과 정보는 보수적인 도서관에서 뛰쳐나와 교환가치를 갖는 상품으로 시장에 나오게 되었고 문자의 탄생 이후 몇 천년만에 '말(귀)'의 시대에서 '글(눈)'의 시대로 사회의 언어가 변경되었다.

인쇄술의 발명으로 명실상부한 매체언어의 왕좌를 차지한 문자는 그러나 20세기 들어서면서 더 쉽고 간편하게 이해하고 해석할 수 있는 영상(이미지)에 의해 그 자리를 위협받게 된다. 사진, 영화와 TV로 대표되는 영상매체의 시대가 열린 것이다. 여전히 눈(目)의 시대이지만 이성과 연계한 문자에서 감성친화적인 영상으로 그 무게중심이 빠르게 이동하면서 세상을 읽고 해석하는 방식도 변화하게 된다.

〈포켓 코닥카메라 1895년〉

〈에디슨이 발명한 키네토스크프(영사기) 1889년〉

카메라와 영사기는 모두 렌즈(눈)를 통해 세상을 바라보는 기술적 성취를 이루어냈는데 인간이 자신의 신체 기관이 아닌 기계적인 장치를 통해 빛의 굴절을 경험하게 됨으로써 앎의 표상으로서의 지식과 정보는 급속도로 시각화된다.

〈거실에서 TV를 시청하고 있는 중산층 가족〉

사진과 영화가 막을 연 영상매체 시대는 텔레비전의 등장으로 전성기를 맞이하게 된다. 사진이 사진기라는 사적 소유물을 매개로 하고 영화가 극장이라는 공적 공간을 요구함으로써 개인과 집단의 어느 한 쪽을 선택하기를 요구하였던 반면 텔레비전은 개인과 집단의 경계에 서서 양자의 욕망을 충실하게 영상으로 담아냄으로써 가장 자본주의적인 매체로 부상하게 된다. 기술의 발전으로 TV의 가격이 대중화되면서 자연스럽게 자본주의의 허상인 중산층 이데올로기가 텔레비전과 결합돼 확대재생산 된다. 사진과 영화가 개인의 취미나 오락에 머물렀던데 비해 텔레비전은 지식, 정보, 오락, 취미 욕구 모두를 충족시켜줌으로써 기왕의 매체들이 부분적으로 담당했던 역할을 총괄하고 아우르면서 문자매체인 신문을 누르고 20세기 가장 강력한 대중매체로 등극한다.

20세기와 함께 시작된 영상매체의 시대는 음성매체나 문자매체, 인쇄매체에 비해 대중적인 영향력과 파급력 면에서 엄청난 증대를 이뤄냈으나 여전히 아날로그

방식을 채택함으로써 21세기로 접어들자 자본주의 이후의 사회패러다임을 담아내기에 매체로서의 한계를 드러내기 시작한다. 대중매체로서의 텔레비전의 특징인 생산자와 소비자의 분리, 단방향 소통구조의 폐쇄성, 수동적 응시에 머물고 마는 타율성 등은 가장 발전된 형태의 아날로그 매체이면서 동시에 가장 권력적인 TV의 양면성을 보여준다. 결국 컴퓨터와 인터넷이라는 새로운 테크놀로지의 등장으로 시작된 정보화 혁명으로 인해 영상매체는 디지털매체로 빠르게 포섭된다.

〈디지털카메라〉　　　　　　　　　　　　　　〈디지털TV〉

카메라, 필름, TV는 21세기에도 여전히 도구로 존재하지만 그 앞에 디지털카메라, 디지털필름, 디지털TV라는 접두사가 붙게 되면서 아날로그 시대의 종언과 새로운 디지털 시대의 출발을 동시에 상징하게 되었다.

4. 자본주의사회와 대중매체

자본주의사회는 대중의 시대였으며, 대중은 자본과 매체의 소비자였다. 신문, 잡지, 라디오, TV로 상징되는 대중매체는 부르주아의 일상과 떼려야 뗄 수 없는 불가분의 관계를 맺어왔다. 조간신문을 읽는 것으로 시작하는 20세기형 일상은 출근길에 자연스럽게 라디오를 듣는 것으로 이어지고 퇴근 후에는 온가족과 거실에 모여앉아 TV를 시청하는 것으로 마무리된다. 21세기로 접어들었지만 아직 우리 삶의 좌표는 완벽하게 디지털시대로 진입하지 않았다. 지금은 아날로그와 디지털의 과도기, 자본주의사회에서 정보화사회로의 이행기이다.

기술적 관점에서 비교해보면 대중매체(大衆媒體)는 아날로그 매체이며 디지털 매체는 다중매체(多衆媒體)이다. 아날로그와 디지털, 대중과 다중의 차이는 아주 극명하며 매체가 사용하는 언어, 해석하는 방식, 지식과 정보의 생산과 소비의 메커니즘 역시 확연하게 갈라진다.

대중매체(mass media)는 쉽게 말해서 대량의 의사소통 수단이라고 할 수 있다. 본디 '매체'(media)는 무엇을 전달하는 수단을 의미하는 말이다. 인류 문명의 발달과 함께 이루어진 제작, 지장, 복제 기술의 발달에 힘입어 시간과 공간을 뛰어넘어 많은 사람들에게 같은 내용을 동시에 전달할 수 있게 된 단방향 매체를 '대중매체'라고 한다. 대중성, 동일성, 동시성, 폐쇄성, 타자성 등으로 매체로서의 특징이 요약될 수 있는 대중매체가 자본주의 사회에서 발전하게 된 배경에는 근대화와 산업화, 도시화가 자리 잡고 있다.

자본주의사회 이전의 과거 사회를 흔히 전통 사회라고 부른다. 농업이 주요 산업이었던 전통 사회는 현대 사회에 견주어 매우 느린 속도로 변화하였다. 사람들은 대부분 농토에 의존해 살았으며, 상업이나 공업이 없었던 것은 아니지만, 공장도 없었고, 제품의 광범한 소비나 유통 체계도 없었다. 이러한 전통 사회에서 사람들은 가족이나 친족 관계, 그리고 관습과 전통에 묶여 있었으며, 사람들의 입으로 전달되는 말이 의사소통의 대부분을 차지했다. 물론 책과 같은 문자 매체가 있기는 했지만, 아주 적은 수의 사람들만이 그것을 읽고 볼 수 있었기 때문에 사람들의 일상적인 삶에는 거의 아무런 영향을 미치지 못했다.

그러나 근대화의 과정은 전통 사회의 모습을 근본적으로 해체하고 변화시켰으며, 그 변화는 '산업화'와 '도시화'로 특징지어진다. 1760년대 영국에서 시작된 산업 혁명은 새로운 기계와 동력을 만들었으며, 한 지붕 아래에 노동자와 기계를 모아 놓은 공장 체계를 발전시켰다. 공장 지대를 중심으로 도시가 발달되었고, 많은 사람들이 농촌을 벗어나 그 곳으로 몰려들었다. 사람들의 생활양식도 전통 사회의 그것과는 크게 달라졌다. 사람들의 일상생활은 표준화된 사회적 시간표에 따라서 재조직되었으며, 대량으로 생산된 수많은 생활 용품에 의해 삶의 방식도 점차 획일화되어 갔다. 산업 혁명이 가장 빨리 이루어졌던 영국에서는 18세기 말부터, 영국 이외의 서구 나라들과 북미에서는 19세기부터, 그 밖의 지역에서는 20세기 초부터 이러한 사회 변화가 시작되었다.

이렇게 근대 사회 이후 진행된 산업화, 도시화의 결과로 나타난 도시 산업 사회를 '대중사회'라고 한다. '대중사회'란 개념은 전통 사회에서 현대 사회로 바뀌는 과정에서 일어난 사회 변화를 나타내기 위해 제안되었으며, 여기에서 '대중'은 그러한 사회 질서의 변화에 따라 새롭게 형성된 특정한 사회 조직의 양식으로 동질화한 인간 집단을 가리킨다.

이러한 사회 변화는 대중매체가 성장할 수 있는 여건을 만들었다. 산업화와 더불어 의무 교육이 확대되면서 많은 사람들이 글자를 익히게 되었다. 신분 제도가 해체됨에 따라 신분 상승과 문화 수용에 대한 사람들의 욕구도 커지게 되었다. 더구나 도시화를 통해 전통 사회의 문화 공동체에서 벗어나 공통의 규범이 없는 낯선 사람들 속에서 살게 되면서 사람들은 개인적인 고립과 소외를 극복할 수 있는 그 무엇을 필요로 하게 되었다. 대중매체는 사람들의 이러한 문화 수용 욕구와 고립감을 메워 주기 위한 수단으로 발전했다.

그러나 기술의 발전과 광고의 도입으로 대중매체가 더욱 값싸게 대량으로 보급되어 사람들이 더 쉽게 대중매체를 수용할 수 있게 되면서 대중매체의 발전이 오히려 대중사회의 형성과 발전을 부추기기도 했다. 전자 기술의 발달과 함께 가족 오락 형태로서의 영화, 라디오와 텔레비전과 같은 새로운 매체들이 등장했으며, 이러한 매체들은 산업 사회의 생활양식과 가치관을 전파하는 첨병으로서의 역할을 담당했다. 그 매체들은 사회 내 각 집단의 특성과 차이를 점차 소멸시켜

갔으며, '대중'이라는 동질화한 인간 집단의 형성을 더욱 촉진시켰다.

사회 구조의 거대화, 기술의 발달과 함께 현대의 자본주의사회는 더욱더 대중매체에 의존하는 사회가 되어 가고 있다. 도시 산업 사회의 개인화한 삶에 바탕을 둔 대중사회에서는 사람들 사이의 직접적인 접촉과 의사소통이 적어진다. 그것을 대신하는 것이 바로 대중매체를 통한 의사소통, 곧 매스컴이다. 전통 사회에서는 대부분의 사람들이 가족이나 친족과 같은 직접적인 인간관계와 그것에 기초한 관습과 규범에 의존해서 살아갔다. 그러나 자본주의사회에서 사람들은 가족이나 친지와의 대화보다는 대중매체를 통한 의사 전달에 의존하며 살아가고 있다.

여기서 자본주의사회와 대중매체의 밀월 관계가 발생한다. 자본주의가 유지되기 위해서는 체제의 우수성이 널리 홍보되어야 한다. TV는 자본주의의 환상을 수동적 소비자인 대중에게 심어주기에 가장 최적화된 대중매체이다. 이미지와 영상 중심의 텍스트를 해석히기 위해서는 이성적인 판단보다는 직관적이고 감정적인 정서가 더 편하다. 자본주의 사회가 초래한 소외와 불평등, 빈부격차는 같은 시간에 TV 앞에 모여앉아 같은 뉴스와 같은 드라마와 같은 오락프로그램을 시청하는 불특정 다수의 집단적 동질감과 유대감에 묻혀 마치 아무 문제도 아닌 것처럼 치부되었다. 자본주의사회가 대중매체를 필요로 한 이유가 바로 여기에 있다. 그러나 대중매체가 자본의 획득이라는 상업적 욕망을 노골화하면 할수록 사람과 사람 사이의 소통에 충실하기보다는 자본과의 결탁을 통한 야합과 타락으로 오염될 수밖에 없다.

5. 대중문화 보기, 매체언어 읽기

우리는 왜 대중문화를 보아야 하는가? 우리는 왜 매체언어를 읽어야 하는가? 이 두 질문은 얼핏 별개의 진술처럼 보이지만 사실은 동일한 맥락을 공유하고 있다. 대중문화는 대중매체가 생산해내는 집단의 공유 기호이며, 이 기호는 매체언어로 표상되기 때문이다.

대중문화 보기, 매체언어 읽기는 모두 문화비평의 영역이다. 문화비평의 대상은 일상문화이다. 일상문화는 명확한 사회적 기능을 가졌고 그 구성물들은 다양하고 개별적이다. 이것은 대중 혹은 한 사회의 성원들이 동질적인 한 덩어리의 집처럼 보이지만 사실은 서로 다른 삶의 곡절들과 환경을 지닌 무수한 하위집단들로 구성되어 있다는 사실과 맞닿아 있다. 일상문화 특히 대중문화의 산물들이 순수문학이나 예술에 비해 덜 주체화되어 있다는 것은 분명하지만 그것은 오히려 문화비평의 역할과 필요성을 말해준다. '덜 주체화되었다'는 진술은 그만큼 일상문화가 외부적인 요소들, 특히 TV나 라디오, 잡지 같은 매스미디어에 의해 심한 간섭과 영향을 받고 있다는 것을 의미한다. 따라서 문화비평은 문화에 대한 대중의 취향을 주체화시켜주어야 한다.

작가의 일관된 의도와 관점이 중심이 되어 현실로부터 취사된 자료들이 유기적으로 재구성되고 변형됨으로써 오히려 현실과 거리가 먼 가상의 텍스트가 될 수도 있는 순수예술에 비해, 일상문화는 현실의 구체적인 모순들과 연관된 수용자들의 가장 일상적인 욕구와 원망을 고려하지 않을 수 없다. 그 입장 때문에 나름의 미적 가공을 거치면서도 생활세계와 비교적 직접적인 연관을 유지한다. 일상문화는 구성원들의 욕구와 원망 혹은 생활세계를 조건 지우는 외부적인 요소들(TV, 라디오, 잡지 같은)의 영향을 가장 강력하게 받고 있다는 점에서 주체성을 결여하고 있다. 그러나 사회의 전구성원을 동일한 경험자로 포괄하고 있는 그 양적인 방대함을 놓고 볼 때 일상문화에 대한 분석은 비평적 보편성을 확보하고 있다.

사람은 누구나 자신의 외부에 존재하는 세계와 어떤 방식으로든 관계를 가져야만 살 수 있다. 사람마다 관계의 방식은 다르지만 그것들을 통틀어 '인식'이라고 명명해보자. 인식은 주체가 대상을 이해함으로써 성립한다. 같은 대상이라도 사람에 따라 그 이해가 다르며, 그것은 사람마다 세계와 관계하는 방식이 다르기 때문일 것이다. 이것을 흔히 '세계관'이라고 한다. 비평이란 일정한 대상에 대한 특정한 주체, 곧 자신의 이해과정을 다른 사람 앞에 드러내 보여주는 행위에 다름 아니다. 다시 말해서 세계관의 표현이 곧 비평인 것이다.

　대중매체와 자본주의사회는 서로가 서로의 필요충분조건으로 기능하면서 함께 발전해 왔다. 자본주의사회가 저물고 있는 지금, 대중매체 역시 그 운명을 같이하고 있다. 그러나 대중매체의 시대에서 다중매체의 시대로 전환된다 하더라도 우리는 여전히 매체 안에서 지식과 정보를 공유하고 매체언어로 소통하며 문화를 생산해 낸다. 문화를 보고 언어를 읽는 비평 행위가 디지털 시대에도 요구되는 것은 코드만 바뀌었을 뿐 매체의 역할과 기능은 변하지 않았으며, 읽고 보고 비평하지 않으면 우리는 매체의 객체에 머물 뿐 결코 주체가 될 수 없기 때문이다.

1. 다음 빈 칸을 채워 보시오.

분류 종류		시대	매체 접촉 신체기관	특징
음성매체		원시사회	입	
문자매체	음독	고대	귀	
	필사	중세		
인쇄매체		근대	이성과 연계한 눈	
영상매체		현대	감성과 연동된 눈	
디지털매체		근미래	손	

2. 다음은 신문에 실린 서평의 일부이다. 텔레비전에 대한 저자의 비판이 정당한지에 대한 자신의 생각을 밝혀보라.

> 미국 미디어 비평가 닐 포스트먼은 텔레비전이 '죽도록 즐기는' 문화를 조장함으로써 진지한 공적 담론을 죽였다고 주장한다. 텔레비전을 바라보는 저자의 시각은 이렇다. '텔레비전을 통한 의사소통은 하찮음을 조장한다.' '진지한 텔레비전이라는 말은 언어도단이다.' '텔레비전은 오락만을 고집한다.' 요컨대 텔레비전은 바보상자라는 것이다. 새로운 이야기는 아니다. 그러나 매체 환경 변화의 문화적 함의에 대한 저자의 집요한 추궁은 다소 진부해 보일 수도 있는 '텔레비전 해악론'에 육중한 무게감을 싣는다.

우리는 현실을 있는 그대로 보는 것이 아니라 우리가 사용하는 미디어가 허용하는 방식으로만 볼 수 있다. 마셜 맥루한의 고전적인 통찰 그대로 미디어는 단순히 메시지를 실어나르는 도구가 아니라 그 자체가 메시지이다. 저자는 인쇄매체(책)에 기반한 활자문화가 전자매체(텔레비전)에 기반한 전자문화로 넘어가면서 공적 담론의 성격이 혁명적인 변화를 거쳤다고 진단한다.

1858년 8월21일 미국 일리노이주 오타와에서 열린 에이브러햄 링컨과 스티븐 더글러스의 토론회에 참가한 청중은 두 사람의 토론을 무려 7시간 동안이나 지켜보았다. 당대인들이 독서를 통한 분석적 사고와 논리적 엄밀성에 익숙했기 때문이라는 것이 저자의 설명이다.

문화의 패권이 책에서 텔레비전으로 이동한 이후 문화는 쇼비즈니스가 됐다. TV토론은 진지한 의사소통보다 '토론을 연기하는' 쇼에 가깝다. 텔레비전 시대의 정치인은 정책이 아니라 이미지로 승부한다. 텔레비전 뉴스는 전쟁 소식과 맥주광고 사이를 불과 몇 분 간격으로 넘나든다. 저자는 텔레비전 뉴스의 이런 속성을 '반커뮤니케이션'에 가깝다고 지적하면서 이것은 일종의 '정신분열증'이나 마찬가지라고 비판한다. 신문도 텔레비전의 속성을 모방하려 하고, 급기야 현실까지도 텔레비전을 모방한다. 이처럼 텔레비전이 시대의 문화적 형식을 오락으로 만들 때 사회가 치러야 하는 대가는 무엇인가?

"대중이 하찮은 일에 정신이 팔릴 때, 끊임없는 오락활동을 문화적 삶으로 착각할 때, 진지한 공적 대화가 허튼소리로 전락할 때, 한마디로 국민이 관객이 되고 모든 공적 활동이 가벼운 희가극과 같이 변할 때 국가는 위기를 맞는다."

텔레비전의 '근본적인 한계'를 지적하는 저자의 목소리는 때때로 선명하다 못해 신랄하기까지 하다. 그 신랄함에 비한다면 저자가 내놓는 대안은 다소 허탈하게 하는 것이다. 저자는 "매체의 위험성에 대해 제대로 알고 있다면 어떤 매체도 크게 위험스럽진 않다"면서 텔레비전이 근본적으로 오락 프로그램에 어울리는 매체라는 점을 알아야 한다고 역설한다.

<경향신문>(2009-08-18, 80면)

2장

매체언어를 읽기 위한 키워드

매체언어를 읽기 위한 키워드

1. 표상(表象, representation)

1.1. 표상의 개념

　표상은 일반적으로 관념을 가리키는 말로 쓰인다. 감각에 의해 실제로 인지되는 것을 실재(實在)라고 한다면, 이를 어떤 기호로 다시(re) 보여주면(present) 표상이 된다. 그림, 사진, 동영상, 언어가 표상의 도구가 되는 대표적인 기호이다. 과거에 겪었던 어떤 일이나 사물을 머릿속에 떠올렸을 때, 그 상은 실재가 아니므로 표상이 되고, 실물을 찍은 사진 또한 같은 이유로 표상이 된다. 언어는 상징성이 강한 기호로서, 언어에 의해 구성된 세계나 대상은 모두 표상이다. 가령 "임진왜란은 1592년에 일어났다."라는 진술은 사실 그 자체가 아니다. '임진왜란'이라는 사건의 전체를 직접 보여주는 것도 아니고, 1592년의 역사적 상황을 고스란히 말해주지도 않는다. 따라서 그것은 임진왜란이나 1592년의 역사적 상황에 대한 표상적인 진술일 따름이다. 그것은 마치 서울의 지도가 서울이라는 땅 자체가 아닌 것과 마찬가지이다. 지도 또한 실재하는 땅의 표상인 것이다.

표상을 가장 선명하게 보여주는 것은 비유에 의해 생성되는 이미지이다. 가령 여자의 마음을 '갈대'로 비유하게 되면, 여자의 마음은 갈대처럼 쉽게 흔들린다는 이미지를 만들어낸다. 여기에서 갈대는 여자의 마음을 지시하는 표상이다. 환유에 의해 생성되는 이미지 또한 마찬가지이다. 가령 화장실을 가리키는 표찰을 떠올려 보자. 여기에서 남과 여는 치마에 의해 구별된다. 남자는 바지를 입고, 여자는 치마를 입는 것이다. 치마는 여자를 가리키는 환유적 관념이다. 이 그림에서는 남자는 바지로 표상되고 여자는 치마로 표상되는 것이다.

1.2. 표상의 수단

앞에서 말한 대로 표상은 기호를 통해 나타난다. 기호는 흔히 도상(圖像, icon), 지표(指標, index), 상징(象徵, symbol)으로 구분된다. 이 세 가지는 모두 표상의 수단이기도 하다.

도상은 실재를 본뜬 기호이다. 그림은 가장 대표적인 도상 기호이다. 앞에서 본 화장실 표지는 남자와 여자의 형상을 본뜬 도상이라 할 수 있다. 승용차 통행금지를 알리는 도로의 교통 표지판, 학교 등의 위치를 알려주는 지도상의 기호, 컴퓨터 문서 작업을 할 때 불러오기, 저장하기, 인쇄하기 등 각종의 기능을 알려주는 그림, 일기 예보에서 각 지역의 기상을 알려주는 눈, 비 등의 기호가 여기에 해당된다. 인터

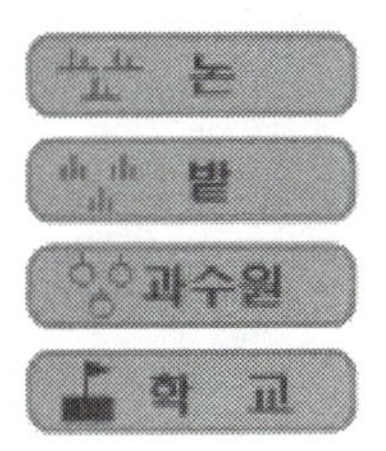

넷이나 휴대전화에서 감정을 표현하기 자주 쓰는 기호를 뜻하는 '이모티콘 (emoticon)'이 감정을 뜻하는 'emotion'과 'icon'의 합성어라는 점에 주목하면 이를 쉽게 알 수 있다. 우리가 쓰는 문자 중에서도 도상이 있다. '일(日)', '월(月)', '산(山)', '천(川)'은 각각 해, 달, 산, 내의 형상을 모방하여 만든 글자이다. 훈민정음을 만들 때 '· ㅡ ㅣ'는 각기 하늘, 땅, 인간의 형상을 만들었다고 했으므로, 이도 또한 도상 기호라 할 수 있다.

어떤 면에서 도상은 가장 원시적인 기호이기도 하다. 가장 단순하기도 하고 문자가 없었을 때부터 유력한 기호로 통용되어 온 것이다. 그러나 구체적인 형상을 모방했기 때문에 즉각적인 소통이 이루어질 수 있고, 통용될 수 있는 범위도 그만큼 넓다. 오늘날 인터넷이나 휴대전화에서 도상 기호가 자주 쓰이는 것은 이런 이유 때문이다.

지표는 지시하고자 하는 대상과 직접적이거나 필연적인 관계를 갖는 기호를 말한다. '연기'는 어디에선가 '불'이 타고 있음을 알려주는 지표이고, 눈이 깔린 운동장에 나 있는 '발자국'은 누군가가 걸어간 진로를 알려주는 지표이다. 가쁘게 몰아 쉬는 호흡은 신체가 격한 운동을 하고 있거나 이제 막 마쳤음을 알려준다. 길거리에서 스킨십을 하고 있는 남녀가 있다면, 그들이 사랑하는 사이라는 것을 알 수 있다. 이처럼 지표는 가리키는 대상과 인과적으로나 물리적으로 필연성을 맺고 있는 기호를 말한다. 사회적인 차원에서 보면 인간이 누리는 다양한 형태의 문화는 대부분 지표 기호로 작동된다. 고급 외제차나 골프는 그가 경제적으로 부유하다는 것을 말해준다. 두꺼운 전공 서적을 안고 있는 여학생은 그가 대학교에 다니고 있음을 지시한다.

　　그러나 지표 기호의 필연성은 어디까지나 제한적으로 이해되어야 한다. 부유하지도 않으면서 외제차를 타거나 골프를 칠 수도 있고, 대학교에 다니지 않으면서 두꺼운 전공 서적으로 안고 다닐 수 있기 때문이다. 다시 말해, 연기의 경우처럼 지표 기호는 자연의 범주에서는 필연적이지만, 사회적으로 형성된 문화의 범주에서는 얼마든지 조작될 수 있고 그래서 의도적으로 포장될 수도 있는 것이다.

　　상징 기호는 지시 대상과 어떠한 유사성도 없고, 인과적·물리적 연관성도 없이 임의로 만들어진 기호이다. 다만 사회적 약속에 의해 만들어져서 통용될 뿐이다. 언어는 가장 대표적인 상징 기호이다. 흔히 기호는 기표(signifiant)와 기의(signifié)의 결합으로 설명된다. 기표와 기의의 결합이 자의적(恣意的)이라는 것은 널리 알려진 사실이다. '사람'이라는 기의에 대해 '사람[sa:ram]', 'man[mæn]', '人[rén]' 등으로 언어권마다 기표가 다른 것이 그 예이다. 이는 달리 말해 기표와 기의의 결합에 필연성이

없다는 것을 뜻한다. 언어뿐만 아니라 사회적으로 약속된 상태로 어떤 기호가 쓰인다면 이는 모두 상징 기호라 할 수 있다. 비둘기가 유해 야생 조류로 지정될 때, 많은 사람들이 의아해한 것은 비둘기가 평화의 상징이었기 때문이다. 그러나 비둘기가 평화의 상징이 된 데에 필연성은 없다. 빨강, 노랑, 초록색이 각각 위험, 주의, 안전

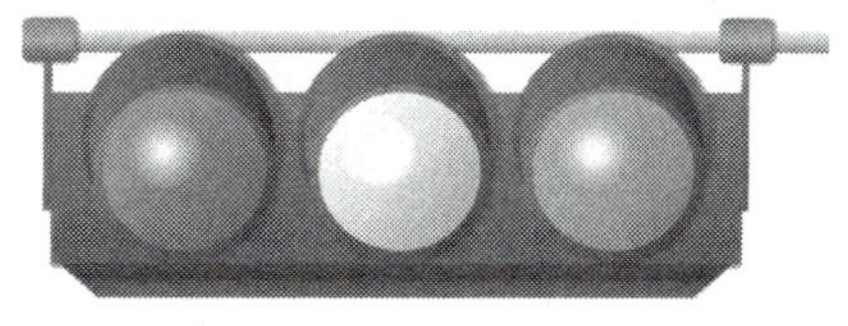

을 뜻하게 된 것도 임의적인 약속일 뿐이므로 이 또한 상징 기호이다.

　　상징 기호는 구체적이지 않은 대상까지도 지시할 수 있다. 이른바 추상 명사에 속하는 사랑, 추억, 행복이나 이와 관련되는 동사나 형용사도 언어나 다른 상징 기호로 표시될 수 있다. 정도를 나타내는 부사는 언어 외의 다른 방법으로는 표시할 수 없다. 언어를 근거로 삼아 인간을 동물과 구별할 수 있는 것은 언어가

추상적인 개념까지를 나타낼 수 있기 때문이다.

1.3. 표상의 특성

　　인간이 어떤 대상에 대해 지니고 있는 표상은 특정한 범주에 의해 구별되는 집단마다 다를 수 있다. 각각의 집단은 오랫동안 겪어온 경험이 다르고 이에 따라 어떤 대상을 다르게 인지하기 때문이다. 예컨대 '호수(lake)'라는 말을 들으면 우리나라 사람들은 잔잔한 수면을 떠올리게 되겠지만, 오대호 근처에 사는 사람들에게는 이와는 다른 이미지를 떠올릴 것이다. 즉, '호수'의 표상이 다른 것이다. 경남 남해 지방에서 '다랭이논'을 보며 사는 사람들과 전북 지역에서 평야를 보며 사는 사람들이 '논'에 대해 지니고 있는 표상 또한 다를 수밖에 없다. 동일한 기호에 대해 지역별로 서로 다른 표상을 지니듯이, 성별, 세대별, 인종별, 국가별로

도 표상은 다르게 나타난다. 개인별로도 동일한 대상에 대한 표상은 다를 수밖에 없다. 앞에서 언어의 자의성에 대한 설명이 있었지만, 엄밀하게 말하자면 언어 기호의 기의마저도 집단별로 혹은 개인별로 다른 표상을 지니게 된다. '돼지'라는 기호에서 어떤 이는 '뚱뚱함'을, 어떤 이는 '불결함'이라는 기의를 떠올릴 수 있고, 반대로 '신성함'을 기의로 떠올릴 수도 있다. 또 어떤 이는 '삼겹살'을 떠올릴 수도 있다. 동일한 '포도주'라 하더라도 술을 좋아하는 사람이 표상하는 바와 기독교인들이 표상하는 바는 다르다. '사람'에 대해서도 화학자(들)와(과) 생물학자(들), 경제학자(들)와(과) 인문학자는 제각각 다른 표상을 지니고 있을 것이다. 화학자(들)는(은) 신체를 구성하는 유기물질을

중심으로 이해할 것이고, 생물학자(들)는(은) 호흡계, 신경계, 혈액 순환계 등으로 구별하여 이해할 것이며, 경제학자(들)는(은) 사회적 욕망을 중심으로, 인문학자(들)는(은) 삶의 방식을 중심으로 '사람'을 인지할 것이다.

1.4. 집단표상(집합표상)

특정한 범주에 의해 구획되는 집단에 따라서 동일한 대상에 대한 표상이 다른 점과 관련하여 중요한 개념이 바로 집단표상 혹은 집합표상(collective representation)이다. 집단표상이란 특정 공동체의 의식, 생각, 정감, 개념, 사고방식, 가치관, 세계관, 윤리의식, 미의식 등을 포괄하는 총체적 개념이다. 어떤 사람들끼리 '돼지'나 '포도주'에 대해 동일한 표상을 공유하고 있다면, 그것이 그들의 집단표상이 되는 것이다. 우리 모두가 도둑질이 나쁘다고 생각한다면, 도둑질이라는 행위에 대해 그러한 집단표상을 지니고 있다는 뜻이 된다. 굳이 따지자면 그것은 도덕적 집단표상이 될 것이다. 그런데 이러한 집단 표상이 성립되지 않는 공동체에서라면, 즉 구성원 일부, 혹은 전부가 도둑질을 적당히 용납되는 것으로 생각하는 공동체가 있다면, 두 공동체는 결코 한데 모여 살 수가 없다. 혼돈과 무질서, 투쟁과 폭력이 난무할 것이기 때문이다. '돼지'에 대해서 '불결함'을 표상으로 지니고 있는 공동체와 '신성함'을 표상으로 지니고 있는 공동체 또한 마찬가지일 것이다. 태극기와 애국가를 우리나라의 표상으로 공유하고 있는 우리는 국제적 규모의 스포츠 대회 시상식장에서 태극기가 게양되고 애국가가 울려 퍼지면 가슴이 벅차오르지만, 이와 같은 반응을 다른 나라 사람들에게 기대하기는 어렵다. 이처럼 집단 표상은 문화 차원에서 한 공동체 구성원들 간의 동질감과 연대감을 형성·유지하는 강력한 매개물이 된다.

이런 면에서 문화란 결국 공통의 집합표상을 바탕으로 구성원 상호간의 의사소통(communication)에 의하여 형성되는 생활양식의 총체라 할 수 있다. 집합표상이란 커뮤니케이션의 전제이다. 커뮤니케이션과 공동체를 뜻하는 커뮤니티(community)

가 동일한 어원을 가지는 것은 우연이 아닌 것이다. 언어는 결국 집합표상이 기호로 표시된 것에 다름 아니다.

1.5. 매체언어의 표상 기능

매체언어와 관련하여 표상이 중요한 개념이 되는 것은, 매체언어가 여러 가지 기능 중에서도 특히 표상 기능을 월등하게 수행하기 때문이다. 신문이나 방송의 뉴스, 드라마, 영화, 광고 등이 특정한 가치를 전달하고 있음은 상식이다. 이들 장르를 통해 전달되는 정보를 비판적으로 이해해야 하는 까닭이 여기에 있다. 여기에서는 비교적 사실 중심으로, 비교적 객관적으로 정보가 구성되는 것으로 알려져 있는 뉴스의 예를 보기로 하자.

(가) **한솔코리아오픈, 미녀 선수 탈락할까 초반부터 조마조마**
'얼짱' 테니스 스타 또 떨어지면 안돼!
한솔코리아오픈 주최측, 키릴렌코-한투코바 등 흥행 직결 조마조마

미녀 선수가 전부 탈락하면 어쩌나.
국내 유일의 WTA(여자프로테니스) 투어 대회인 제6회 한솔코리아오픈 (19~27일) 주최측은 대회 초반부터 조마조마하다. 화제를 불러모을 만한 선수들이 될 수 있으면 오랫동안 버텨 줬으면 하는 바람 때문이다.
한솔코리아오픈은 매회 실력과 미모를 겸비한 여성 테니스 스타를 초청하는 것으로 유명하다. 올해는 디펜딩챔피언인 마리아 키릴렌코(세계랭킹 53위·러시아)를 비롯해 다니엘라 한투코바(21위·슬로바키아), 안나 착베타제(59위·러시아)를 '미녀 트리오'로 내세운다는 계획이었다. 여기에다 지명도는 다소 떨어지지만 세계랭킹이 수준급인 지난해 한솔코리아오픈 복식 준우승자 사만다 스토서(14위·호주), 올해 US오픈 4강 진출자

야니나 위크마이어(22위·벨기에), 프랑스 오픈 8강에 진출한 신예 미녀스타 소라나 키르스테아(29위·루마니아)가 힘을 보탤 선수로 꼽혔다.

하지만 대회를 코앞에 두고 착베타제와 스토서, 위크마이어가 불참을 통보했다. 착베타제가 빠짐으로서 일단 '미녀 트리오'는 두 명밖에 남지 않았다. 설상가상으로 키르스테아는 높은 세계랭킹이 무색하게 22일 1회전에서 탈락했다. 팬들의 관심을 끌 만한 선수가 초반부터 별로 없어진 셈이다.

키릴렌코는 다행히 22일 소피 퍼거슨(144위·호주)을 1회전에서 물리치고 16강에 올랐지만, 퍼거슨에게 1세트를 내주며

마리아 키릴렌코

진땀나는 승부를 펼쳐 주최측을 불안하게 만들기도 했다.

'미녀 스타' 외에 국내 팬의 관심을 끌 수 있는 한국 선수들이 전멸하다시피한 것도 흥행 면에선 아쉬운 부분이다. 이번 대회 예선에 출전한 한국 선수 14명은 한 명도 본선에 오르지 못했고, 와일드카드로 본선에 출전한 세 명 중에서도 두 명이 22일 1회전에서 짐을 쌌다. 이래저래 키릴렌코와 한투코바의 선전이 대회 흥행과 직결되는 상황이 되고 말았다.

대회를 관리하는 ○○○ △△그룹 관계자는 "꼭 그렇게 되라는 법은 없지만, 주최측으로선 키릴렌코와 한투코바가 순조롭게 결승까지 올라와 맞붙기를 바라고 있다."고 말했다.

▶ http://news.chosun.com

(나) 가을의 테니스클래식 한솔오픈 19일 개막

올해로 6회째를 맞는 여자프로테니스(WTA) 투어 한솔코리아오픈이 19일 예선을 시작으로 27일까지 송파구 방이동 올림픽공원 테니스코트에서 열린다.

마리아 샤라포바(27위. 러시아), 비너스 윌리엄스(3위. 미국), 옐레나 얀코비치(8위. 세르비아), 전 세계 랭킹 1위 마르티나 힝기스(스위스) 등 세계적으로 내로라하는 선수들이 거쳐 간 한솔코리아오픈은 올해 지난해보다 총상금이 7만5천달러 늘어나 모두 22만달러의 상금을 걸고 우승자를 가린다.

또 랭킹 포인트 역시 지난해와 비교해 100% 늘어나 단식 우승자는 랭킹 포인트 280점을 얻는다.

이번 대회에는 지난해 우승자 마리아 키릴렌코(53위. 러시아)를 비롯해 '미녀 스타'로 이름난 다니엘라 한투코바(21위. 슬로바키아), 올해 프랑스오픈과 US오픈에서 각각 4강에 올랐던 사만다 스토서(14위. 호주)와 야니나 위크마이어(22위. 벨기에) 등이 출전할 예정이다.

톱스타 한두 명에 대회 초점이 맞춰져 우승자의 윤곽이 대회 개막 전부터 어느 정도 드러났던 전과 달리 이번 대회는 그야말로 챔피언을 점치기 어려울 정도로 수준급 선수들이 대거 출전했다.

이 밖에도 올해 프랑스오픈 16강전에서 얀코비치를 꺾는 파란을 일으켰던 소라나 키르스테아(29위. 루마니아), 프랑스오픈 복식 챔피언 아나벨 메디나 가리구스(23위. 스페인)도 우승에 도전하기 충분한 기량을 갖췄다.

지난해까지 5년간 와일드카드 자격으로 출전했던 한국 선수들이 단식 본선에서 아직 1승도 거두지 못한 아쉬움을 올해는 털어낼 수 있을지도 지켜볼 일이다.

▶ http://sports.hankooki.com

　(가)의 기사는 주로 '미녀' 혹은 '얼짱'에 초점을 맞추어 작성되었다. 그리고 대회의 흥행에 대한 관심으로 이어진다. 객관적 정보도 당연히 포함되어 있지만, 오히려 '미녀 선수'들이 불참한다는 점이 더 큰 초점이 된 느낌을 줄 정도이다. 이에 반해 (나)의 기사는 비교적 중립적이다. 스포츠 대회 기사이므로 선수들의 실력을 초점에 맞추어 작성되었다. 스포츠 선수를 (가)에서는 '미모'로, (나)에서는 '실력'으로 표상하고 있는 것이다.

　위의 예에서 보듯이, 만일 사건을 전하는 뉴스가 가치중립적이라고 믿는다면 그것은 순진하다. 신문 기사는 언어와 이미지를 통해 특정한 사건에 대한 기자 개인이나 신문사의 입장을 표상한다. 그것은 기자 개인이나 신문사가 지닌 렌즈 때문이다. 모든 대상은 그 렌즈를 통과한 상태로 포착된다. 특히 정치적 이해관계가 민감한 사건일수록 그 렌즈의 역할은 증대된다. 방송 뉴스도 마찬가지이다. 카메라는 특정한 각도와 거리를 유지하면서 영상을 담아내고, 기자 또한 정황에 대해 자신의 해석을 덧붙이기도 한다. 뉴스를 통해 접한 현실은 언어적으로 구성된 현실인 것이다. 앵커와 기자의 역할은 이야기꾼(storyteller)에 가깝다 하겠다.

1. 다음 글에서 읽기의 대상들을 세 가지 종류의 기호로 분류해 보시오.(두 가지 종류에 동시에 분류될 수도 있음)

> ㉠더 이상 존재하지 않는 별들의 천체도를 읽는 천문학자, 집을 지을 때 악귀를 물리치기 위해 집터를 읽는 일본인 건축가, 숲 속에서 ㉡동물들의 발자국을 읽는 동물학자, 자신의 승리의 패를 내놓기 전에 ㉢상대방의 제스처를 읽는 도박꾼, ㉣안무가의 메모나 기호를 해석해 내는 무용가, 무대 위에서 공연중인 ㉤무용가의 동작을 읽는 관중, 한창 짜 내려가고 있는 ㉥카펫의 난해한 디자인을 읽어 내는 직공, 오케스트라용으로 작곡된 ㉦난해한 악보를 해독하는 오르간 연주자, ㉧아기의 얼굴만 보고도 기뻐하는지 놀라고 있는지 아니면 감탄하고 있는지를 눈치채는 부모, ㉨거북의 등딱지에 나타난 모양새를 보고 길흉을 점치는 중국 점쟁이, 밤에 침대 시트 아래에서 ㉩사랑하는 사람의 육체를 읽는 연인, 환자들을 상담하여 ㉪뒤숭숭한 꿈을 풀이하도록 돕는 정신과 의사, 바닷물에 손을 담가 보고 ㉫바닷물의 흐름을 읽어 내는 하와이의 어부, ㉬하늘을 보고 날씨를 예견하는 농부…… 이들 모두는 기호를 판독하고 해석하는 기교를 독서가들과 공유하고 있다.
>
> ▶ A. Manguel, 정명진 역(2000), 『독서의 역사』, 세종출판, 14-15면

기호의 종류	해당 기호
도상	
지표	
상징	

2. 다음 진술을 바탕으로 TV나 영화 속의 특정 인물을 하나 선택하여 그가 어떠한 표상으로 구성되고 있는가를 각 범주별로 서술해 보시오.

> "우리는 환상을 실제보다 더 생생하고 더 그럴 듯하게 하고, 더 '진짜'같이 만들어서 어리석게도 그 속에서 살려고 하는 역사상 최초의 인간들이다"
>
> ▶ 다니엘 부어스틴/정태철 역(2004), 『이미지와 환상』, 사계절, 329면

■ 선택한 인물 : [   ]에 등장하는 [   ]

■ 범주별 표상

  ● 세대 :

  ● 성(性) :

  ● 계층 :

  ● 직업 혹은 신분 :

  ● 기타(지역 등)

2. 은유(隱喩, metaphor)

2.1. 은유의 개념과 시적 은유

1) 은유의 개념

아리스토텔레스에 의하면 은유는 어떤 다른 문자적 표현으로 'A를 B로 대체하는 것'이다. 하나의 표현이 다른 문자적 표현으로 대체 가능하다는 것은 두 표현의 의미가 사실상 동일하다는 것을 의미한다. 또 현대 은유 이론을 정립한 것으로 알려진 영국의 I. A. 리차즈(Richards)는 은유 구조를 '매개어(媒介語: vehicle)'와 '취의(取義: tenor)'의 결합구조로 규정한 바 있다.

서양어로 은유를 뜻하는 'metaphor'는 '자리바꿈', 혹은 '옮겨 놓음'이라는 뜻을 지니고 있다. 아리스토텔레스에 의하면, "비유란 어떤 사물에게다 다른 것에 속하는 이름을 갖다 붙이는 것"이다. 이렇게 '옮겨 놓는 일'을 '유추 작용'이라고 하는데, 이 작용은 '보편에서 특수(예: "사랑은 장미다.")', '특수에서 보편(예: "마라톤은 인생이다.")', 또는 '특수에서 특수(예: "그 형사는 백정이다.")' 등 세 가지 방향으로 이루어진다. 이 밖에도 수사학자들은 비유의 목적이 '장식', '선명함', '의미의 명확성', 또는 '호기심을 자극하는 수수께끼' 등에 있다고 말했다. 이런 목적들 중에서도 수사학자들은 특히 '선명한 시각적 인상을 드러내는 것'이야말로 은유의 목적이라고 하였다.

'선명한 시각적 인상'은 쾌감을 줄 수 있으나 그러한 쾌감은 의미의 정확한 전달을 방해하는 현학적 요소일 뿐이라고 하여 논리학자들은 수사학자들과는 달리 은유를 부정적으로 평가하였다. 또한 논리학자들은 '비유적 유추'는 논리적이고 객관적인 것이 아니고, "진정한 유추를 흉내 낸 허위"라고 생각하였다. 이러한 생각은 아직도 남아 있어서 논리적인 글(사설, 논술문, 학술 논문 등)에서 비유적 표현을 사용하는 것을 자제해야만 하는 것으로 되어 있다.

은유의 방법에 해당하는 '유추(類推; analogy)'는 일종의 삼단논법이다. "모든 사람은 죽는다. A는 사람이다. 그러므로 A는 죽는다."는 식의 삼단논법은 논리의 가장 보편적인 방법이다. "심심산천에 붙는 불은 / 가신 님 무덤가에 금잔디"라는 김소월의 시구에서 '금잔디'는 '불'에 비유되고 있다. 이것은 대략 "금잔디는 붉다. 불은 붉다. 그러므로 금잔디는 불이다." 식의 억지에 가까운 삼단논법에 의해 이루어진 은유이다. 정확히 말하자면 금잔디는 불과 똑 같은 붉은 색이라기보다는 오히려 노란색이나 주황색에 가깝다. 따라서 "금잔디는 불이다"가 아니라, "금잔디는 불 비슷하다"라고 해야 맞는 표현일 것이다.

논리학의 입장에서 보면 '동일한 것'과 '비슷하다고 할 수 있는 것'의 차이는 엄청나다. 그러므로 논리학자들은 은유를 비롯한 모든 비유적 표현을 '거짓 유추'라고 보는 것이다. 은유는 감각적 쾌감의 효과는 있으나 정확한 사고의 결과는 아니라는 것이다. 이에 비해 수사학자들은 은유가 주는 '감각적 쾌감'을 강조하여 은유를 긍정적으로 인식하였으며, 논리학자들에 맞서 은유를 "없던 말의 창조"라고까지 격상시켰다. '병 주둥이'라는 말은 병의 위쪽에 있는 열린 구멍을 뜻하는데, 그 구멍은 짐승, 특히 목이 긴 날짐승에 있어서 입(주둥이)에 해당한다. 이와 같은 은유적 유추 과정이 없었다면 병의 위쪽 구멍을 지칭할 수 없을 것이다. 이처럼 은유는 '알려진 사실을 이용하여 분명하지 못한 사실을 명확히 하는' 기능을 띠고 있다.

사람이 사용하는 말의 상당한 분량은 실상 이와 같은 은유적 과정에 의하여 생겨났다. "시계가 간다."라든가 '빛의 '파동', '원자 핵', '치솟는' 물가 등에 사용되고 있는 동사, 명사, 형용사가 모두 은유의 과정을 통하여 형성된 말들이다. 단지 이들 중 대부분은 현재 은유로 느껴지지 않는 '죽은 비유(死喩)'일 뿐이다.

수사학에서는 "은유가 지적 호기심을 불러일으키는 효과가 있다."라고도 하였다. 수수께끼는 실상 이런 종류의 비유에 해당한다. "머리 풀고 하늘로 올라가는 것은 무엇일까?"라는 우리의 전통적 수수께끼의 답은 '연기'인데 연기가 은유의 과정을 통하여 머리 풀고 하늘로 올라가는 것이라는 수수께끼가 된 것이다.

2) 시에 있어서의 은유

선명함을 부여하는 장식, 유추에 의한 유사성의 발견, 새 말의 창조, 지적 자극 등은 은유의 '수사학적 관점'에 해당한다. 이에 비해 문학적 관점은 다소 복잡하다.

> 잔디,
> 잔디,
> 금잔디,
> 심심산천에 붙은 불은
> 가신 님 무덤가엣 금잔디,
>
> 봄이 왔네. 봄빛이 왔네.
> 버드나무 끝에도 실가지에.
> 봄빛이 왔네. 봄날이 왔네.
> 심심산천에도 금잔디에.
>
> —김소월의 「금잔디」

위의 시에서 '금잔디'가 '붙는 불'에 비유된다고 해서 금잔디 자체가 선명하게 장식되지 않는다. 금잔디는 금잔디대로 선명한 심상인데, 그것을 '붙는 불'이라고 하면 오히려 의미나 감각이 모호해진다.

사실 '금잔디'와 '불'의 관계는 앞에서 지적한 바와 같이 정확한 유추의 결과에 의해 발견된 것도 아니다. 둘 사이의 관계는 상식적인 논리로서는 무리하지 않게 만들 수 없는 억지이다. 수사학이 주장하는 유사성, 유추적 관계는 이 경우에 안 들어맞는다. 논리학자들이 볼 때에는 더욱 억지스럽다.

'붙는 불'은 책상의 '다리'처럼 필요하면서도 존재하지 않았던 낱말의 발견도 아니다. '붙는 불'은 '금잔디'라는 말을 언제나 대신할 수 없다. 엄격히 말하면 '붙는 불'은 자기의 고유한 자리를 지키고 있는 것이지 다른 말 대신에 들어간 것도 아니요, 그것으로써 새로운 어휘가 고안된 것도 아니다. 또한 "붙는 불이 금잔디"라는 해답을 가진 수수께끼도 아니다. 독자는 '붙는 불'이라는 말에서 수수께끼가 가지는 지적 호기심보다 훨씬 복잡하고 큰 느낌을 갖는다.

수사학적 관점에서 볼 때, '붙는 불'이라는 은유는 그리 잘 된 표현이 아니지만 문학적으로는 높이 평가받고 있는 시구이다. 이처럼 수사학과 시 사이에는 분명한 거리가 존재한다. 수사학적 은유는 명백한 유사성을 근거로 하여 한 낱말을 다른 낱말로 대치하면 끝나는 것이지만, 시적 은유는 그런 대치가 이루어졌음에도 불구하고 그 두 낱말이 각각 가지고 있는 서로 다른 의미의 배경이 강하게 느껴진다. 다시 말하면 시적 은유는 두 낱말의 '유사성' 못지않게, 양자 사이에 존재하는 '차이'를 동시에 활용하고 있다. 따라서 은유가 성립됨에 있어서 '유사성'과 '차이'는 모두 존재해야만 하는 것이다. I. A. 리차즈(Richards) 역시 '매개어(vehicle)'와 '취의(tenor)' 사이의 원심적·구심적 작용을 강조하였다. 곧 매개어와 취의 사이의 유사성은 구심적인 방향으로 작용하고 양자 사이의 차이점은 원심적 방향으로 작용한다는 것이다.

매운 계절(季節)의 채쭉에 갈겨
마츰내 북방(北方)으로 휩쓸려오다.

하늘도 그만 지쳐 끝난 고원(高原)
서리빨 칼날진 그 우에 서다.

어데다 무릎을 꿇어야 하나
한 발 재겨 디딜 곳조차 없다.

이러매 눈 감아 생각해 볼밖에
겨울은 강철로 된 무지갠가 보다.

                — 이육사, 「절정」

　　이육사는 「절정」이라는 시에서 "겨울은 강철로 된 무지개"라고 하고 있는데, 겨울과 무지개는 구체적으로 진술할 수 있는 의미상의 공통 요소가 없다. 그러면서도 둘은 「절정」이라는 시의 가장 중요한 극적인 국면에서 필연성을 가지고 만난다. 이 양자의 만남은 전혀 논리적·수사적 설명이 불가능한 은유이다. 이러한 은유를 '절대적 은유'라고 부르기도 한다.

〈강철과 무지개의 비교〉

	강철	무지개
무게	무겁다	가볍다
온도와 질감	차고 딱딱하다	따뜻하고 부드럽다
개방성	폐쇄적이다	개방적이다
방향	하강적이다	상승적이다
성질	고체- 현실적	기체- 이상적

　　위의 표만 보더라도 '강철'과 '무지개' 사이에는 미미한 공통분모조차 존재하지 않을 뿐만 아니라 오히려 상반된 성질만 지니고 있다. 그럼에도 불구하고 '강철'과 '무지개'는 '겨울'이라는 단어에 의해 은유적으로 묶여 있다. 곧 '겨울'은 '강철'과 '무지개'의 속성을 동시에 지니고 있다는 것이다. 이는 논리적인 차원에서는 물론, 수사학적인 차원에서도 연결이 되지 않는다. 그러나 시인의 경험과 내면적 진실의 수준에서 보면 이와 같은 역설적 논리는 얼마든지 성립 가능하다.

　　왜냐하면 인간의 삶이나 경험 자체가 본질적으로 역설적 성격을 지니고 있기 때문이다. 이를테면 '고생을 해야만 즐거움을 맛볼 수 있다.'라거나, '고난 끝에 이룬 성취가 더 값지다.'라고 하는 식이다. 「절정」의 경우에도 시인은 갖은 고난을 무릅쓰고 정의를 위해, 그리고 조국 독립을 위해 헌신하고 희생한 사람만이 체험할 수 있는 치열한 내면세계를 그리고 있다. 따라서 이 은유적 표현은 일제의 폭

압에 맞서 싸우는 과정에서 참으로 감내하기 어려운 고난을 당하여 왔고, 또 앞으로 그보다 더한 고난을 겪어야 하지만, 신념에 따라 가치 있는 일을 선택한 이만이 느낄 수 있는 당당하면서도 자신감 넘치는 내면세계를 담고 있다 하겠다.

이처럼 시적 은유는 논리적이거나 수사적인 차원을 초월하여 '경험의 총체성'을 지향한다. 인간의 경험 세계, 혹은 내면세계는 역설적인 성격을 지닌다. 그것은 인간의 삶 자체가 결국은 죽음으로 귀결되는 것과 무관하지 않다. 행복하게 살수록 죽음에 대한 공포와 절망은 깊어진다. 반대로 삶에 집착하면 그 삶 자체가 누추하고 초라해진다. 살고자 하는 이는 죽어야 하고, 높임을 받고자 하면 남을 겸허히 섬겨야 하며, 근검절약해야 부자가 될 수 있는 등 역설적 논리는 삶 자체의 논리라고 해도 과언이 아니다. 시적 은유는 삶 자체가 지닌 모순까지도 온전히 드러내고자 하기 때문에, 대개의 경우 「절정」의 경우에서처럼 역설적 구조를 취하고 있다.

2.2. 은유의 기능

은유는 인간으로 하여금 생활의 모든 측면(사회, 정치, 경제, 문화, 종교 등)에서 현실을 축조할 수 있게 할 뿐만 아니라, 은유에 근거해서 사고하고 행동으로 옮기게 해준다. 인간은 은유에 의해 의식적·무의식적으로 문화적 체험을 현실체로 축조한다. 또한 은유는 언어적 표현에 그치는 것이 아니라 비언어적 영역과 보다 중요한 연계를 갖고 있다. 은유는 단지 표현 기능만 지니고 있는 것이 아니라 사회적·정치적·문화적 사고와 행동을 유발하는 경우도 있고, 은유 자체가 진리를 표방하기도 한다.[1]

대중들은 일상의 대화에서 빈번히 은유를 활용하고, 심지어 이제 막 언어를 사용하기 시작한 아기조차도 은유를 사용한다. 은유는 단지 비유의 한 양식이 아니라 인간이 개념체계에 따라 그린 지도이자 행위를 결정하는 구조로 작용한다.

---

1) 김경용, 『기호학이란 무엇인가』, 민음사, 1995. 69쪽.

이도흠은 다음과 같이 은유의 기능을 '억압 및 검열 회피의 기능', '존재 계시의 기능', '유희의 기능', '의미 공유 및 연대의 기능', '동일화의 기능' 등으로 나눈 바 있다.[2]

1) 억압 및 검열 회피의 기능

주체가 무의식적·정치적 억압과 검열을 피해가기 위해 원래의 개념이나 대상을 다른 무엇으로 전이·대치하여 표현하는 은유의 기능을 말한다. 억압이란 의식에서 받아들이기 힘든 생각이나 감정 등을 무의식에 눌러 숨겨 버리는 방어기제이다. 억압을 통해서 자아는 위협적인 충동, 감정, 소원, 상상, 기억 등이 의식되는 것을 막아준다. 특히 죄의식, 창피, 또는 자존심의 손상을 일으키는 경험들은 고통스러운 불안을 일으키므로 특히 억압의 대상이 된다.

귀족 부인과 관계를 맺고 싶은 욕망을 가진 한 청년이 신분적 차이나 사회적 통념 때문에 이를 이룰 수 없자 장미꽃을 꺾는 꿈으로 그 욕망을 대치하는 것이 한 예이다. 그 청년은 거의 매일 장미꽃을 꺾는 꿈을 꾸자 의사를 찾아 갔다. 의사는 청년의 꿈을 분석하여 그 증상(기표)의 의미(기의)는 "마을 백작 부인과 관계를 맺고 싶다."라고 해석하였다. 프로이트가 설명하였듯이 '쾌락원리'는 항상 '현실원리'의 감시와 통제를 받는다.[3] 청년은 '현실원리'의 검열을 피하여 백작 부인을 그와 유사한 이미지를 지니고 있는 '장미'로, 성행위를 꽃을 꺾는 행위로 대치한 것이다. 군사독재 국가에서 대중을 독재자 대신 '돼지'로 부르거나 자본주의 국가에서 재벌을 '문어발'이라고 부르는 것도 같은 예에 해당한다.

프로이트가 소개하는 '어린 한스의 임상적인 예'도 억압의 구체적인 예에 해당한다. 한스는 다섯 살짜리 사내아이였다. 매우 영리한 아이였는데, 자꾸 불안해하고 우울해 했다. 그러더니 어느 날부터인가는 말에 물릴지도 모른다는 두려움 때

---

2) 이도흠, 「은유의 이론과 실제로서 대중문화 텍스트 읽기」, 『기호, 텍스트 그리고 삶』, 월인, 2006, 133쪽.
3) 이무석, 『정신분석에로의 초대』, 이유출판사, 2003, 161쪽.

문에 밖으로 나가려 하지 않았다. 아이는 말에 놀란 일도 없고, 물린 일도 없었다. 다만 어머니와 함께 길을 가다가 마차를 끌던 말이 쓰러져 발버둥치는 것을 보았을 뿐이다.

한스의 어머니는 아들이 자신의 성기를 만지지 못하도록 여러 차례 주의를 주었다고 한다. 프로이트는 어머니가 실수하였다고 판단했다. 어머니의 행위는 한스로 하여금 '거세 공포증'을 유발시켰기 때문이다.[4] 프로이트는 한스가 길에서 말이 쓰러지는 것을 보고 아버지를 쓰러뜨려서 제거하고 싶은 소망이 생각났을 것이고, 그 가능성도 보았을 것이라고 부모에게 설명하였다. 한스의 마음속에는 말이 아닌 아버지가 발버둥치고 죽어가고 있었던 것이다. 그래서 한스는 말이 두렵고, 아버지의 보복이 두려운 것이었다.[5] 이 경우 '말'은 '억압과 검열 회피의 기능'을 지닌 '은유적 상징물'이라 할 수 있다.

2) 존재 계시의 기능

이 기능은 주체가 한 개념이나 대상을 다른 개념이나 대상과 비교하면서 양자 사이의 유사성이나 차이를 발견할 때 세계의 근원으로 다가가려는 욕망, 또는 상투성에 반역을 일으켜 '낯설게하기'[6]를 이루려는 욕망에 따라 친근한 세계를 찢어버리고 숨은 세계의 의미를 드러내는 것이다.

조선조의 성리학자들은 국화를 보면서 '임금이 사약을 내린다 해도 더 지조와 절개를 지키는 선비의 표상'이라는 산문적 의미를 '늦가을 무서리를 이기고 더 아

---

4) 남자아이는 어머니를 사랑하고 독점하고 싶기 때문에 아버지를 라이벌로 느낀다. 그리하여 아들은 아버지가 보복으로 아들의 성기를 거세시킬지도 모른다는 공포증을 느끼는데, 이를 '거세공포증'이라 한다.
5) 이무석, 앞의 책, 141~146쪽.
6) '낯설게하기(defamilarization)는 러시아형식주의자들에 의해 처음 사용된 용어이다. 일상화되어 있는 우리의 지각은 보통 자동적이며 습관화된 틀 속에 갇혀 있다. 예술은 바로 이러한 자동화된 일상적 인식의 틀을 깨고 낯설게 하여 사물에게 본래의 모습을 찾아주는 데 목적이 있다. 낯설게하기란 그런 점에서 오히려 형식을 난해하고 지각에 소요되는 시간을 연장시킴으로써 한 대상이 예술적임을 의식적으로 경험하게 하는 양식이라고 할 수 있다.

름다이 피어 있는 국화꽃'이라고 노래하였다. 이들은 국화꽃에서 지조와 절개를 본 것이다. 이에 비해 시인 서정주는 「국화 옆에서」라는 시에서 '온갖 시련을 극복하고 정신적으로 성숙해진 여인의 아름다움'을 보기도 하였다. 또한 이육사는 「절정」이라는 시에서 '겨울'을 '강철도 된 무지개'라고 표현하였는데, 이때 '강철로 된 무지개'는 존재 계시의 기능을 띠고 있다고 할 수 있다. '강철로 된 무지개'는 식민지 시기의 모순을 정확히 인식하고 그 모순의 극복이 쉽지 않다는 것을 충분히 인정하면서도 조국의 주권을 되찾겠다는 희망과 의지를 끝까지 포기하지는 않는 자만에게만 비로소 허락되는 세계이기 때문이다.

이러한 존재 계시의 기능은 주로 기독교나 불교와 같은 종교에서 많이 사용한다. 신약성서에 나오는 수많은 비유들이 이에 해당한다. 특히 '마태복음' 1장~58장은 풍부한 비유를 지닌 구절로 유명하다. '마태복음' 10장에서 제자들이 예수님께 다가와, "왜 저 사람들에게 비유로 말씀하십니까?" 하고 묻자 예수님께서 13장에서 "내가 저 사람들에게 비유로 말하는 이유는 저들이 보아도 보지 못하고 들어도 듣지 못하고 깨닫지 못하기 때문이다."라고 답하셨다. 이와 같은 예수님의 말씀은 비유가 지닌 '존재 계시의 기능'에 대한 명쾌한 설명이라 할 수 있다.

씨 뿌리는 사람의 비유

예수님께서 그들에게 많은 것을 비유로 말씀해 주셨다. "자, 씨 뿌리는 사람이 씨를 뿌리러 나갔다. 그가 씨를 뿌리는데 어떤 것들은 길에 떨어져 새들이 와서 먹어 버렸다. 어떤 것들은 흙이 많지 않은 돌밭에 떨어졌다. 흙이 깊지 않아 싹은 곧 돋아났지만, 해가 솟아오르자 타고 말았다. 뿌리가 없어서 말라 버린 것이다. 또 어떤 것들은 가시덤불 속에 떨어졌다. 흙이 깊지 않아 싹은 곧 돋아났지만, 해가 솟아오르자 타고 말았다.

뿌리가 없어서 말라 버린 것이다. 또 어떤 것들은 가시덤불 속에 떨어졌는데, 가시덤불이 자라면서 숨을 막아 버렸다. 그러나 어떤 것들은 좋은 땅에 떨어져 열매를 맺었는데, 어떤 것은 백 배, 어떤 것은 예순 배, 어떤 것은 서른 배가 되었다. (마태복음 : 3~8장)

그러니 너희는 씨 뿌리는 사람의 비유를 새겨들어라. 누구든지 하늘나라에 관한 말을 듣고 깨닫지 못하면, 악한 자가 와서 그 마음에 뿌려진 것을 빼앗아 간다. 길에 뿌려진 씨는 바로 그러한 사람이다. 돌밭에 뿌려진 씨는 이러한 사람이다. 그는 말씀을 들으면 곧 기쁘게 받는다. 그러나 그 사람 안에 뿌리가 없어서 오래가지 못한다. 그래서 말씀 때문에 환난이나 박해가 일어나면 그는 곧 걸려 넘어지고 만다. 가시덤불 속에 뿌려진 씨는 이러한 사람이다. 그는 말씀을 듣기는 하지만, 세상 걱정과 재물의 유혹이 그 말씀의 숨을 막아 버려 열매를 맺지 못한다. 좋은 땅에 뿌려진 씨는 이러한 사람이다. 그는 말씀을 듣고 깨닫는다. 그런 사람은 열매를 맺는데, 어떤 사람은 백 배, 어떤 사람은 예순 배, 어떤 사람은 서른 배를 낸다.”(마태복음 : 18~23장)

3) 유희의 기능

이 기능은 한 개념이나 대상을 노골적으로 드러내지 않고 우회적으로 표현하여 재미를 느끼거나, 해석의 장에서 원관념과 매개 관념 사이의 상호작용을 통해 다양한 의미와 이미지의 파노라마를 펼치는 데서 오는 즐거움을 갖는 것이다.

예를 들어 직설적으로 “절망 속에서도 희망은 있다.”라는 말보다 “어두울수록 별은 맑게 반짝인다.”라는 표현을 할 때, 발화자는 재미를 느끼며 이 말을 해석하는 수용자 역시 별의 의미를 해석하고 동시에 별의 이미지를 떠올리면서 즐거움을 체험하게 된다. 또한 어린이들이 즐겨 부르는 동요에 사용되는 비유도 유희의 기능을 갖는다고 할 수 있다.

방정환의 ‘늙은 잠자리’라는 동요를 보면 “늙은 잠자리 / 수수나무 마나님 / 좋은 마나님 / 오늘 저녁 하루만 / 재워주세요 / 아니 아니 안돼요 / 무서워서요 / 당신 눈이 무서워 / 못재웁니다. / 잠잘 곳이 없어서 / 늙은 잠자리"라는 구절이 나오는데, 여기서 '수수나무'는 '나그네의 잠자리 요청을 거절하는 마나님'으로 비유되고 있다. 어린이들은 이 비유를 통해서 하나의 이야기를 떠올리기도 하고, '잠자리와 수수나무와의 관계'를 '나그네와 마나님의 관계'로 전이시키는 재미를 느낄 수 있다.

4) 의미의 공유 및 연대의 기능

이 기능은 일정 집단의 수용자들이 한 개념이나 대상을, 대개는 다른 집단의 구성원에는 소통되지 않는 코드 원리를 이용하여 다른 개념이나 대상을 대치하여 표현하고 해석하는 행위를 통하여 서로 같은 구성원으로서의 의미를 공유하고 이를 바탕으로 연대를 형성하는 것을 의미한다.

예를 들어 전과자와 비전과자가 섞여 있는 모임에서 한 전과자가 다른 전과자에게 "야, 물총!"이라고 한 사람을 부르면 비전과자들은 그 뜻을 모르고 어리둥절해 하지만, 전과자들을 킬킬거리며 웃는다. 더 나아가서는 웃지 않고 있는 비전과자들로부터 웃고 있는 자신들만을 구분하며 동료의식을 느낀다. 그것이 물총처럼 물(정액)을 여기저기에 뿌리는 유사성을 갖는다는 면에서 '강간범'을 가리키는 말임을 알기 때문이다. 이처럼 병영이나 감옥, 병원, 학교 등에서 사용하는 은어들은 대체로 의미 공유 및 연대의 기능을 띠는 경우가 많다.

또한 인터넷이 상용화 된 이후에는 사이버 공간에서도 은어들이 많이 사용되고 있다. 사이버 공간에서 누리꾼들은 카페, 블로그, 미니홈피, 트위터 등에다 글이나 사진, 동영상 등을 올리고 또 그것에 대해 댓글을 달면서 일종의 유대를 느끼고 공감대를 형성한다. 인터넷에만 통용되는 은어는 이와 같은 유대와 공감대를 형성하는 데 있어서 중요한 역할을 한다.

다음은 사이버 공간에서 흔히 사용되는 은어들이다.

> 깔식(언약식), 깔(이성 친구), 당근(당연하다), 좁밥(인기 없는 아이), 영
> 걸(젊은 아이), 딩구, 댕구(바보), 꼬댕이(공부도 못하고 놀지도 못하는 애),
> 번개(통신하다가 실제 만나는 것), 잠수(일시적인 두 사람간의 대화 상태),
> 쏘다(한 턱 내다), 뽀글뽀글(잠정적으로 대화를 지켜보거나 둘만의 대화
> 상태), 죽돌이(오락실 등에서 오래 머무는 사람), 껌(무시당하는 대상), 쭉
> 빵이다(몸매가 늘씬하면서도 풍만하다), 폭탄(소개받은 사람이 외모나 성
> 격 등이 마음에 안들 때 쓰는 말), 짱(가장 잘난 사람)

5) 동일화의 기능

이 기능은 은유가 보편적이고 초월적인 진리를 상정하여 유추적 사고를 통해 본질 및 일반성을 지향하면서 물질, 실재, 삶, 현실, 역사로부터 벗어나 동일성의 세계를 함축하면서 개념이나 대상을 보편적이고 추상적인 개념으로 치환하는 것을 말한다.

예를 들어 제3공화국 시기에 김현옥이라는 서울시장은 '불도저'로 은유화된 바 있다. 여기서 불도저는 '중단 없는 산업화·도시화'를 의미하였다. 이것은 문맥, 맥락, 역사, 삶으로부터 독립하여 보편적 의미를 갖는다. 그리하여 유신 지배층이 추구하는 산업화는 어떤 이유로든 중단되어서는 안 되는 것, 민주화나 인권 등의 반대에도 아랑곳하지 않고 밀어붙여야 하는 것의 의미를 함축한다.

또한 2002년부터 5년간 대한민국의 대통령으로 재임하였음에도 불구하고 금품 수수 등의 혐의를 받고 검찰 조사까지 받다가 2009년에 자살한 노무현 전 대통령은 흔히 '바보'로 비유되고 있다. 이때 '바보'는 '지능이 떨어지거나 모자란다.'는 사전적 의미와 큰 거리를 지닌 단어로 사용되고 있기 때문에 은유로 보는 것이 타당할 것이다. 다음은 '바보 노무현'이라는 노래의 가사이다. 흔히 '바보'는 '국토 균형 발전', '빈부 격차 해소', '지역감정 해소', '남북 간 화해와 교류 확대', '자주 국방' 등으로 대변되는 '노무현적 가치'를 대변하는 비유적 의미를 지닌 것으로

알려져 있다.

낳아주신 아버지와 또한 내가 아버지
되어도 자랑스럽게 자랑할 나의 영웅
당신이야말로 이 시대 진정한 거물
농촌 고등학교에서 고실 봐 판사로
다시금 판사에서 잘나가는 변호사로
영악하지를 못해 불을 보고는 절대
넘어가지를 못해 다시 인권변호사로
88년 김영삼을 따라 정계 입성
인권운동 시절에 쌓았던 논리로
그는 청문회 스타하지만 삼당합당을 한 김영삼
그러나 당연히 안 따라가지 원칙이 있었으니
그의 원칙은 당선보다 훨씬 컸으니
그건 바로 네 글자 민주주의하지만 지역주의 벽 앞에 낙선
사람들은 불렀지 바보 노무현
새로운 걸 비웃었지 돼지 저금통
하지만 그 바보 그 바보 그 바보 바보 바보 바본
역사를 이뤄냈지 대통령 당선

2.3. 은유와 이미지

앞에서는 언어적인 차원에서의 은유의 개념과 기능에 대해 살펴보았다. 이번에는 비언어적인 차원에서의 은유에 대해 알아보도록 하겠다. 비언어적인 측면이란 '이미지'를 말한다. 광고의 이미지, 영화나 드라마의 이미지에 있어서도 은유는 흔히 찾아볼 수 있다. 언어적인 측면에서 은유는 매개어와 취의의 구조를 취하고 있듯이 이미지도 마찬가지이다. 제시되고 있는 이미지가 그것 자체만 보여주는

것이 아니라 또 다른 의미를 지니고 있다면 이를 두고 '이미지의 은유'라고 할 수 있을 것이다.

예를 들면 '사막 위를 달리는 자동차'의 이미지는 실제로 자동차가 사막을 달릴 수 있다기보다는 그만큼 좋은 성능을 지니고 있음을 의미한다. 또한 어려운 이에게 연탄을 배달하는 이미지가 제시된 뒤에 대기업의 상표가 스치듯이 지나간다면, 이는 연탄을 배달하는 장면을 보여주는 영상물이 아니라 대기업의 좋은 이미지를 전달하고자 하는 영상물로 보아야 할 것이다.

언어적인 차원에서도 매개어에 담긴 취의만 중요한 것이 아니라 매개어 자체도 중요하다. 예컨대 "내 마음 어딘 듯 강물이 흐르네."라는 시구에서 '강물'이 '생명의 역동성'이라는 취의를 가지고 있는 것도 중요하지만 아침 햇볕에 난반사되는 강물의 아름다움을 묘사한 표현 자체도 매우 중요하다. 은유의 목표(취의)가 논리적·지적·사상적·주제적인 수준에서 중요하다면 매개어는 미적·감각적 차원에서 매우 중요하다. 특히 시와 같은 예술 작품의 경우에는 후자가 전자 못지않게 중요할 것이다.

그런데 이미지의 은유의 경우는 취의(혹은 기의)보다 매개 이미지, 혹은 '기표(signifiant)'의 역할이 훨씬 더 중요하다. 왜냐하면 이미지는 언어보다 훨씬 직접적이며 순간적으로 인간의 감각에 호소해야 하고, 무엇보다도 이미지 자체가 창의적이어야 하기 때문이다. 광고 이미지의 경우 이미지 자체가 매력적이지 않으면 단 한 순간도 고객의 시선을 사로잡을 수 없다. 그것에 담긴 뜻이 아무리 좋아도 매개가 되는 이미지는 그 자체로서의 독자적 가치를 지녀야만 한다.

'시각적 은유'란 구체적 시각 이미지를 통해 추상적인 개념을 표상하는 것을 말한다. 구체적 시각 이미지 속에는 표상하고자 하는 추상적인 개념에 대한 유추가 내포되어 있다. 예컨대 '중력을 거스르는 독수리의 날갯짓'과 '사회적 제약을 벗어던지는 것' 사이에 유추작용이 가능하다는 점에 근거해서 '독수리에 대한 평범하면서도 왜곡되지 않은 사진'이 '자유' 개념에 대한 시각적 은유로 기능할 수 있다.

1) 광고에 있어서의 은유

위의 사진은 널리 알려진 금연 광고이다. 사진에 등장하는 여성 모델은 립스틱 대신 담배로 입술을 칠하고 있다. 이와 같은 사진은 일종의 기의를 매개하는 기표라고 할 수 있다. 이 사진은 일단 '담배 피우는 여성'을 내포하고 있다. 그리고 최종적으로는 담배를 피우는 것은 담뱃재를 입술에 칠하는 것처럼 건강에 해롭고 보기에도 매우 흉하다는 의미를 전달하고 있다.

이처럼 문자가 아닌 이미지로 이루어진 은유에 있어서 목표로 하는 취의도 취의지만, 매개 역할을 하는 '이미지 자체'가 언어적 은유에 비해 훨씬 중요함을 알 수 있다. 물론 앞에서 언급한 것처럼 언어로 이루어진 은유에 있어서도 매개어가 중요한 것이 사실이지만, 이미지 은유에 있어서 매개 이미지의 역할은 더욱 중요하다. 매개 이미지는 보다 충격적이고 강렬해야 하며 그 이미지 자체가 나름대로 매우 독창적인 가치를 지녀야 한다.

또한 이미지 은유는 일단 언어적 은유로 번역되어야만 이미지 작성자가 목표하는 내포적 의미가 최종적으로 수용자에게 전달된다. 따라서 언어적 은유에 비해 이미지 은유는 전달되는 절차가 복잡하지만, 기표(이미지) 자체가 호소력과 감각적 직접성을 지니고 있기 때문에 절차의 복잡함에도 불구하고 언어적 은유보다 훨씬 강렬한 효과를 만들어낸다.

2) 영화, 드라마 영상에 있어서의 은유

14년간의 구상, 4년간 제작, <타이타닉> 이후 12년 만에 선보이는 제임스 카메론 감독의 야심작 <아바타>는 행성 '판도라'의 수호자들과 탐욕스러운 지구인의 피할 수 없는 전쟁 속에서 새로운 생명체 '아바타'로 거듭난 지구의 한 남자 '제이크(샘 워딩튼)'와 나비(Na'vi)의 '네이티리(조 샐다나)'가 선택해야 할 단 하나의 운명을 그리고 있다.

하반신 불구의 몸에서 자신의 의식으로 아바타를 원격 조종하며 새로운 세계를 자유롭게 누비는 '제이크(샘 워딩튼)', 그와 '판도라'의 토착민인 나비(Na'vi) '네이티리(조 샐다니)'의 사랑, 자원을 채굴하려는 인간과 '판도라'를 지키려는 나비(Na'vi)의 갈등 그리고 피할 수 없는 전쟁까지. 전 우주를 넘나드는 대서사시적 스토리와 '이모션 캡처'라는 눈부신 CG 기술력이 탄생시킨 매혹적인 영상미로 같은 감독이 만든 <타이타닉>의 기록을 경신하고 세계 영화사의 흥행 기록을 다시 작성하였다.

〈영화 '아바타'의 한 장면〉

앞의 화면은 강력한 무기를 앞세운 인간들의 공격에 나비족이 참혹하게 죽어
감에 따라 판도라가 위기에 처하자 나타난 거대한 괴물의 모습을 담은 화면이다.
자연은 인간의 공격과 훼손을 당하고만 있는 듯해 보이지만, 어떤 방식으로든 이
에 대한 대가를 인간으로 하여금 치르게 한다. 이상 고온, 냉해, 예기치 않은 홍
수, 쓰나미 등과 같은 천재지변들이 모두 환경 파괴의 대가로 인류에게 가해지는
재앙들이다. 위의 화면은 자연이 언제까지나 인간의 공격과 훼손을 참고 견디기
만 하지 않는다는 강력한 메시지를 전하고 있다.

영화의 화면은 물론 전체 줄거리의 일부로 볼 수도 있지만 때로 감독의 메시
지를 간접적으로 전하는 은유적 기능을 띠기도 한다. 특히 <아바타>처럼 환상적
성격이 짙은 작품인 경우, 영화
의 매 장면들의 은유적 성격은
강해진다. 이 영화에서 아름답
게 표현된 '판도라'의 모습은
훼손되기 이전의 지구의 모습
을 은유하고 있으며, 나비족과
판도라의 생명체 사이에 오고
가는 교감은 자연과 인간이 서
로 조화를 이루며 살아가는 세

〈'판도라'의 아름다운 모습〉

계를 은유적으로 표현하고 있다고 볼 수 있다.

이처럼 영화의 은유는 독자적으로 존재하기보다는 작품 전체의 맥락 속에 존
재한다. 빠르게 화면이 전개되는 영화의 속성상 해당 화면이 은유적 성격을 띠고
있다는 것을 즉각적으로 파악하기는 힘들겠지만, 상영이 끝난 뒤 인상에 남는 화
면을 상기해보거나 다시 한 번 영화를 보게 되면 감독에 의해 의도적으로 제시된
화면이 은유적 성격을 지니고 있음을 알 수 있다.

다음 화면은 2006년 7월 27일에 개봉한 봉준호 감독의 SF 영화, <괴물>의 한
장면이다.

이 영화는 괴물로 인해 어린 딸을 잃어버린 아버지가 모든 사람들의 무관심 속에서 딸을 구하기 위해 힘을 합쳐 고군분투하는 내용을 담고 있다. 괴물이 등장하는 영화이지만, 일상적인 평범한 공간의 성격을 지닌 한강에서 괴물이 나타나고 괴물과 맞서 싸우는 주인공들도 평범하기 그지없는 소시민들이다.

봉준호 감독은 고등학교 재학 중에 잠실대교 교각을 오르는 괴물체를 목격한 개인적인 경험을 바탕으로, 2000년에 발생한 한강 독극물 방류 사건에 모티브를 얻어 제작했다고 한다. 영화 초반, 그리고 영화 내내 카메라가 응시하는 음울하게 빛나는 한강과 위압적으로 솟아 있는 한강 다리들이 빚어내는 익숙한 공간의 낯선 표정은 배경이 아니라 괴물을 낳은 또 하나의 주인공이다. 위의 사진에 등장하는 괴물은 따라서 은유적 의미를 내포하고 있는 하나의 '기표'다. 이 기표는 '자연을 마구 훼손하는 자본주의의 비정함과 인간의 탐욕 그 자체' 혹은 '권력이나 부를 지닌 이들이 아닌, 평범한 소시민들의 힘겨운 노력에 의해서만 겨우 극복할 수 있는 인재(人災)'라는 취의를 내포한다.[7]

---

7) 〈아바타〉의 경우에서와 마찬가지로 이 영화의 은유적 의미도 영화 상영이 끝난 후에 비로소 관객의 인지가 가능하다. 작품 전체의 구조와 문맥 속에서 '괴물'이라는 기표가 내포하는 이미지의 의미가 드러나는 것이다. 또한 매개 이미지는 그 자체로 독자적 가치와 의미를 지닌다. 한강에서 태어난 돌연변이 생명체인 괴물은, 연꽃처럼 벌어지는 입과 애처롭게 보일 정도의 작은 기형 다리를 달고 있다.

다음은 2005년 12월 29일 개봉된 이준익 감독의 영화 <왕의 남자>의 한 장면
이다.

<영화 '왕의 남자'의 장생>

2006년 3월 5일 배급사 집계 기준으로, <태극기 휘날리며>가 지니고 있던 대
한민국 영화 흥행 기록(1,174만 명)을 바꾼 작품이기도 하다.(이 기록은 2009년 상영작
<해운대>에 의해 경신되었다) 연극 <이>를 원작으로 한 이 영화는 성적(性的) 소수
자인 동성애자와 그들을 소재로 한 영화들에 대한 관심을 불러일으킨 작품으로 알
려져 있다.

조선시대 연산군 시대에 남사당패의 광대였던 장생은 힘 있는 양반들에게 농
락당하던 생활을 거부하고, 자신의 하나뿐인 친구이자 최고의 동료인 공길과 큰
놀이판을 찾아 한양으로 올라온다. 타고난 재주와 카리스마로 놀이패 무리를 이
끌게 된 장생은 공길과 함께 임금 연산군과 그의 애첩인 장녹수를 풍자하는 놀이
판을 벌여 한양의 명물이 된다. 공연은 대성공을 이루지만, 그들은 왕을 희롱한
죄로 의금부로 끌려간다.

의금부에서 문초에 시달리던 장생은 특유의 당당한 태도로 왕을 웃겨 보이겠
다고 호언장담하지만 막상 왕 앞에서 공연을 시작하자 모든 광대들은 얼어붙는다.

장생 역시 극도의 긴장감 속에서 왕을 웃기기 위해 갖은 노력을 하지만 왕은 꿈쩍도 하지 않는다. 바로 그때 얌전한 공길이 기지를 발휘해 특유의 앙칼진 연기를 선보이자 왕은 못 참겠다는 듯이 크게 웃어버린다. 이들의 공연에 흡족한 왕은 궁 내에 광대들의 거처인 '희락원'을 마련해 준다.

궁에 들어온 광대들은 신바람이 나서 탐관오리의 비리를 풍자하는 공연을 선보이고, 왕은 즐거워한다. 연이은 연회에서 광대들은 여인들의 암투로 인해 왕이 후궁에게 사약을 내리는 경극을 연기하고, 연산은 같은 이유로 왕에게 사약을 받았던 생모 폐비 윤 씨를 상기하며 진노하여 그 자리에서 선왕의 여자들을 칼로 베어 죽게 한다. 광대들이 공연을 할 때마다 궁이 피바다로 변하자, 흥을 잃은 장생은 궁을 떠나겠다고 하지만 공길은 궁에 남겠다고 한다. 그 사이 왕에 반발한 중신들은 광대를 쫓기 위한 음모를 꾸미고 왕의 관심을 광대에게 빼앗겼다는 질투심에 휩싸인 녹수 역시 은밀한 계략을 꾸민다.

앞의 사진은 광대 장생이 궁궐 안에 줄을 매달고 그 위에 올라가 재담을 던지는 장면이다. 장생은 한 세상 살며 하루 세 끼 배불리 먹는 것 이외엔 별다른 욕심이 없는 광대다. 세상에 대한 욕망이 없기에 세상은 그에게 아무런 부담이 없다. 그래서 왕, 중신들 그리고 이 세상의 모든 부조리마저 그저 조롱거리에 불과하다. 삐딱한 탈을 쓰고 외줄을 타는 순간 세상은 허공에 지나지 않다. 줄 위에서만큼은 신분의 고하도 없고, 명예와 부도 한낱 집착, 상념에 불과하다. 외줄은 그에게 세상에 대한 저항의 통로이다.

장생은 최고 권력자인 왕을 상대로 거침없는 독설을 내뱉는가 하면, 부화뇌동하는 정치모리배들의 작태를 질타하고, 매관매직을 통해 사리사욕을 채우고 권력을 쫓아 배신을 밥 먹듯 하는 타락한 정치인들을 맘껏 조롱한다. 위의 화면이 지닌 은유적 의미는 풍자의 구조를 연상시킨다. 풍자는 비록 자신은 비천한 처지에 놓여 있어도 도덕적 우위를 바탕으로 상대방을 조롱하고 정신적으로 제압하는 양식이다. 궁궐 안에 설치된 줄 위에 올라서 있는 장생의 모습은 바로 장생이 지니고 있는 도덕적 우위와 풍자정신을 내포한다.

1. 다음은 마태복음에 나오는 '가라지의 비유'이다. 이 비유가 지닌 내포적 의미에 대해 설명해 보시오.

> 예수님께서 또 다른 비유를 들어 그들에게 말씀하셨다. "하늘나라는 자기 밭에 좋은 씨를 뿌리는 사람에 비길 수 있다. 사람들이 자는 동안에 그의 원수가 와서 밀 가운데에 가라지를 덧뿌리고 갔다. 줄기가 나서 열매를 맺을 때에 가라지들도 드러났다. 그래서 종들이 집주인에게 가서, '주인님, 밭에 좋은 씨를 뿌리지 않았습니까? 그런데 가라지는 어디서 생겼습니까?' 하고 묻자, '원수가 그렇게 하였구나.' 하고 집주인이 말하였다. 종들이 '그러면 저희가 가서 그것들을 거두어 낼까요?' 하고 묻자, 그는 이렇게 일렀다. '아니다. 너희가 가라지들을 거두어 내다가 밀까지 함께 뽑을지도 모른다. 수확 때까지 둘 다 함께 자라도록 내버려 두어라. 수확 때에 내가 일꾼들에게, 먼저 가라지를 거두어서 단으로 묶어 태워 버리고 밀은 내 곳간으로 모아들이라고 하겠다.'"
>
> (마태복음 : 24~28장)

2. 2009년 5월 29일에 거행된 노무현 전 대통령 노제에서 안도현 시인에 의해 낭송된 추모 시 <고마워요! 미안해요! 일어나요!>에 사용된 '꽃잎'이라는 매개어가 지닌 내포적 의미(취의)를 설명하시오.

뛰어 내렸어요, 당신은 무거운 권위주의 의자에서
사람이 사람답게 사는 세상으로
뛰어 내렸어요, 당신은 끝도 없는 지역주의 고압선 철탑에서
처절하게 버티다가 눈물이 되어
뛰어내렸어요, 당신은 편 가르고 삿대질하는 냉전주의 창끝에서
깃발로 펄럭이다가 찢겨진 그리하여 끝내 허공으로 남은사람
고마워요, 노무현
우리가 아무런 호칭 없이 노무현이라고 불러도
우리가 바보라고 불러도 기꺼이 바보가 되어주어 고마워요
아 그러다가 거꾸로 달리는 민주주의 기관차에서
당신은 뛰어 내렸어요, 뛰어내려 당신은 으깨진 꽃잎이 되었어요.
꽃잎을 두 손으로 받아주지 못해 미안해요
꽃잎을 두 팔뚝으로 받쳐주지 못해 미안해요
꽃잎을 가슴으로 안아주지 못해 미안해요
저 하이에나 들이 밤낮으로 물어뜯은 게
한 장의 꽃잎이었다니요!
슬퍼도 슬프다고 말하지 않을래요.
억울해도 억울하다고 땅을 치지 않을래요.
복받쳐도 복받친다고 소리쳐 울지 않을래요.
아아, 부디 편히 가시라는 말 지금은 하지 않을래요.
당신한데 고맙고 미안해서 이 나라 오월의 초록은 저리 푸르잖아요.
아무도 당신을 미워하지 않잖아요.
아무도 당신을 때리지 않잖아요.
당신이 이겼어요. 당신이 마지막 승리자가 되었어요.
살아남은 우리는 당신한테 졌어요, 애초부터 이길 수 없었어요.

그러니 이제 일어나요, 당신
부서진 뼈를 맞추어 일어나야
우리가 흐트러진 대열을 가다듬고 일어나요
끊어진 핏줄을 한 가닥씩 이어 당신이 일어나야
우리가 꾹꾹 눌러둔 분노를 붙잡고 일어나요
피멍든 살을 쓰다듬으며 당신이 일어나야
우리가 슬픔을 내던지고 두둥실 일어나요
당신이 일어나야 산하가 꿈틀거려요
당신이 일어나야 동해가 출렁거려요
당신이 일어나야 한반도가 일어나요
고마워요, 미안해요, 일어나요
아아! 노무현 당신!

▶ 안도현, 「고마워요! 미안해요! 일어나요!」

3. 영화 <공동경비구역 JSA>에 대한 다음 해설을 바탕으로 제시된 이미지의 은유적 의미에 대해 말해 보시오.

<공동경비구역 JSA>는 박상연의 소설 <DMZ>를 각색하여 2000년에 만들어진 대한민국 영화로, 박찬욱이 감독을 맡았다. 이 영화는 남북한 사이에 존재하는 긴장의 감정적 부분을 그려냈다는 점에서 높은 평가를 받고 있다. 이 영화는 보수주의와 진보주의 중 한쪽으로 편향되지 않았으며, 주인공들의 심리를 격정적으로 보여준 장점을 갖고 있다.

〈영화 '공동경비구역 JSA'의 한 장면〉

3. 이미지(心像, image)

3.1. 이미지의 정의

'이미지'는 문학, 그림, 영화, 게임, 광고, 디자인, 건축 등 모든 분야에 걸쳐 언급될 수 있다. 이미지는 인간이 가진 상상력에 의해서 생긴다.(image에 접미사 -ation을 붙이면 상상력을 뜻하게 된다) 막연하고 추상적인 공상이 구체적인 상상력이 되기 위해서는 반드시 '목적'이라는 여과 과정을 거쳐야 한다. 상상력에 의해 이미지가 탄생하고 그 이미지는 실재세계를 표상하는 것이다. 회화, 조상, 착시, 지도, 다이어그램, 꿈, 환상, 풍경, 투사, 시, 패턴, 기억 그리고 언어까지도 이미지에 포함된다. 따라서 이미지는 대상이 마음에 새기는 자국(인상)이다. 그리고 대상과 이미지 사이에는 유사성이 존재한다.

이미지를 마음에 새기거나 불러일으키는 기본 기제는 '변별의 원칙'이다. 이미지가 마음 속에 떠오르기 위해서 제일 중요한 것은 비슷한 것을 떠내기 위해 필요한 경계를 분별해 내는 일이다. 경계의 안과 밖이 대상의 주변에서 일어나기 시작하면서 대상의 이미지는 최소한 비슷하다는 의미를 유발시킨다. 마음속에 던져지거나 떠오르는 이미지들은 모두 기표이고, '비슷함'은 이들이 갖는 기본적 기의이다.

문학 용어로서의 이미지는 '사물을 감각적으로 정신 속에 재생시키도록 자극하는 말'을 뜻한다. 그러니까 감각적 체험과 관계가 있는 일체의 낱말은 모두 이미지가 될 수 있다. 추상명사보다 보통명사, 감각적 지각을 암시하는 관형어로 수식된 명사나, 시인 정지용이 즐겨 사용한 형용동사 등은 이미지가 될 가능성이 크다. 그러나 이러한 것들이 이미지로 실현되기 위하여서는 또한 해당 이미지를 부각시켜 줄 적절한 문맥이 필요하다.

또한 문학에 있어서의 이미지는 감각적 요소를 되도록 배제하려는 이성에 호소하는 것이 아니라, 감각적 체험과 생명적인 관계를 맺고 있는 상상력에 호소하도록 의도된 것이라야 한다. '푸른 하늘'을 우주과학의 사실을 알리기 위한 말로 썼다면 문학적 이미지가 아닌, 오히려 불명확하게 기술된 천문학 용어가 된다.

문학에서 이미지란 말은 무척 광범위하고 다양하게 쓰이는데, 대략 다음 세 가지 정도로 분류할 수 있다.

첫째, 글을 읽고(또는 말을 듣고) 독자(청자)의 마음에 생긴 감각적 재생.

둘째, 그러한 이미지가 생기도록 자극하는 비유적인, 또는 묘사적인 말.

셋째, 그러한 말들이 한 작품, 또는 한 작가 전체 작품, 또한 문학전통이나 경향에서 어떤 특수한 배합양식을 갖고 있든지 어떤 세계관, 또는 진리를 상징적으로 나타내는 것. 이 경우를 단지 이미지라 하지 않고 '이미지의 조직 양식'이란 뜻을 지닌 '이미저리(imagery)'라고 지칭하기도 한다.

독자의 이미지 파악 능력은 이미지가 전달되기 위하여 중요하지만 독자의 체험이란 각양각색일 뿐 아니라, 감각을 재생하는 능력도 개인차가 심한 까닭에 일률적으로 규정할 수는 없다. 연구결과에 따르면 독자가 재생한 이미지는 사람의 모든 감각 기능에 관련된다. 물론 시각적 이미지가 많지만(색체, 명암, 운동) 청각(소리의 크고 적음, 음악성 등), 후각(향기, 악취 등), 미각, 촉각(부드러움, 따뜻함 등), 근육감각('핏대를 세우고') 등도 마찬가지로 많다.

문학 작품을 읽으면서 이러한 감각을 재생시키는 훈련을 하면 감각 기능 및 언어 감각을 세련시키는 교육적 효과가 있다. 또한 저자가 주로 어떤 감각에 호소하는 심상을 사용하는지 금방 파악하는 능력도 생길 것이다. 예컨대 김소월의 「진달래꽃」은 근육운동(밟다, 참다 등) 과 관련 있는 이미지들을 많이 지니고 있는데, 이를 시각적 이미지로 받아들이려면 무리가 생긴다.

묘사적 심상(예 : 푸르고 높은)은 가장 흔한 이미지 구성 방법이다. 이를 문자적 이미지(literal image)이라고 부르기도 한다. 한때 유럽에서는 시는 '말하는 그림'이라는 생각이 널리 퍼져서 서경시(敍景詩)가 유행했었는데, 서경시야말로 묘사적·문자적 이미지로 충만하다. 그 후 일부 이미지스트(imagist)들도 이 방법을 썼다. 한국

이 시인 김광균이나 오일도의 몇 작품도 언어적 묘사에 의한 '그림'을 보여준다.

향료를 뿌린 듯 곱다란 노을 위에
전신주 하나하나 기울어지고

먼 고가선 위에 밤이 켜진다

구름은
보랏빛 색지 위에
마구 칠한 한 다발 장미

목장의 깃발도 능금나무도
불면 꺼질 듯이 외로운 들길
— 김광균, 「데생」

위의 시에서 보는 바와 같이 이미지와 비유는 밀접한 연관성을 띤다. 비유의 조직적 작용은 작품 자체에 관련된다. 궁극적으로 이미지들의 상호작용은 한 작품, 또는 한 작가의 작품 세계 전체를 관통하는 상징적 의미를 구현한다. 여러 작품에 걸쳐 비슷한 심상이 반복되어 사용될 경우에 이를 그 작자의 정신적 습관이나 세계관에 대한 상징적 표시로 해석할 수 있다.

이미져리의 분석으로 작품의 일반적 분위기, 어조, 색조의 근원을 밝혀내는 작업은 중요하다. 한 작품의 이미지들은 서로 하나의 양식(pattern)을 형성하는 까닭에 선택되어 조직되는 것이다. 김소월의 「진달래꽃」의 근육 및 내장 운동적 이미지들은(역겨워, 아름따다, 사뿐히 즈려밟고, 죽어도 아니 눈물 흘리오리다 등) 모두 비유가 아닌 문자적 이미지들인데, 이들이 한 덩어리의 조직체를 이루어 이 작품이 궁극적으로 표현하고자 하는 '한(恨)'을 상징적으로 구현하고 있다. 이 시는 이별의 슬품이라는 격렬한 심리 상태를 말하기도 하지만, 그 발상과 표현 방식이 매우 감각적이기 때문에 시의 주체가 훨씬 직접적이고 가깝게 느껴진다.

3.2. 이미지의 성격

1) 도상과 지표

현대는 이미지의 시대라고 불린다. 또한 이미지가 스스로를 복제하는 시뮬라시옹의 시대라고 표현되기도 한다. 따라서 이미지를 어떻게 볼 것인가 하는 문제는 영상 시대에 있어서 매우 중요한 문제가 아닐 수 없다. 이미지에 내재된 규칙과 활용에 대한 체계적 분석이 필요한 이유가 여기에 있다.

퍼스는 원래 도상 기호를 19세기 영어 표현으로 '닮은꼴(likeness)'이라는 말로 설명했다. 그러나 도상 기호가 반드시 지시 대상의 전체적인 외양을 세밀하게 복제할 필요는 없다. 예를 들어 지도상에서 강(江의) 흐름을 도상적으로 나타내는 하나의 선은 실제로는 높이 떠 있는 비행기에서 본다고 할지라도 실제 강과는 전혀 닮지 않은 모습이다.

마찬가지로 어린아이들이 막대기로 그린 사람 모양의 그림도 현실적인 묘사력은 떨어지지만, 사람 신체의 기본 구조에 부합된다는 점에서 도상 기호로 간주될 수 있다. 인지와 지각에 관한 최근 연구들은 단순 스케치나 막대기로 그린 그림처럼 이미지와 실재 대상이 약간만 닮아도 인간의 뇌가 이를 시각적으로 해석하기에는 충분하다는 점을 밝히고 있다.

지표성은 도상성과는 다른 방식으로 이미지에 대해 반응하는 변별적 특징을 지닌 의미론의 한 차원이다. 필름이나 비디오와 같이 사진으로 찍힌 모든 그림은 퍼스의 설명대로 지시대상에 대한 물리적 흔적으로 생성된 기호의 개념에 부합된다. 따라서 사진은 도상 기호이기도 하지만 동시에 지표적인 기호이다. 사진 이미지가 지표적이라는 것은 이들 이미지가 사진 내에 남긴 직접적·물리적 흔적이라는 점을 의미한다.

2) 이미지와 리얼리티

한 장의 사진이나 영화화면, 혹은 비디오 모니터 상에서 선, 형태, 색상 등의 조합을 통해 이미지는 실제 세계를 보고 있을 때 사람의 눈이나 두뇌가 이용하는 것과 같은 유형의 시각적 정보를 재창조할 수 있다. 도상성이 이미지상의 외관과 실제의 외관이 반드시 꼭 같아야만 성립되는 것이 아니라는 것에 유념할 필요가 있다. 예를 들면 실제 사물이나 공간과는 전혀 다르게 표현된 만화나 스케치, 흑백 사진 등도 대상이 지닌 특징을 대략적으로 전달하거나 포착하기만 해도 해당 이미지가 지닌 기의는 얼마든지 드러날 수 있다.

〈전남 보성군의 녹차 밭 사진〉

〈한겨레신문 시사만평〉

왼쪽의 사진은 전라남도 보성군의 녹차 밭을 촬영한 것이다. 이 경우는 이미지상의 외관과 실제의 외관이 같다. 따라서 이 사진을 본 사람은 누구나 이곳이 녹차밭임을 알 수 있다.

이에 비해 오른쪽의 시사만평에 등장하는 총리는 실제 모습이나 사진 상의 이미지와는 거리가 있지만 독자들이 그를 총리로 인식하는 데에는 아무 문제가 없다. 시사만평 상에 벌어지고 있는 상황(정부부처의 수, 문상 간 집 죽은 이의 경력에 대한 정보에 대한 무지)이 "아는 문제인데 답을 잘못 썼으니 시험을 다시 보게 해 달라."고 조르는 학생이 다름 아닌 총리라는 것을 알게 하고, 안경이라든가 헤어 스타일도 똑같지는 않지만 총리의 특징을 나름대로 잡아내고 있기 때문이다.

그러나 다음에 제시되는 한 건강음료 광고 이미지를 인지하는 과정은 그리 간단하지 않다.

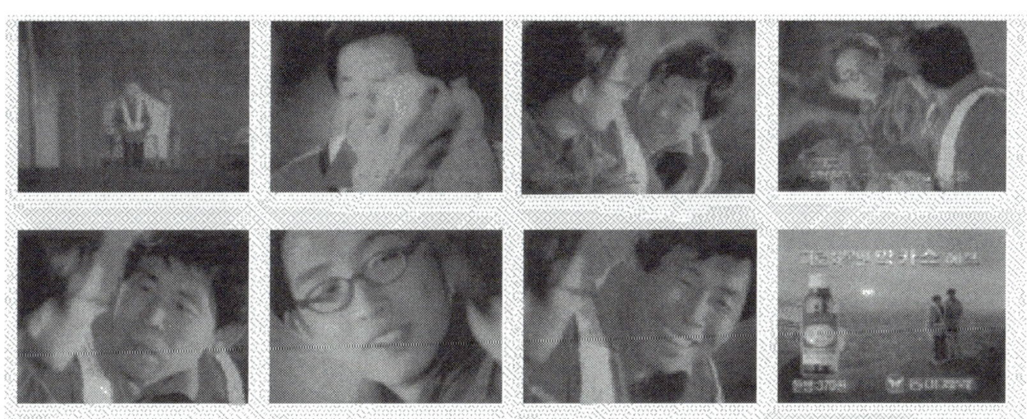

〈동아제약 '박카스'의 T.V 광고〉

가로등 불빛만이 세상을 비추는 시간에 거리를 청소하러 나가는 환경미화원과 그 아버지를 따라나선 대학생 아들의 이마에는 추운 겨울이란 계절도 아랑곳하지 않고 땀방울이 송글송글 맺힌다. 아버지는 앞에서 리어카를 끌고 아들은 뒤에서 밀며 고갯길을 오른다. 청소를 끝내고 고갯마루에 앉은 부자의 눈앞으로 해가 솟구치며 부자는 정담을 나누는 가운데 해당 상품의 이미지가 은근슬쩍 끼어든다.

이와 같은 화면들은 박카스를 광고하는 연작 중 <환경미화원>편의 장면들이다. 서울 강동구청에서 근무하는 환경미화원 아버지와 대학생 아들의 모습은 부자간의 따뜻한 정을 보여줌으로써 시청자들로부터 많은 호응을 얻었다. 이 광고를 제작하기 위한 스토리까지 다 나왔지만 모델 섭외가 매우 어려웠다고 한다. 특히 환경미화원의 아들을 섭외하는 것이 더 어려웠다고 한다. 20명이 넘게 만난 아들들은 환경미화원인 아버지의 직업이 밝혀지는 것이 싫다며 출연을 마다했다고 한다.

그러나 위의 학생은 기꺼이 촬영에 응했고 서울 옥수동 고갯길에서 힘들게 촬영한 광고물이 텔레비전 화면을 통해 전달되자 좋은 반응이 일어났다. 그러나 문제는 엉뚱한 곳에서 터졌다고 한다. 아들이 아버지에게 하루는 "내가 거지 아들이냐?"라고 따지며 광고에 출연한 것을 후회했다는 것이다. 학교 친구들이 자신을 불우이웃 취급하며 밥값도 내지 못하게 하고 측은한 눈길로 바라본다는 것이다.

여기서 다시 한 번 위의 화면들을 분석해 보자. 아들은 실제로 아버지 일을 돕지 않는다. 광고물 연출자에 의해 부자간에 오고가는 따뜻한 정이 연출되었고 이때 '박카스'는 부자간의 정을 매개하는 건강음료로 설정되었다. 아버지가 환경 미화원이고 아들이 대학생인 것은 사실이고 부자간에 정이 넘치는 것도 사실이지만 리어카를 뒤에서 미는 장면은 연출된 것이고 더구나 부자가 박카스를 마시는 장면은 완전히 조작된 것이다.

박카스 제조사(동아제약)는 홍보 효과가 높아 매출이 늘어났다고 좋아했지만, 정작 광고물에 출연한 아들은 '거지 아들' 취급받았다고 화를 냈다는 것이다. 그 아들을 모르는 사람에게 그는 단순히 '효성 깊은 환경 미화원의 아들'이었지만, 그와 알고 지내는 친구들은 그를 '우리가 도와야 할 불우 이웃'으로 인식한 결과이다. 여기서 우리는 이미지의 형성 및 전달 과정을 3단계로 나눌 수 있다.

첫 번째 단계는 '실제 현실'이다. 이 광고물에서의 실제 현실은 아버지는 환경 미화원으로서 열심히 일하고 아들은 대학생으로서 열심히 공부할 뿐, 아들이 아버지의 일을 직접 돕는 일은 없는 현실이다. 두 번째로는 광고물 연출가에 의해 조작되고 복제된 이미지(시뮬라크르)가 있다. 조작된 이미지 상으로 아들은 아버지의 리어카를 밀며 힘들게 일하고 일이 끝난 후 휴식을 취하며 박카스를 마신다. 세 번째는 광고 화면을 본 시청자들에 의해 인지된 이미지이다. 그 이미지는 시청자들마다 달랐다. 아들을 만난 적이 없는 시청자들은 단지 아버지를 부끄럽게 여기지 않으며 일을 도와 드리는 효성스러운 아들로 인지한 반면, 아들을 잘 아는 친구들은 자신들이 도와야 할 불우한 친구로 인지한 것이다. 따라서 현실과 이미지, 제시된 이미지와 인지된 이미지 사이에는 분명한 간극이 존재함을 알 수 있다.

3) 이미지와 상상력

인간이 처한 세계는 과연 어떤 조건을 가지고 있는가? 이미지 개념은 이러한 조건을 살펴보는 데 여러모로 유용하다. 20세기가 이미지 재생산 기술(사진, 영화, 비디오, 종합이미지 등등)과 이미지 전달 수단(텔레비전, 컴퓨터, 휴대전화, 종합 이미지 등)의 눈부신 발전에 힘입어 '하나의 이미지 문명'을 스스로 건립하기에 이르렀다고 보는 것은 일반적 관점이다. 누구나 이미지 범람 속에서 이미지를 이야기하고 이미지로 사고하며 이미지의 영향 아래 살고 있다. 그러므로 이미지라는 말은 더 이상 낯선 말이 아니다.

이미지화의 개념을 알아보기 위해서는 이미지와 상상력 사이의 관련성을 파악해야 한다. 이미지화는 상상력과 모호한 경계를 이루면서 그 속에 지각 이미지 단계에서부터 추상 이미지 단계까지 다양한 단계를 포함한다. 이미지는 그 이미지가 표현되는 그 자리에서, 고백하기 어려운 무의식과 고백된 의식화 사이의 일종의 중개자이다. 따라서 이미지는, '표명 가능한 기표가 흐릿한 기의를 지시하는 간접적 사고의 유형'이라고 할 수 있다.

다음은 애니메이션 영화 <슈렉>의 장면들이다.

〈영화 '슈렉'의 피오나 공주〉

〈영화 '슈렉'의 슈렉〉

보기에도 흉측하고 거대하게 생긴 슈렉은 말하는 당나귀와 함께 첫 번째 사진에 나와 있는 것처럼 아름다운 공주를 구하러 간다. 그리고 용한테 사로잡혀 있던 공주는 구출되어 결국 사악한 왕과 결혼하게 된다. 슈렉은 교회로 달려가 그녀를 빼앗아 온다. 이러한 이미지들은 작가(윌리엄 스타미그)의 상상력에 의해 구축된 것들이다. 그러나 이러한 이미지들이 완전히 독창적인 것은 아니다. 오히려 수많은 작품과 상호 텍스트성 관계를 지니고 있다.[8]

슈렉은 당나귀를 타고 다닌다는 산초 판사와 함께 온갖 무용담을 벌이는 '돈 키호테'인가 하면, '잠자는 숲속의 미녀'를 구출하는 왕자이기도 하다. 소설과 동화, 그리고 영화의 유명한 주인공을 동시에 모두 구현하고 있는 슈렉의 용모는 또한 '개구리 왕자' 쪽에 가깝다. 피오나 공주의 속성 또한 묘하다. 낮에는 절세미인(앞의 이미지)이지만 해가 지자마자 뚱뚱한 모습으로 바뀐다.

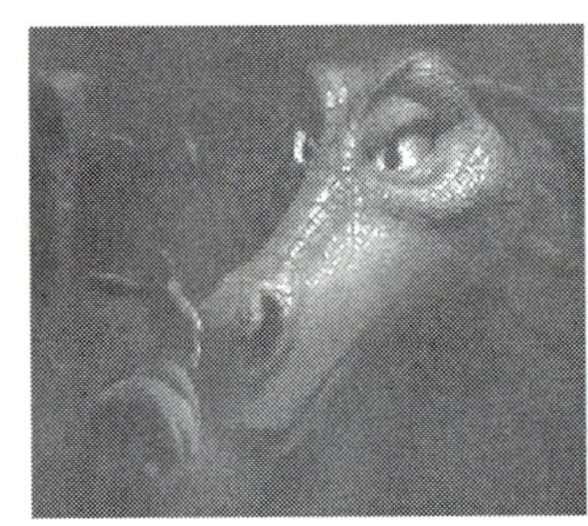

〈영화 '슈렉'의 용, 당나귀, 왕〉

영화는 슈렉과 공주의 사랑으로 행복하게 끝난다. 그리고 그의 사랑을 획득한 그녀는 미녀로서의 정체성을 더 이상 찾지 않는다. 그녀는 그저 호박 같은 뚱뚱한 모습만으로도 자신의 정체성에 대한 자신감을 잃지 않는다. 공주를 구출한 슈렉은 자신의 얼굴을 보이려 하지 않는다. 밤이 되면 추녀로 변하는 공주는 당나귀에만 자신의 비밀을 털어놓는다. 공주와 결혼하려는 왕은 말에서 내려오지 않는다.

---

8) 상호텍스트성 관계란 "세계의 모든 사물은 그 자체로 순수한 창작물이 아니라 어떤 형태로든 모방이며 습득이자 표절이기 때문에 현실로부터 격리되어 완전한 상상력에 의해 만들어진 창조물은 있을 수 없다"는 것을 전제로 모든 텍스트들이 가시적이거나 아니면 잠재적인 방식으로라도 서로 영향을 주고받는 대화적 관계임을 의미한다.

그들은 모두 자신의 비밀이 밝혀지는 것을 두려워한다. 그들은 모두 상대방에게 '경악(schreck)' 그 자체였다.

그러나 자신의 비밀을 서로에게 털어놓고 자신의 정체성에 대한 자신감을 갖게 되는 순간 '경악'은 '사랑이 넘치는 아름다움'으로 변한다. 경악과 공포의 상징이었던 용이 슈렉과 당나귀, 그리고 공주의 친구로 바뀌는 것은 시사적이다. 용은 기계인간의 양면성을 보여준다. 공주를 사로잡고 있는 용은 부정적이고 파괴적인 기계인간의 화신이다. 전장이 바로 그 무대다. 영화에서 당나귀의 등장이 군인들의 징집 또는 징발과 관련 있음에 주목할 필요가 있다. 그리고 공주와 결혼하려는 왕의 무기는 바로 군사력이다. <슈렉>은 철통같은 무장과 위험을 뚫고 진선미의 이상을 인간이 쟁취한다는 동화적 상상력에 기반을 두고 있다.

4) 이미지와 시지각

인간은 자신을 둘러싸고 있는 생활환경과 끊임없이 접촉하면서 살아가고 있다. 접촉이란 자극을 주고받는 일로 이 자극이라는 행위를 통하여 외계의 정보를 받아들인다. 그러나 외계의 정보를 받아들이는 행위에 대하여 말할 때 감각과 지각을 비슷한 의미로 표현하고 있는 경우가 많은데 우선 감각과 지각의 정의를 명확하게 구분해 둘 필요가 있다.

감각은 '사물의 상태나 변화에서 무엇인가를 느껴서 받아들이는 마음의 작용과 눈, 귀, 코, 혀, 살갗 따위로 아픔, 차가움, 닿음 등을 아는 느낌'이라 할 수 있는데, 여기서 말하고자 하는 감각은 "인간이 갖고 있는 가장 말초적 기능이며 외계의 정보를 감각기관의 자극을 통하여 받아들이는 행위"를 말한다.

그러나 지각은 보통 세상을 아는 방법, 사물이나 형상의 세계를 경험하는 방법을 가리키는 경우가 많다. 사람이 지각을 하기 위해서는 감각기라고 하는 감각기관을 통하게 된다. 이러한 감각기관 중에서도 시각은 가장 잘 발달되어 있어서 정상적인 상태에서 사물을 인지함에 있어서 가장 큰 역할을 맡고 있다.

눈은 카메라의 렌즈와 구조나 역할을 비슷하지만 시지각(視知覺) 문제에 이르면 교육의 정도, 문화적 환경 등을 포함한 여러 가지 기억 요인들을 종합적으로 판단하기 때문에 단순히 물리적으로 판단하는 카메라와는 구분된다. 게슈탈트 심리학파의 학자들은 여러 가지 방법을 동원한 형태의 지각심리 연구를 수행한 바 있다. 그 중 대표적인 것이 게슈탈트 요인으로 널리 알려진 '군화(시각적으로 모아서 지각하게 되는)의 요인들이다.

A. 군화의 요인들

a. 근접의 요인 : 거리가 가까운 것들끼리 모아지기 쉽다.

b. 동류의 요인 : 유사한 형태나 색채끼리 모아서 인지되기 쉽다.

c. 폐쇄의 요인 : 폐쇄된 형태는 모아서 인지되기 쉽다. 거리와 형태에 관계없이 폐쇄된 형태는 다른 지각 원리보다 강한 지각 우위 성향을 띤다.

d. 연속의 요인 : 순조로운 연속 형태는 인지하기 쉽다. 자연스럽게 연속되는 형태는 장애물에 부딪쳐도 자연스럽게 연결된다. 특히 연결 형태가 아닌데도 불구하고 사람의 지각은 자연스러운 연결 형태로 지각하려는 경향이 있다.

e. 공동 운명의 요인 : 움직임의 방향이나 변화하는 모양에 공통점이 있을 때 인지하기 쉽다.

f. 객관적 태도의 요인 : 자극이 가해지는 시간적 조건에 따라 인지도 달라진다. 맨 윗부분에서 아래 부분으로 시선이 이동함에 따라 간격의 조건도 달라진다.

g. 조직적 형태의 요인 : 단순형, 대칭형 등 잘 짜인 형태가 쉽게 인지된다.

B. 우연히 만나는 연상 이미지

사람들은 일상생활 속에서 주위를 감싸고 있는 수많은 형태나 색상들과 만난다. 그리고 그것들은 제각기 고유의 이름과 형태를 가지고 있으며 사람들은 새롭게 만난 형태를 기억하고 다시 비슷한 형태와 만나면 처음 보았던 이미지를 연상하게 된다.

연상이란 단어가 연이어 생각한다는 의미도 갖고 있는 것처럼 하나의 사물을 놓고 다른 비슷한 이미지를 떠올리는 훈련은 창의력을 필요로 하는 사람들에게 매우 중요하다. 레오나르도 다빈치는 낡은 벽의 얼룩에서 나무나 시가지 전투 등과 같은 많은 것들을 보았다. 또한 세익스피어는 구름의 형상에서 고래나 낙타를 볼 수 있었다. 구름에서 낙타를 보고 낙타에서 구름을 볼 수 있는 훈련은 연상 능력을 키우기 위한 첫걸음이라 할 수 있다.

우연히 만나는 연상 이미지에서는 주위의 사물들을 좀 더 관심을 가지고 관찰함으로써 구름과 낙타처럼 전혀 관련이 없는 형태들 속에서 새로운 이미지를 발견할 수도 있다는 사실을 체험할 수 있다.

C. 같은 형태의 다른 이미지

같은 윤곽선 속에서 펼쳐지는 다양한 이미지들은 주로 추상적인 형태를 제각기 주관적 연상 작용에 의해 시각적으로 이미지화하는 것인데, 이처럼 의미 없는 형태에 새로운 의미를 부여함으로써 생명력을 물어넣는 작업이나 이미 의미가 있는 사물에 또 하나의 의미를 추가하는 일은 연상 능력을 풍부하게 해 준다는 면에서 매우 중요하다.

같은 형태의 윤곽선 속에서도 다양한 이미지를 생각해 낼 수 있다. 물론 이 다양한 이미지들은 한 사람의 작품이 아니기 때문에 각기 다른 과거의 경험이나 기억들을 바탕으로 주관적 판단을 한 결과일 것이다. 그러나 이와는 반대로 서로 다른 형태임에도 불구하고 같은 이미지로 판단되는 경우도 있다.

3.3. 이미지의 활용

1) 시의 언어적 이미지

이미지를 '말의 그림'이라고 했을 때, 그 의미는 대상을 재현하되 색채와 선에 의해서가 아니라, 언어에 의해서 대상이 재현된다는 것이다. 르네 웰렉과 오스틴 워렌은 이미지를 감각, 혹은 지각적 체험이라고 보았으며, 시각적 이미지, 청각적 이미지, 미각적 이미지, 후각적 이미지, 근육·감각적 이미지, 색채 이미지, 역동적 이미지, 공감각적 이미지 등으로 구분하였다.

다음의 시는 이미지의 전개가 독특하고 아름다운 작품으로 널리 알려진 조지훈의 「승무」이다.

〈인간문화재 이매방의 승무〉

얇은 사 하이얀 고깔은
고이 접어서 나빌네라.

파르라니 깎은 머리
박사 고깔에 감추오고

두 볼에 흐르는 빛이
정작으로 고아서 서러워라.

먼 대에 황촉불이 말없이 녹는 밤에
오동잎 잎새마다 달이 지는데

소매는 길어서 하늘은 넓고
돌아설 듯 날아가며 사뿐이 접어롤린 외씨 보선이여.

까만 눈동자 살포시 들어
먼 하늘 한 개 별빛에 모도우고

복사꽃 고운 뺨에 아롱질 듯 두 방울이야
세사에 시달려도 번뇌는 별빛이라

휘어져 감기우고 다시 접어 뻗는 손이
깊은 마음 속 거룩한 합장인 양하고
이밤사 귀또리도 지새는 삼경인데
얇은 사 하이얀 고깔은 고이 접어서 나빌네라.
— 조지훈, 「승무」

이 시의 1연에서는 춤추려는 찰나의 고요한 모습과 춤을 추는 이의 몸동작을 이끌어내기 위해 관중의 시선이 응집되는 숨 막히는 순간의 모습을 그려내고 있으며, 마지막 연에서는 그러한 춤동작과 관련되는 이미지라기보다는 달빛 교교한 한밤중이라는 시간을 나타내기 위한 배경에 무게 중심이 놓인다. 이러한 이미지의 반복적 배치로 인해 승무를 추는 이의 나비처럼 가벼운 춤사위를 강조하는 효과도 나타난다. 이처럼 구성 차원에서의 이미지화뿐만 아니라, 시어 차원에서의 이미지화 내용도 검토할 수 있다.

먼저 1연에 나오는 '하이얀 고깔'은 '나비'의 이미지와 함께 승무를 추는 이의 신비롭고 긴장된 모습을 이미지로 나타내고 있다. 여기에서 2, 3연의 이미지는 인간 육체의 신비로운 아름다움을 그려냄으로써 세속적인 관능이 아니라 성스러운 관능을 묘사하는데 성공했다. 그리고 4연의 촛불이 타는 모습과 잎새에 비친 달빛을 통해 빛이 필요한 밤이라는 시간적 배경을 그려내고 있다. 춤추는 이의 구체적인 춤사위는 5연과 8연에 제시된다. 이 연들에서 춤추는 이의 긴 소매가 하늘을 가리고 외씨보선의 선을 통해 드러나는 날아갈 듯한 동작이 눈앞에 그려지며, 합장과 같이 성스러운 손의 움직임이 승무를 추는 이의 경건하고도 우아한 자태를 표현하고 있다. 또 '까만 눈동자'와 '별빛'이라는 이미지를 통해 정지하는 순간의 움직임을 살며시 그려내고, 뺨 위로 방울져 내리는 눈물과 그 속에 담기는 별빛을 통해 다시 한번 '움직임'과 '움직일 듯 정지하는 순간'의 이미지를 함께 표현해 내고 있다.

이러한 이미지들을 살펴보면, 그것이 모두 감각적 사고와 일정한 관련을 맺고 있음을 알 수 있다. 특히 시각적 이미지가 「승무」라는 시의 주조를 이루고 있다.

2) 광고의 이미지

실세계의 시각적 단서가 광고에서 맡고 있는 역할은 원론적으로 크게 두 가지이다. 하나는 '광고에 대한 고객의 관심 끌기'의 차원이라면, 다른 하나는 '광고가 팔고자 하는 상품에 대해 특정한 감정을 불러일으키는 것'이다.

시선 끌기 효과에 대한 가장 단순한 사례로는 수용자를 직접 응시하는 자세를 취하는 광고 모델들을 떠올리면 된다. 텔레비전 광고나 잡지 광고의 모델들이 전형적으로 사용하는 이 기법은 실생활에서 누군가의 뒤통수를 뚫어지게 바라보면 그가 뒤돌아본 경험이 있다는 점에 착안한 것이다.

두 번째에 해당하는 사례들은 몇몇 정치 관련 이미지들에서 발견할 수 있다. 누군가를 우러러 본다는 것이 존경심이나 경외감과 연관되어 있다는 가정을 토대로 광고나 포스터에 등장하는 정치인의 이미지는 종종 밑에서 위를 바라보는 로우 앵글을 채택하고 있다. 이 같은 제작 관행의 우선적인 목적은 이미지로 표현된 인물에 대한 호의적인 감정을 불러일으키기 위한 것으로, 로우 앵글의 사용 자체가 정서적 반향을 불러일으키기 위한 기법으로 간주된다.

시각적 왜곡과 현실성의 위반만이 시각물 '목록 검색'에 몰두하게 만드는 유일한 종류의 기법은 아니다. 같은 현상이 다른 범주의 광고 이미지에도 나타날 수 있는데, 그 대표적인 경우가 패러디 기법이다. 미국뿐만 아니라 세계 다른 나라 모두 대중 매체 중심의 시각적 문화는 과거의 잘 알려진 이미지에서부터 변형물을 찾는 작업에 매달려 왔다. 패러디가 매력인적인 이유는 자기 준거적 특질과 종종 반어법적인 톤 때문이다. 이 기법은 수용자들에게 미디어와 미디어가 표현하고 있는 내용을 잘 알고 있다는 식의 느낌을 불러일으킨다.

사람들의 육체적인 모습이나 인간 행동을 도상적으로 재현함으로써 광고 이미지는 성적인 관심, 지위에 대한 욕망, 순종, 혹은 배려와 같은 다양한 감성적 반응들을 연상시키는 실생활의 시각적 단서들을 재생산해낸다. 또한 이미지는 사람의 시점을 조작함으로써 실감나는 시각적 경험들을 자극해낼 수 있다.

광고 이미지에 사용되는 클로즈업, 로우 앵글, 하이 앵글, 그리고 정면시점 혹은 측면시점 등과 같은 기법들은 우월감이나 열등감을 불러일으키기도 하고, 신뢰심이나 호기심을 유도하기도 한다. 또한 카메라의 시점은 주관적인 인간의 시점을 모사해내거나, 이미지 속 모델의 위치 선정을 통해 '동일시'를 유도하는 수단으로 사용되기도 한다.

▩ 아파트 광고

'자이(대우건설) 아파트'는 초기 광고부터 현재까지 자이의 전속 모델을 맡고 있는 배우 '이영애' 의 캐릭터가 주목을 끈다. 이영애는 '자이'를 맡기 전부터 핸드폰 브랜드인 '드라마' 나 'LG카드' 등을 통해 자신의 일에 완벽하면서도 열정적인 싱글 여성의 이미지를 이미 구축하고 있었다. 일반적으로 아파트 광고모델은 여자 배우이다. 김남주, 장진영, 이미연 등의 모델 역시 원톱으로 광고를 주도하지만 이들 광고는 자이처럼 싱글 여성의 일과 여유, 라이프스타일을 전면적으로 내세우지는 않는다. 이영애라는 이 광고계의 모델은 화려한 싱글 여성의 이미지에 대해서라면 다른 유명 여배우들과 비교해서도 독보적인 아우라(aura)를 뿜어내는 것이다. 결국 배우 이영애를 내세움으로써 여성 소비자들의 대리만족 욕구를 자극하고 동시에 브랜드에 대한 확고한 이미지를 심어주고자 하는 것이다.

‘자이’ 아파트 광고는 웰빙과 보보스의 생활상을 충실히 재현하면서 이와 같은 풍요와 여유의 상징을 트렌드로 소비하는 사람들의 구미를 자극한다. 이에 비해 ‘래미안’(삼성)이나 ‘롯데캐슬’의 경우에도 브랜드 이미지에 있어서 남다른 품격과 자부심을 강조하는 편이다. 특히 ‘롯데캐슬’의 경우는 이름 그대로 성을 컨셉(concept)으로 잡았기 때문에 귀족적인 느낌마저 든다. ‘자이’도 역시 고품격의 이미지를 전달하지만 이것은 귀족과 상류계급의 것이 아니라 자유롭고 여유있는 보보스((부르주아 + 보헤미안)으로서 보헤미안의 자유로운 정신과 부르주아의 세속적 야망을 함께 지니고 있는 사람을 가리키는 말)의 품격이라고 할 수 있다. 이런 점은 이웃과 함께 하는 즐거운 삶의 여유를 그리는 ‘자이의 사람들’ 편과 ‘자이의 커뮤니티’ 편에서 구체적으로 표현된다.

최근 아파트는 단순히 주거공간의 의미를 넘어서 사는 사람들의 품격과 수준을 나타내는 무형의 자산이 되었다. 즉 소비자는 상징적 혜택(symbolic benefit)에 의해 제품 사용의 동기를 마련한다. 그러므로 광고에서는 이런 소비자의 상징적 욕구를 만족시켜 주어야 하는데 자이는 이러한 소비자의 상징적 욕구를 만족시키기 위해 이미지를 적극 활용하고 있다. 또한 아파트라는 제품은 관여도가 높아 정보 제공형 광고를 해야 하는 데에도 불구하고 고급스러운 이미지를 나타내게 하기 위해서 이성적 도구보다는 감성적 도구에 초점을 두고 있다. 그래서 아파트의 내부 모습을 보여주는 중심단서(제품 자체에 관한 것)를 보여주기 보다는 광고 음악이나 광고 모델과 같은 주변단서를 더욱 중점적으로 사용한다. 광고 음악과 모델의 적절한 사용으로 소비자들에게 호의적인 느낌을 주고자 하는 것이다.

1. 다음의 이미지들은 아파트 광고 이미지들이다. 이 이미지들이 어떤 효과를 목표하고 있는지 설명해 보시오.

 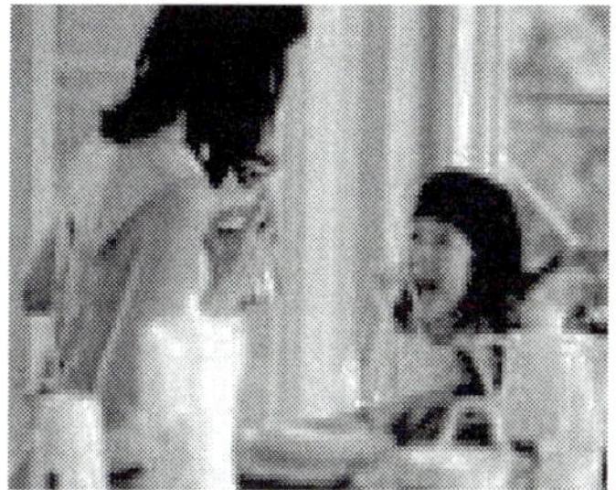

2. 다음 시를 읽고 이 시의 내용을 하나의 이미지로 표현해 보시오.

> "작은 방 안에
> 장미를 피우려다 장미는 못 피우고
> 저녁놀 타고 나는 간다
> 모가지 앞은 잊어버려라
> 하늘 저 편으로
> 둥둥 떠가는
> 저녁 놀!
> 이 우주에
> 저보다 더 아름다운 것이 또 무엇이랴
> 저녁놀 타고
> 나는 간다
> 붉은 꽃밭 속으로
> 붉은 꿈나라로"
>
> —오일도, 「저녁놀」

3. 아래 사진은 '소프트 곰바우'라는 소주 광고이다. 이 광고 이미지의 특징은 무엇이며, 그 이미지가 소주 광고의 기능을 띠게 되는 이유는 무엇인가?

4. 아래 사진은 '디자인 경영'을 선언한 기아자동차가 디자인을 소재로 한 최
초의 '기업PR 광고'이다. 이 사진 이미지가 전달하고자 하는 의미를 적어 보시오.

4. 기호(記號, sign)

4.1. 기호의 정의

1) 소쉬르의 기호학

(1) 기표와 기의

스위스의 언어학자 F. 소쉬르는 두 부분으로 이루어진 기호의 '이원 모델'을 제시했다. 소쉬르는 언어 기호에 초점을 두고, 기호를 '기표(signifiant)'와 '기의(signifié)'의 결합체로 정의하였다. 대체로 학자들은 기표를 '기호가 취하는 형태'로, 그리고 기의는 '기표가 지시하는 개념'으로 정리한다.

언어기호는 사물과 이름의 결합이 아니라 개념(기의)과 청각영상(기표)의 결합이다. 청각영상은 실제의 소리가 아니다. 소리는 물리적 실체다. 반면에 청각영상은 소리가 사람의 감각에 남겨 놓은 심리적 흔적이다. 이 청각영상이 '물리적' 요소를 갖는다면, 그것은 단지 감각의 흔적을 되살려주기 때문이다. 그런 면에서 청각영상은 언어기호를 이루는 다른 요소와 구분된다고 말할 수 있다. 이 두 번째 요소(기의)는 보통 청각영상보다 더 추상적이다. '개념'이 바로 그것이다.

소쉬르는 기호가 불변의 본질이나 자체의 고유성 같은 것을 가지고 있다고 보지 않았다. 기호는 다른 기호를 지시할 뿐이다. 언어체계 안에 '모든 것은 관계에 의존한다.' 어떤 기호도 혼자서는 의미를 만들어낼 수 없다. 기표와 기의 모두 관계를 통해서만 존재할 수 있다. 예컨대 '나무'는 '풀', '꽃' 등 다른 단어들 사이에서만 의미를 갖는다. 또 소쉬르는 장기놀이를 비유로 들어 관계의 개념을 설명하기도 하였다. 장기 알의 가치는 장기판 위에 놓인 위치에 의해 결정된다는 것이다. 이처럼 기호는 단순한 부분의 합 이상이다. 기호의 의미화는 기표와 기의의 관계에 의해 결정되지만, 기호의 '가치'는 체계 내의 다른 기호들과의 관계에 의해 결정된다.

소쉬르가 말한 의미의 관계적 개념에서 중요한 것은 '차이'이다. 소쉬르는 기호 간의 차이를 강조했다. 소쉬르에게 있어서 언어는 차이와 대립의 체계였다. "어떤 기호체계도 마찬가지지만, 언어에서 기호를 기호로 만들어 주는 것은 다른 기호들과의 차이"라는 것이다. 단어가 하나뿐인 언어는 있을 수 없기 때문이다. 하나의 단어가 모든 것을 가리키게 되면 사물을 구분하는 것 자체가 불가능해진다.

상품광고를 하는 것도 마찬가지이다. 어떤 제품을 광고한다는 것은 광고의 기표를 실제 대상과 연관 짓는 것이 아니라, 서로 관련된 기호들 사이의 차이를 드러내는 것이다. 예컨대 중형자동차 광고에 주로 등장하는 기표들은 중년 남성, 높은 사회적 지위, 행복하게 웃는 가족 등이다. 이 기호들은 '실제 대상'을 언급하기 위한 것이 아니라, 기호들의 차이를 적절히 활용함으로써 제품에 일정한 문화적 가치를 부여하기 위한 것이다. 이 광고의 가치는 등장인물이 젊은 여성, 사회초년생이 아니고, 자유로운 독신 생활도 담고 있지 않은 데 있다.

소쉬르는 이처럼 기호들 사이의 '부정적이고 대립적인 차이'에 초점을 두었다. 소쉬르의 주장에 따르면 개념들의 내용이 규정되는 것은 긍정적인 방식이 아니라 부정적인 방식, 다시 말해 같은 체계에 속하는 다른 개념들과의 대비를 통해서이다. 어떤 개념을 설명하는 가장 정확한 방법은 '이 개념은 어떠어떠한 개념이 아니다'라고 말하는 것이다.

다음에 제시하는 사진들은 대한민국을 대표하는 두 항공사의 광고 사진이다. 왼쪽의 대한항공 광고사진은 일본의 쇼군이었던 도꾸가와 이에야스가 썼다는 왕관을 대표 이미지로 제시하고 있다. 도꾸가와 이에야스가 오에 겐자부로, 도요토미 히데요시에게 밀리면서도 오랫동안 기다리다가 결정적인 기회를 잡은 것처럼 대한항공도 최후의 승리자가 되겠다는 의미를 광고 사진은 담고 있다. 이에 비해 오른쪽의 아시아나항공 광고는 2010년 뱅쿠버 동계올림픽 피겨스케이팅 여자 싱글 부문 금메달리스트인 김연아 선수의 사진이 그려진 자사 비행기의 이미지를 제시하고 있다. 김연아 선수처럼 항공사 부문에서 1등을 하겠다는 의지를 표명하고 있는 것이다. 이처럼 광고 이미지도 언어와 마찬가지로 변별성(차이)를 통해서

의미를 생성하고 있음을 알 수 있다.

〈대한항공의 광고 사진〉

〈아시아나항공의 광고 사진〉

(2) 랑그와 파롤

소쉬르는 랑그(langue : 언어)와 파롤(parole : 언어의 개인적 활용)의 구분을 처음으로 제안하였다. 랑그는 언어가 개인에 의해 사용되기 전부터 존재하는 규칙체계와 관습을 의미한다. 반면 파롤은 특정한 상황 내에서 사용되는 언어, 즉 랑그의 구체적 사례를 의미한다.

이 개념 구분을 언어를 넘어 기호체계 일반에 적용하면, 랑그와 파롤의 차이는 곧 '체계(system)'와 '활용(usage)', '구조(structure)'와 '개별 사건(event)', '코드(code)'와 '메시지(message)'의 차이로 이해될 수 있다. 영화를 예로 들면, 개별적 영화 한 편 한 편은 영화의 '언어' 체계에 근거해서 제작된 파롤로 볼 수 있다. 소쉬르는 기호의 개별적 용례인 파롤보다는 기호체계 기저에 자리 잡은 심층 구조와 이를 지배하는 일반 규칙에 관심을 더 두었다.

　　랑그는 실질이기보다 형식이다. 또한 랑그는 제도이자 사회적 산물이기도 하다. 추상적인 기호 체계로서의 랑그는 인간 집단과 직접적 관계는 없지만, 사회적인 제도라는 점에서 인간 집단과 떼어놓을 수 없는 밀접한 관계를 지닌다. 이 두가지 사실은 얼핏 모순되는 것처럼 보이지만 그렇지 않다. 랑그의 표현과 내용의 자의적인 결합은 인간 집단에 의해 결정되지 않기 때문에 랑그는 인간 집단과 관계가 없어 보인다. 그러나 일단 형성된 자의적 관계는 언어 공동체 구성원들이 반드시 받아들여야 하기 때문에 랑그는 필연적으로 사회성을 띠게 된다.

(3) 수평축과 수직축

　　소쉬르는 의미가 기표들 간의 차이에서 발생한다고 주장하였다. 이 차이는 두가지로 분류된다. 하나는 '통합적(syntagmatic) 차이'고 다른 하나는 '계열적(paradigmatic)' 이다. 전자는 위치 관계를 나타내고 후자는 대체 관계를 나타낸다. 소쉬르는 원래 후자를 '연상 관계'로 불렀으나 오늘날에는 야콥슨을 따라 '계열적 관계'라는 용어를 통상적으로 사용한다. 통합적 관계와 계열적 관계를 구분하는 것은 구조주의 기호학 분석에서 대단히 중요하다.

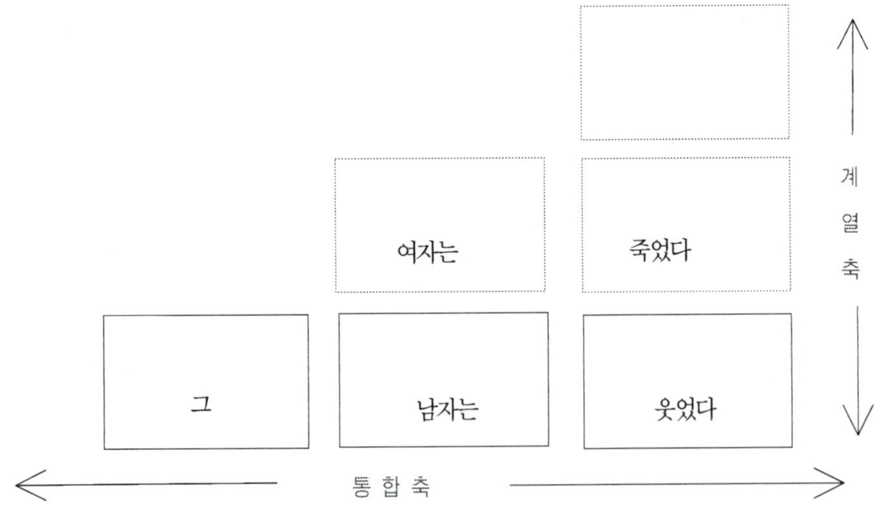

이 두 차원은 '축'으로 묘사되기도 하는데 가로축은 '통합축', 세로축은 '계열축'이다. 통합적 차원은 '이것- 그리고 - 이것 - 그리고 - 이것'처럼 '결합'하는 것이다(그림 속의 예를 들면 '그 남자는 웃었다'). 반대로 계열적 차원은 '이것 -아니면 - 이것 - 아니면 -이것'처럼 '선택'하는 것이다(그림 속에서 '웃었다' 대신에 '죽었다'나 '울었다'를 선택하는 경우다).

통합적 관계는 결합의 가능한 경우의 수를 의미하고, 계열적 관계는 기능적 차이을 의미한다. 통합적 관계나 계열적 관계는 모두 일시적으로 존재한다. 통합적 관계는 같은 텍스트 안에 공존하는 다른 기표들을 텍스트 내적으로 지시한다. 반면에 계열적 관계는 텍스트에 부재한 기표를 상호텍스트적으로 지시한다. 기호의 '가치'는 계열적 관계와 통합적 관계 모두에 의해 결정된다. 통합체와 계열체는 기호가 의미를 산출할 수 있도록 구조적 맥락을 제공해 준다. 즉 통합체와 계열체는 기호가 코드체계로 조직화하는 데 필요한 구조적 형식을 제공해 주는 것이다.

계열적 관계는 기표의 차원과 기의의 차원 모두에서 작용한다. 계열체는 서로 관련된 일련의 기표나 기의들을 의미한다. 같은 계열 내의 기호들은 동일 범주 내에 속하면서도 서로 분명한 차이점을 지니고 있다. 예컨대 자연어에는 '동사'나 '명사' 등의 문법적 계열체가 있다. 어떤 맥락에서는 기호가 동일 계열체에 속하는 다른 기호로 대치될 수 있다. 계열체 내에서 어떤 기호를 선택하는 것은 곧 다른 기호를 배제하는 것을 의미한다. 동일한 계열체 속에서 다른 것 대신 어떤 기표를 고르는 것은 텍스트의 의미를 원하는 방향으로 한정하기 위한 것이다. 그렇다면 계열적 관계는 '대비'의 관계로 볼 수 있다.

통합체는 상호 연관된 기표들을 순서대로 배열함으로써 의미 있는 조합을 만들어내는 것이다. 소쉬르는 이것을 '사슬'이라 불렀다. 이러한 조합은 구문론적 규칙과 관습의 틀 속에서 이루어진다. 언어를 예로 들면, 문장은 단어의 통합체며 '문단'이나 '장' 역시 마찬가지다. '작은 단위가 결합되어 큰 단위를 이루며, 이 두 단위는 상호 의존 관계에 있다'라고 소쉬르는 설명하였다. 통합체는 다른 통합체를 포함할 수 있다. 인쇄광고는 시각적 기표들의 통합체다. 통합적 관계는 동일 텍스트 내의 요소들이 서로 결합할 수 있는 다양한 방식이다. 통합체는 특정 계열체에 속하는 기표들 가운데 관습이나 규칙(문법)에 부합하는 기표들이 결합되어 만들어진다. 통합적 관계는 부분과 전체의 관계를 중시한다.

통합체는 흔히 '순차적'인 것으로 정의된다. 따라서 말이나 음악처럼 시간적인 것이다. 하지만 통합체는 공간적 관계일 수도 있다. 공간적 통합 관계는 소묘, 유화, 사진 등에서 볼 수 있다. 드라마, 영화, 텔레비전, 인터넷 등의 기호 체계는 공간적 통합체와 시간적 통합체 모두를 포함한다.

2) 피어스의 기호학

피어스는 기호를 세 유형으로 나누어 설명하고 있는데, 먼저 '도상(圖像:icon)'이란 기호 형태가 기호의 내용과 유사성을 띠고 있는 기호 유형이라고 한다. 그래서 도상 기호는 대상체(objet)와 비슷하게 보이거나 비슷한 소리를 내거나 비슷한 이미지를 가지고 있다. 사진이나 목소리 등은 도상 기호의 전형적 유형이다. 피어스에게 있어서 도상이란 기표가 표상하는 것, 곧 기표의 지시 대상물과 유사한 관계를 가지는 기호가 된다.

(1) 도상

도상의 내재적 특성은 대상체의 특성과 부합한다. "이 대상체가 실제로 존재하는 것이든 아니든, 질적인 것이든, 개인이든, 법칙이든 그 무엇이든 그 어떤 것의 도상이다. 그 까닭은 도상이 그 어떤 것과 유사하며, 혹은 그 어떤 것의 기호로 사용되었기 때문이다. 그러므로 야자수가 서 있는 해변 백사장(지시대상물)의 그림이 들어 있는 우편엽서(기표)는 일종의 도상으로 간주될 수 있는 것이다. 왜냐하면 우편엽서가 그 지시 대상물의 여러 특징들, 그러니까 형태라든가 비율, 색깔, 주제 등을 다시 취하기 때문이다. 반대로 이 엽서를 유럽의 한 시민이나 혹은 카리브해의 낚시꾼이 보게 된다면 그 도상은 여러 다른 기의를 지니게 될 것이다. 예컨대 유럽인에게 있어서 이 기의는 '바캉스, 도피, 이국주의 ……' 등이 될 것이고, 낚시꾼에게는 '작업, 고기잡이'가 될 것이다. 지시 대상물과 기의 사이의 이러한 거리감은 광고에서 풍부하게 나타난다. 물(지시 대상물) 속을 달리는 말의 사진(도상)은 맥락에 따라 '자유', '남성성'을 의미할 수 있다.

(2) 지표

지표(指標:index)는 대상과 실존적·물리적 연결을 이루고 있으며 물리적인 인접성을 보이고 있다. 예를 들어 수은주의 높이는 기온의 지표라고 볼 수 있다. 이처럼 지표는 인과관계의 특징을 지니고 있다. 지표는 무엇보다도 불과 연기, 비와 구름의 관계처럼 '자연적' 기호와 관계가 있다. 지표 형태의 한 예(例)인 '흔적(痕迹)'은 우리가 자발적으로 다른 기호의 범주 속에 분류하고 이들에게 특별한 힘을 부여하고자 하는 다른 형태의 기호들에 영향을 미칠 수 있다.

(3) 상징

상징은 자의적이고 관습적인 관계를 제시하는 것과 관계가 있다. 진실을 관례적으로 표상하기 위해 눈을 가린 나체 여인과 같은 알레고리(allegory), 혹은 여러 깃발들, 혹은 오륜기(五輪旗)와 같은 어휘의 일상적 의미를 지닌 상징들이 이 범주 안에 포함된다. 피어스 역시 이러한 언어적 행위를, 다시 말해서 언어적 기호를 당연히 이 범주에 포함시켰다.

상징은 기호와 기호 대상 사이의 관계가 관습, 동의 혹은 규칙에 의해 결정된 것으로 임의로 만들어진 기호이며 특정한 개별적 사물의 지시보다는 사물의 부류를 지시한다. 이를테면 단어 '새'는 특정한 개체로서의 '새'를 가리키는 것이 아니라 '새'의 일반적 관념 즉 부류 전체의 상징인 것이다.

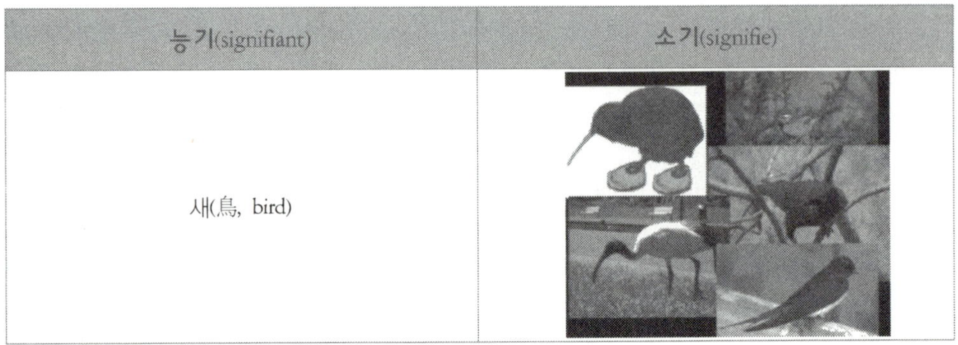

능기(signifiant)	소기(signifie)
새(鳥, bird)	

개념적으로 살펴본 이들 세 가지 기호 유형은 현실에서는 잘 구분되거나 변별되지 않으며 하나의 기호가 여러 기호 유형으로 나누어 질 수도 있다. 즉 기호 유형들은 상호 배타적인 관계가 아닌 유기적 관계로 구성되어 있다. 이 관계는 바로 커뮤니케이션이라는 커다란 맥락 하에 놓이며, 의미작용과 의미의 전달, 그리고 수신자 측의 의미해석 과정의 중심을 이루고 있다. 다음 장에서는 이 관계에 대해 의미작용을 중심으로 논의할 것이며 어떻게 총체적 커뮤니케이션 구조가 형성되는지 살필 것이다.

4.2. 의미작용

1) 커뮤니케이션과 의미작용

어떤 감각에 의해서 지각 가능한 단위인 기표가 우리에게 어떤 종류의 정보인 기호 내용 즉 기의를 전해 준다. 이와 같은 성질을 지닌 단위가 있을 때 우리는 그것을 보통 기호라 부르는데, Georges Mounin의 『번역의 이론적 문제점들』(les problmes thorique de la traduction), 1963) 에 따르면 기호는 행하는 기능에 따라 '커뮤니케이션 중심 기호'와 '의미작용 중심 기호로' 구분할 수 있다고 한다. 이 기준으로 무닌은 '커뮤니케이션 기호학(Semiologie de la communication)'과 '의미작용 기호학(Semiologie de la signification)'을 구별하고 있다.

예를 들어 파란색의 교통 신호를 보고 '가시오'라는 정보를 얻을 경우, 우리는 교통 신호에 관한 규칙에 따라 코드풀이(decoding)를 하고 있다고 볼 수 있다. 한편 파란색의 옷을 보고 차분한 기분이라는 정보를 얻을 경우, 우리는 옷의 색조에 관한 어떤 규칙을 따라서가 아니라 그와 같은 의미를 부여함으로써 코드풀이를 하고 있는 것이다. 교통신호의 경우는 어떤 색이 기호 표현으로서 어떠한 기호 내용을 갖는가 하는 것이 코드로서 미리 규정되어 있지만 의복의 색조에 관해서는 그런 코드는 존재하지 않는다.

따라서 파란색 옷의 경우에서는 거기서 일어나고 있는 것은 오히려 어떤 색조가 어떤 의미를 나타내는가 하는 모습으로 코드풀이가 행해진다고 볼 수 있다. 이 경우는 일정한 기호 표현과 일정한 기호 내용의 상관체로서의 기호가 미리 있는 것이 아니라, 어떤 기호 내용과 대응하는 기호 표현으로서 기호가 만들어져 가는 일, 즉 기호작용의 과정이 일어나고 있다. 다시 말해 만들어져 있는 기호라는 개념보다도 기호를 만들어내는 기호 기능 쪽이 선행개념이 된다. 이상의 파란색의 신호등과 파란색 옷의 예에서 나타난 두 가지 기호가 일으키는 과정을 다음과 같이 구분하여 정리해 볼 수 있다.

(1)　가.　기호 → 코드 → 코드풀이

　　　나.　기호기능 → 코드엮기 → 코드풀이

(가)는 코드로 이미 이루어진 기호를 풀이하는 과정으로, (나)는 기표와 기의가 만나서 나타내는 기호 기능을 전제로 한 코드엮기(encoding)와 코드풀이라는 과정으로 나타난다. 이러한 두 종류의 기호현상으로서 두 가지 기호학, 이를테면 커뮤니케이션 기호학과 의미작용 기호학을 구분할 수 있다. 전자의 과정이 커뮤니케이션이라는 것에 의해 이루어지고 있음은 발신자가 일정한 정보를 수신자에게 틀림없이 전할 것을 의도하고 기호가 사용되기 때문이다. 이 때 기호의 사용은 이미

기호 발신자와 수신자 양자 간에 서로 이해가 가능한 코드에 따라 행해진다. 이에 반해서 후자에게는 이와 같은 커뮤니케이션의 의도 및 코드의 존재라는 특징이 없다. 후자의 경우에는 다만 어떤 것이 무엇을 의미하고 있음으로써 의미 작용이 이루어진다.

2) 도상과 이미지

이미지는 도상 기호에 속한다. 피어스가 말한 대로 도상이, 특히 그 기표가 나타내고자 하는 것과 유사한 관계를 지니는 특별한 기호의 형태라고 한다면 여러 형태의 유사성, 그러니까 여러 다른 형태의 도상을 구분하는 것이 좋을 듯하다. 퍼스는 도상을 이미지, 도식(diagram), 은유(metaphor) 등으로 나눈 바 있다.

이미지는 기표와 대상물 사이의 질적인 유사성을 실행하는 도상적 기호이다. 이미지는 한 오브제의 여러 특징, 형태, 비율, 색, 질감 등을 제한하거나 다시 취한다. 이 예들은 본질적으로 시각적 이미지와 관계있다.

그러나 이와 같은 새로운 분류 역시 "어떤 이미지가 필연적으로 시각적인 것은 아니다." 라는 것을 보여준다. 세계는 오감(五感)으로 이해되므로 한 대상체를 시각적 특징뿐만 아니라 청각, 후각, 미각의 특징으로 나타낼 수 있다. 그러므로 청각적인 녹음이나 소음들 역시 이론적으로는 소리의 이미지에 속하며 음식에서 나는 향기와 맛은 후각이나 미각의 이미지에 해당하고, 나무, 가죽, 비단 등을 만졌을 때 느껴지는 감각은 촉각의 이미지에 속한다.

4.3. 광고와 기호학

화장품 광고는 전자 제품 등의 실용적인 상품 광고와는 달리 구매자의 다소 추상적이고 심층적인 욕구 - 아름다워지고 싶다는 - 에 호소하는 것이므로 이미지의 상징성 분석이 매우 중요하다고 여겨진다. 화장품은 실용성과는 조금 거리가 있는 상품이다. 가령, 화장품을 사용하지 않는다고 해서 생활하는 데 직접적인 영향을 받지 않는다는 것이다. 이런 종류의 상품광고의 경우, 구매자의 심성에 호소하기 위해 언어 메시지만을 이용하는 것은 부족하다.

그러므로 화장품 광고에는 언어 메시지 이외에 언제나 영상이 존재한다. 이 영상 속에는 제품 자체가 등장할 수도 있고 제품은 등장하지 않은 채 제품과 관계없는 모델이 등장할 수도 있다. 예를 들면 꽃이라든가 여인 그리고 여인의 표정이나 몸짓이 강조된 영상이 그것이다. 화장품을 광고하기 위해서 이런 이미지들이 필요한 이유는, '이 제품은 미용효과가 뛰어납니다'라는 등의 선전만으로는 구매자의 욕구를 자극할 수 없기 때문이다. 구매자는 제품이 지닌 실용성뿐만 아니라 '정신의 색다른 경험'을 기대하고 있기 때문이다.

시각기호는 언어 기호와는 달리 즉각적으로 기의(signifie)로 연결되지 않는다. 시각 기호 자체가 지시체가 되어 다양한 의미 작용을 일으키게 되는데, 이때의 메시지는 거의 추상적인 개념이다. 예를 들면, 고급스럽다거나 발랄하다거나 또는 고풍스럽다는 등의 느낌을 전달하는 것이다. 시각 기호는 그것이 갖는 추상적 이미지가 언어 기호의 메시지와 적절하게 연결될 때, 제 기능을 발휘한다고 볼 수 있다.

1) 이성 광고와 감성 광고

자동차 광고와 여성복 광고, 그리고 화장품 광고 중에서 이성 광고가 차지하는 비율이 가장 큰 것은 단연 자동차 광고이다. 자동차의 기능이 외관에 우선하는 실용상의 문제이기 때문이다. 그러나 여성복 광고는 감성 광고가 그 주류를 이룬다. 화장품의 경우는 비록 감성 광고가 주류이긴 하지만 이 둘이 복합적으로 나타난다. 아름다워지고 싶은 욕구가 추상성을 바탕으로 한 감성 광고를 만들게 하기도 하지만 피부에 작용하여 생체의 변화를 준다는 중요한 특성 때문에 이성 광고가 필수적이기도 하다. 그러한 이유로 화장품 광고는 이 두 가지 성격이 적절히 조화되어 나타나는 경우가 많다.

2) 시각광고와 언어 광고

시각 광고는 주로 시각 기호를 이용하여 브랜드의 이미지를 알리는 광고이며 언어 광고는 마찬가지로 언어 기호를 통하여 브랜드의 이미지를 홍보하는 전략이다. 모든 광고는 언어 기호와 시각 기호를 동시에 사용한다. 그러므로 시각 광고와 언어 광고라는 유형의 분류를 굳이 시도할 필요가 없어 보이기도 한다. 그러나 언어 기호가 주는 의미 작용보다 시각 기호의 의미 작용이 더욱 광범위하고 더욱 광범위하고 지속적이다.

역사가 있는 브랜드나 유명한 브랜드일수록 고유한 이미지를 시각 기호를 통하여 알린다. 이때의 시각 기호에는 언어 기호가 아닌 그 자체, 즉 언어의 외모도 포함된다. 하나의 의미를 함축하고 그 함축성에서부터 의미 산출을 기해하는 '언어 기호'가 아니라, 시각적인 차원에서 의미를 산출해 내는 바로 그 언어의 껍데기도 시각 기호에 포함되는 것이다. 이때의 언어란 그림과 같은 하나의 형상이다. '랑콤'이나 '크리스찬 디올'의 광고를 보면, 이들 브랜드의 이미지는 시각 기호에 의존하는 시각 광고로 고정된다는 사실을 알 수 있다.

랑콤의 상징적 기호는 여인의 얼굴과 장미 한 송이이다. 각각 다른 제품의 선전을 하면서도 클로즈업된 여인의 얼굴 - 모델은 항상 동일하지 않다 - 과 붉은 장미 또는 분홍색의 장미 한 송이는 늘 광고에 등장하여 그것이 바로 랑콤의 제품임을 알린다. 게다가 광고의 바탕색은 늘 하얀색이어서 인물의 표정과 장미, 그리고 특히 모델이 사용한 화장품의 칼라가 선명하게 부각된다. 거기에 더하여 바뀌지 않는 것이 또 하나 있다. LANCOME라는 브랜드명은 언제나 같은 크기와 같은 활자체로 광고 상단이나 하단에 자리한다.

크리스챤 디올의 경우도 마찬가지이다. Dior라는 큰 활자의 브랜드명은 변하지 않는 동일한 크기와 활자체로 사용되며 클로즈업된 여인의 모습이 광고의 전면을 채운다. 그리고 제품의 사진은 축소되어 있거나 인물 모델의 손에 쥐어져 있는 이유 등으로 하여 하나의 이미지에 통합되어 나타난다. 인물 모델은 광고마다 다르지만 그들이 장신구와 화장품의 강렬한 색상 뒤로 익명성을 부각시키고 있다는 점은 늘 동일하다.

이렇듯 시각 기호 위주의 시각 광고와 언어 기호 중심의 언어 광고는 원하는 의미를 전달하는 방식이 다르다. 사실 어느 것이 더 강한 자극을 주는지는 그 광고를 수용하는 소비자의 개인적 성향에 따라 다르겠지만, 시각 기호는 지각 작용만으로 그 의미 산출을 하게 하는 반면, 언어 기호는 문화라는 보조적인 장치의 도움을 받아야 의미가 산출되므로 특정 집단을 소외시킬 수 있다는 위험 부담을 안고 있다.

한국의 화장품 광고 기법의 일반적 경향을 살펴보면, 인물/상품 구도의 선호, 흰 여백의 폭넓은 사용, 시간적·공간적 배경과 극적 플롯의 부재, 과학 전문 용어의 외래어 남용, 얼굴을 클로즈업시킨 촬영법 등을 흔히 볼 수 있다. 대부분의 화장품 광고들은 서로 비슷한 양상을 보여주고 있다.

광고는 그 자체로 사회의 속성과 문화를 반영하는 커다란 기호이다. 광고의 시각 기호와 언어 기호 각각의 의미 작용을 통합한 광고 전체를 통해서 또 하나의 의미를 산출할 수 있는데, 제일 마지막으로 산출될 수 있는 의미의 단위가 '문화'라고 말 할 수 있다. 모든 광고는 소비자에 대한 철저한 파악과 분석 과정을 거쳐 고도의 전략으로 만들어지고, 계속적인 구매 효과를 위하여 끊임없는 문화의 분석 작업을 행한다.

4.4. 이야기 분석을 위한 그레마스의 기호사각형

언어 텍스트의 표층에서는 두 가지 조직, 즉 의미작용과 통사작용이 일어난다. 이것은 텍스트를 구성하는 텍스트적 요소 간에 있는 관계망을 인지하는 것이다. 통합접인 축은 가로축에 해당하고 계열적 관계는 세로축으로 드러난다. 통합적인 축에서 각 요소는 선적인 시간축에 일정한 위치를 차지하면서 연속적으로 결합되는 관계로서 단순한 계기가 아니라 언어의 고유한 규칙(문법)을 따라야 한다. 이때 각 요소들 사이의 관계는 인접적(환유적)이다.

반면에 계열적 관계는 세로축에 해당하며 선택 관계라고도 한다. 통합적 연속선상의 어떤 지점에 나타날 수 있는 모든 요소 중에서 발화자의 선택 여부, 문맥에 따라 나타나는 요소와 나타나지 않는 요소 사이에 맺어지는 관계를 말한다. 이것에는 유사한 관계는 물론, 대립관계에 있는 기호들도 포함된다.

그레마스에 의하면 심층은 의미가 최초로 만들어지는 곳이며, 다른 두 가지 상위층을 위하여 존재가 전제되는 층이다. 하나는 심층에서 표층의 경로를 밟는 서사적인 구조와 다른 하나는 표층의 경로에서 상위의 경로를 밟는 담화적 구조이다. 전자는 기저통사에서 논해지고 후자는 기저의미에서 논해진다.

최초로 의미가 생성된다함은 의미에 대한 어떤 상상이 선험적으로 존재하기 때문이 아니라 의미발화과정이 생성적으로 설명될 수 있기 때문이다. 즉 기저의미의 구조가 서서히 표층의 구조로 경로를 밟아 생성되는 것이다. 심층구조는 '기호학적 사각형'이라는 의미작용이 기본구조를 제공한다. 기호학적 사각형은 하나의 동일한 의미범주, 하나의 동일한 구조를 구성하는 변별적 특성이 유지하는 관계들을 시각적으로 표시한 것이다.

그레마스 기호 사각형은 하나의 의미 실질 혹은 의미 범주가 분절된 양상을 시각적으로 표현한 것이다. 어떤 의미 범주든 이 기호 사각형을 통해 분절되고 시각적으로 표현될 수 있다. 기호 사각형에서 중시하는 것은 '관계'이며, 그 관계는 '반대관계', '모순관계', '함축관계' 등으로 나뉜다.

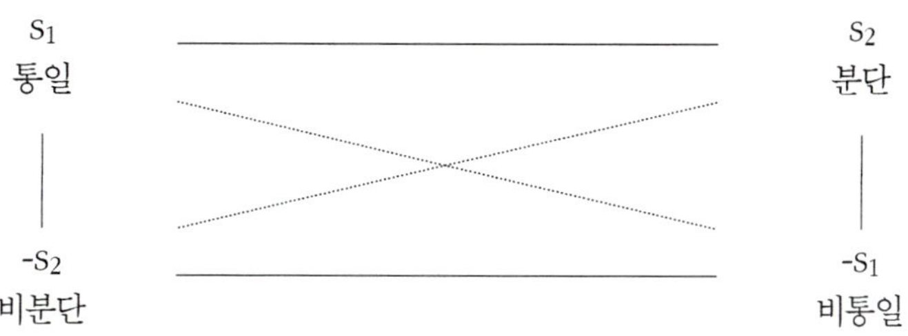

'반대관계'는 한 사항의 존재가 다른 사항의 존재를 전제하고, 또 한 사항의 부재가 다른 사항의 부재를 전제하는 것을 의미한다. 따라서 's_1'은 's_2'를 전제하고, 's_2'는 's_1'을 전제한다. 그리고 s_1과 s_2는 각각 그 모순항인 $-s_1$과 $-s_2$를 투사한다.

'모순관계'란 두 사항이 공존할 수 없는 것을 뜻한다. 모순 관계를 지배하는 대립은 '결성 대립'이다. /통일/[9]과 /비통일/, /분단/과 /비분단/이 그러한 것인데, 모순 관계를 이루는 항들은 공존할 수 없다. 이와 달리 반대 관계를 이루는 두 사항은 의미론적으로 공존이 가능하며 양자 간에 상보적 관계가 형성된다.

황순원의 「학」은 6.25 전쟁 중에 치안대원과 인민위원회 부위원장이라는 적대적 관계로 만난 지난 시절의 친구가 호송 과정에서 이데올로기 전쟁의 산물인 적대 감정을 극복하고 과거에 지녔던 우정을 회복하고 위험에 처한 친구를 자신에게 닥칠지도 모르는 불이익을 무릅쓰고 탈출시킨다는 내용을 담고 있다.

이처럼 이 작품은 참혹한 한국 현대사를 민족애와 인간애로써 극복하는 과정을 보여주는 작품이다. 이 작품을 기호 사각형으로 표현하면 s_1은 /전쟁/ 혹은 /분단/으로 설정할 수 있고, s_2는 /통일/로 설정할 수 있다. 그렇다면 $-s_1$은 /비통일/, $-s_2$는 /비분단/이 된다. s_1인 /분단/은 $-s_2$인 /비통일/의 의미를 함축하고 있다 s_2 /통일/도 마찬가지로 $-s_1$인 /비분단/의 의미를 함축하고 있다.

전쟁은 인간성의 상실, 인간 존엄성의 포기, 상호 불신 등의 상처를 남기게 마련이다. 이 작품은 북쪽에 먼저 점령되어, 이미 한 차례의 소용돌이가 지나간 마

---

9) / / 표시는 그 안에 들어 있는 표현이 실제 어휘가 아니라 의소와 같은 추상적인 상위 언어임을 나타낸다.

을에 다시금 국군이 들어옴으로써 생기게 되는 비극을 표현하고 있다. 성삼이 담배 맛도 모르고 담배를 피우는 장면을 통해 그가 우정과 적대감 사이에 갈등을 겪고 있음을 알 수 있다. 담배는 성삼이의 내면을 간접적으로 암시할 뿐만 아니라, 호박잎 담배에 얽힌 추억을 떠올리는 계기가 되는데, 이러한 회상을 계기로 덕재와의 갈등이 점차 해소되어 간다. 덕재의 부인이 된 꼬맹이에 대한 대화는 두 사람의 사적인 관계에서 나올 수 있는 것이다. 꼬맹이의 우스꽝스러운 모습을 상상하며 성삼이가 웃는 것은 두 사람이 사회적 관계에서 오는 대립과 갈등에서 벗어나 점차 우정을 회복하고 있음을 보여준다. 마지막 부분에 성삼이가 덕재에게 학 사냥을 제안한 것은 얼른 도망가라는 뜻을 암시적으로 말한 것이다.

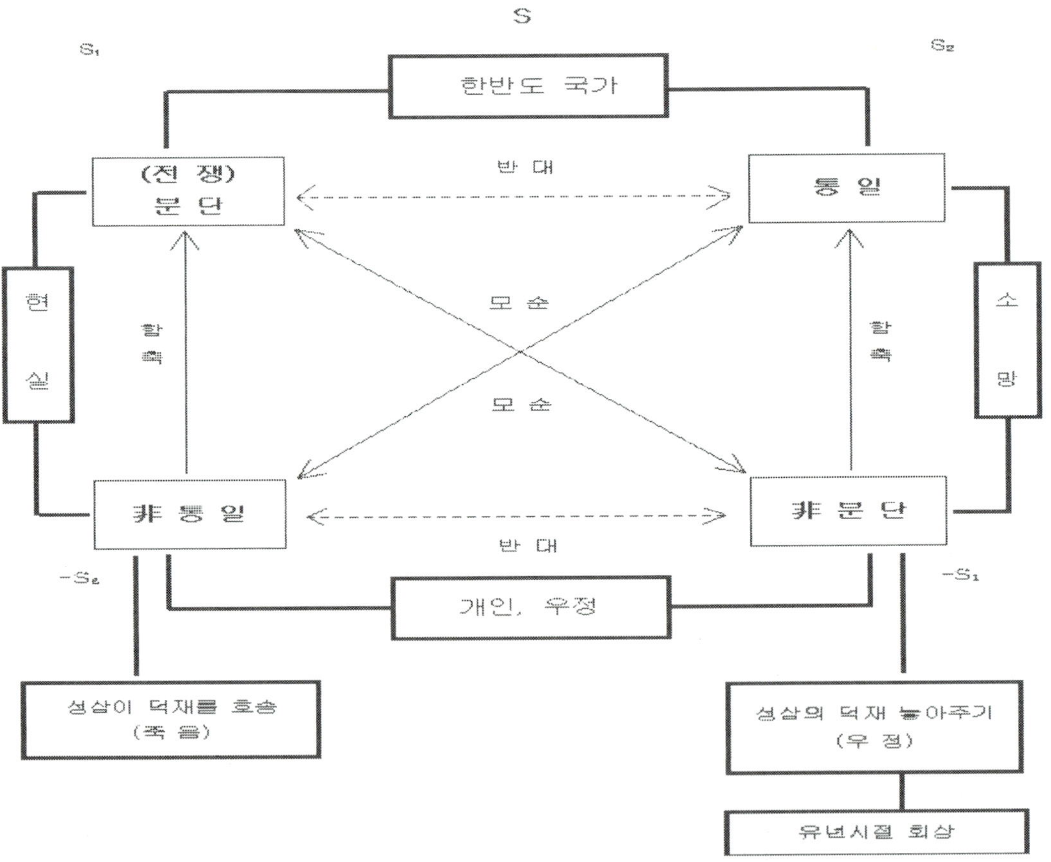

전쟁으로 인한 /분단/과, /비통일/은 작중 인물들이 처한 비극적 현실이다. /통일/과 /비분단/은 작품이 추구하고자 하는 긍정적·이상적 세계이다. s_1과, $-s_1$과 $-s_2$는 각각 '반대'에 해당한다. s_2와 $-s_2$의 관계를 보면, '모순'에 해당한다. 성삼이가 덕재를 청단까지 호송해야 하는 상황은 친구라는 인간적 관계보다 치안대원과 인민위원회 부위원장이라는 분단현실이 초래한 관계가 우선시 되는 상황이다. 이러한 상황이 반전되지 않는 한 통일은 불가능하기 때문에 s_2와 $-s_2$의 관계가 '모순관계'인 것이다.

s_1과 $-s_1$의 관계도 역시 '모순'이다. 유년시절 회상과 대화를 통해 둘 사이의 우정을 확인하고, 결말 부분에서 학 사냥을 하자고 하여 성삼이가 덕재를 놓아주는 상황($-s_1$)은 '$-s_2$'의 상황과 반대로 '분단현실에서 비롯된 관계보다 인간적 관계가 우위에 놓여 있는 상황'인 것이다. 아무리 남북한 정권이 상대에게 총을 겨누고 증오심을 가질 것을 강요하더라도 각 개인이 민족적 동질성과 생명을 존중하는 태도로 서로 화해히고 협력하고자 노력한다면 분단의 장벽이 언젠가는 반드시 무너질 것이기 때문이다.

이때 유의할 것은 s_1은 한번에 s_2로 결코 갈 수 없다는 점이다. 기호학적 사각형이 그것을 용납하지 않기 때문이다. 기호학적 행정에 의해 s_1은 반드시 모순 관계에 놓여 있는 $-s_1$을 거쳐야만 s_2로 갈 수 있다. 이는 한반도의 분단 상태가 각 개인의 축적된 노력 없이 어느 날 갑자기 종식될 수는 없다는 작가의 신념이 반영된 결과이다. 성삼이 덕재를 풀어주듯 개인적인 차원, 혹은 인간적·민족적 차원에서 상대방을 이해하고 도와주기 위해, 그리하여 한반도에 평화가 정착이 되고 외세가 발호하지 못하도록 만반의 태세를 갖추어 나가야만 비로소 통일의 날이 찾아올 것이다. 따라서 그레마스 기호 사각형 상의 s_2(/통일/)는 한반도 내에서 과거에 한반도 내 존재하였던 상태이자 미래에 반드시 회복해야 하는 상태라 할 수 있다.

1. 괴테는 다음과 같이 색에 대해 언급한 바 있다. "색들의 다양성을 표현하는 도식은 자연이나 인간의 사고 속에 존재하는 근본적인 관계를 보여 준다. 그러므로 힘과 다양성이 의미 아래로 빠지지 않는 근본적인 관계를 표현하고자 한다면, 이 관계를 일종의 언어 행위로서 이용하는 것이 가능하다는 것을 의심할 수 없다" 이렇듯 최초의 경험(낮과 밤, 하늘, 새 잎의 돋음, 태양, 피, 불……)의 도움을 받거나 사회에서 다른 조형적 기호들처럼 색의 상징적이고 사회적인 쓰임새에 대한 관찰을 통해, 시각적 메시지의 조형적 기호에 의한 갖가지 해석에 대해 아주 엄격한 결론을 내릴 수 있다.

다음의 설명에 해당하는 색은 무엇인가?

> 1) 역사의 진보를 볼 때, ○○색(오스트레일리아의 동굴, 검은 아프리카 원주민이 그린 암벽화, 알타미라 동굴 벽화 등)이 제1의 색이 되었다. 인류학적으로 '○○색'은 산스크리트어로 '빛'을 의미한다.
>
> 칸딘스키도 색에 대해 언급하고 있다. "우리가 상상하는 대로○ ○색은 끝이 없고 본질적으로 따뜻하고 열렬하고 행동적인 삶이 넘쳐나며 내적으로 움직이는 색이다. ○○색은 어디서든 사용되며 퍼지며, 노란색의 산만한 특징을 가지지 않는다. ○○색은 무한하고 강력한 힘을 나타낸다. 주색의 붉음 같은 중간 정도의 ○○색은 영혼의 강렬한 상태의 영속성에 도달한다.
>
> 2) 진한 ○○색은 인간을 무한으로 이끌고 초자연에 대한 갈증과 순수성에 대한 욕망을 일깨운다. 또한 깊이가 더욱 깊어지면서 가라앉게

되고 조용해지고 검은색을 향해 나아가며 인간을 초월하는 슬픔으로 채색된다. 진한 ○○색이 밝아지면 저 멀리 무심한 색을 띠게 되는데 높은 하늘과 밝은 ○○색이 그 경우이다. 좀 더 밝은 ○○색은 자신의 울림을 상실하게 되고 침묵의 휴식 상태에 들어간다. 절대적 ○○색은 가장 조용한 색이다. 이 색은 기쁨도 슬픔도 열정도 나타내지 않는다. ○○색은 여름을 지배하는 색이며 1년 중에서 봄과 봄철의 태풍을 이겨내고 자신에 대해 만족하고 휴식 속에 잠기는 계절을 나타낸다.

3) ○색은 흠 없는 순수성과 기쁨을 장식한다. 검은색은 슬픔이며, 깊은 고뇌, 죽음을 나타낸다.

4. 선과 형태의 의미 작용은 또한 시각적 기표라 할 수 있으며, 이것이 기의와 연결되어 있다. 다음 기의에 해당하는 기표(선과 형태)를 적어 보자.

1) 부드러움이나 여성성 :
2) 수직성의 직선 :
3) 오른쪽으로 역동적으로 향하거나 왼쪽으로 추락하는 선 :
   상승적·하강적 (   )
4) 공격성을 지닌 선 :
5) 안정과 균형의 형태 :

2. 화면 배치는 사진의 경우, '쇼트의 비율'에 해당한다. 이 비율은 '빅 클로즈업', '타이트 클로즈업', '아메리카 쇼트', '이탈리아 쇼트', '롱 쇼트', '풀 쇼트' 등이 있다. 이 이름들은 쇼트의 '크기'에 의해 결정된다. 클로즈업은 전체적으로 얼굴의 크기에 해당하며, 바스트 쇼트는 인물은 상체를, 아메리칸 쇼트는 인물의 허벅지 정도를, 이탈리아 쇼트는 인물의 장딴지 정도를, 롱 쇼트는 인물의 발까지 보여준다. 중간 풀 쇼트는 인물과 가까운 주위가지 나타나고 완전 풀 쇼트는 더욱

영역이 확대되어 결국은 거대한 풍경 속에 파묻히고 마는 '외롭고 가련한 카우보이'를 상상할 수 있다.

1) 인물과 환경의 관계를 강조하는 쇼트 둘은?

2) 개성이나 성격을 강조하는 쇼트는?

3. 통합체란 계열체에서 선택한 기호들을 조합하여 이루어진 기호 복합체, 즉 코드, 메시지, 이야기, 지식 같은 것을 가리킨다. 즉 통합체란 선택된 여러 다른 기호들의 조합이다. 계열체의 주개념은 '선택'임에 비해서, 통합체의 주개념은 '조합'이다. 다음의 과정들을 계열체와 통합체라는 개념을 사용하여 설명하여 보시오.

1) 최근에 어머니가 차려주신 밥상 :

2) 등교길에 입고 나서는 옷차림 :

3) 자신이 가장 자신있게 할 수 있는 요리 :

4) 집에서 학교까지 오는 과정 :

5) 앞으로 일 주일간의 계획 :

5. 시뮬라크르(simulacre)

5.1. 시뮬라크르의 개념

자본주의는 이미 생산 위주에서 소비 위주의 체제로 변모하였다. 하지만 거기서 소비되는 것은 실물이 아니다. 오늘날 상품은 소비되지 않는다. 대부분의 상품은 채 사용가치가 마모되기 전에, 도중에 그대로 버려진다. 상품은 그 사용가치로서가 아니라 그 상품과 다른 상품 사이의 '차이', 그것이 드러내는 계층적, 신분적 '차이'를 표시하기 위한 상징으로 소비된다. 소쉬르가 말하는 기표들 사이의 '차이'로서의 '가치'라는 기호학적 개념은 여기서 유사 정치학적 개념으로 전환된다.

현대사회는 이렇게 원시사회의 선물교환경제처럼 기호를 소비하는 '상징의 교환체계'로 이루어져 있다. 이 속에서 사물 자체는 사라진다. 장 보드리야르(Jean Baudrillard)가 보기에 예술 역시 이 교환의 체계에서 자유롭지 못하다. 오늘날 그것은 다른 상품들과 마찬가지로 기호로서 소비된다.

발터 벤야민은 "원작을 재현하는 것은 그것의 초상을 되풀이하는 것이 아니라 그것의 의미와 가치를 약화시키는 것이다"라고 하였다. 복제는 그저 원작을 베끼는 수준을 넘어 원작의 지위를 흔드는 경향이 있다는 것이다. 들뢰즈 역시 "시뮬라크르는 그릇된 복사물이 아니라는 것"을 지적한 바 있다.

시뮬라크르는 "복사물의 개념, 그리고 모델의 개념 자체에 문제를 제기하고 있다는 것"이다. 한 마디로 '원본-복제-복제의 복제'의 연쇄 고리 속에서 시뮬라크르(복제의 복제)는 그저 복제를 복제하는 데에 그치지 않고 원본과 복제의 구별 자체를 의문에 부치고, 원본과 복제의 관계에 있어서 전통적인 '원본의 우월적 지위'를 서서히 무너뜨린다.

플라톤을 비롯한 과거의 철학자들은 '원본-복제-복제의 복제'의 존재론적 지위를 엄격히 구분하여 이들 사이에 위계질서를 세웠었다. 플라톤에게 있어서 '원본'은 '이데아(idea)'이고, '복제'는 '현실(reality)'이었으며, '복제의 복제'는 '예술(art) 작품'이었다. 복제는 원본에 가까울수록 참된 것으로 간주된다. 하지만 원본과 복제, 복제와 시뮬라크르의 구별이 사라지면 예기치 않은 현상이 발생한다. 복제는 단순히 원본을 베끼는 것이 아니라 거꾸로 원본이 복제를 흉내 내는 뒤바꿈 현상마저 초래한다. 원본과 복제는 이제 역할을 서로 바꿔 가고 있다.

차이의 극한이 오히려 차이를 지우고 동일자의 무한증식으로 전락하는 이 극한현상을 '내파(implosion)'라고 한다. 여기서 실재와 가상, 현실과 재현, 원본과 복제, 기의와 기표의 차이는 스스로 붕괴하고, 두 대립 항들이 서로 구별되지 않고 하나로 결합된 거대한 '시뮬라시옹의 세계'가 탄생한다. 그 세계 속에 새로움은 없다. 새로운 것의 발생에 대한 기대도 없다. 발생할 것은 이미 모두 발생했다. 새로운 것의 생산은 이미 오래 전에 코드에 따른 동일자의 무한한 복제가 되어 버렸다.

보드리야르는 재현을 실재의 부재를 숨기기 위한 수단으로 본다. 보드리야르에 따르면 재현 양식의 진화과정은 기호로부터 의미를 거세하는 방식으로 이루어진다. 그가 이야기하는 '이미지의 진화단계'는 다음과 같다.

① 이미지는 원초적 현실의 반영이다.
② 이미지는 원초적 현실을 숨기고 왜곡한다.
③ 이미지는 원초적 현실이 존재하지 않는다는 사실을 숨긴다.
④ 이미지는 현실과 아무런 관련이 없다.
⑤ 이미지는 자신만의 순수한 시뮬라크르다.

보드리야르에 따르면, 말과 글이 창조되었을 때 기호는 물리적 현실이나 사회적 현실을 지시하기 위해 고안되었다. 그러나 시간이 지나면서 기표와 기의 사이의 결합이 약해지기 시작했다. 광고, 정치선전, 상품화가 도입되면서 기호는 '원초적 현실'을 은폐하기 시작했다. 포스트모던 시대는 미디어의 재현이 대단히 사실적인 '과현실(hyper-reality)'을 특징으로 하는데, 이 시기에 기호들은 실재의 부재를 숨긴 채 자신이 무엇인가를 드러내는 것처럼 가장한다.

보드리야르는 '시뮬라크르'가 세 가지 형태로 존재한다고 주장한다. 첫째는 '모방'으로 이 단계에는 기표와 기의의 사이가 직접 연결되어 있다. 두 번째는 '생산' 또는, '환영'으로서 기표와 기의가 간접적으로 연결되어 있던 단계를 지칭한다. 세 번째는 '시뮬라시옹(simulation)' 즉 허위의 단계로, 기표는 다른 기표들과만 관계를 맺으며 외부 현실과는 아무런 관련도 없는 단계이다.

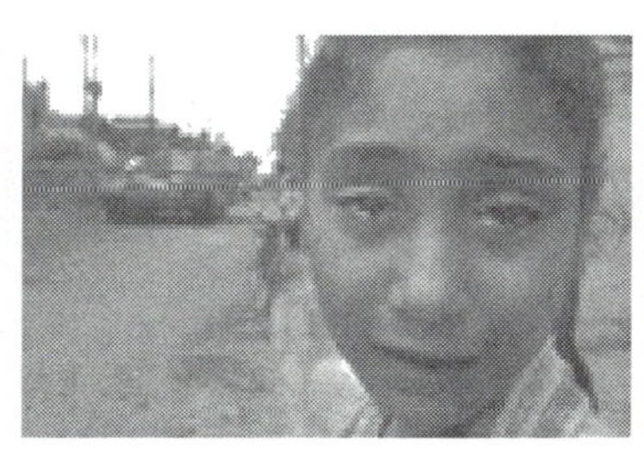

〈이라크 전쟁 관련 사진들〉

일례로 보드리야르는 "걸프 전쟁은 결코 잃어나지 않았다."라고 주장하였다. 그의 주장을 둘러싸고 많은 논란과 오해가 있었으나, 그의 주장은 파괴와 사상자가 발생하지 않았다는 뜻이 아니다. 그가 말하고자 했던 것은 걸프전이 텔레비전에서 보이는 대로 일어나지 않았다는 것이다. 실제로 걸프전은 다른 전쟁과는 달리 개전 초기부터 철저히 통제된 이미지들만 공개되었다. 미국 국방성은 오폭으로 숨진 민간인들 대신 목표물만 정확히 파괴한다는 '스마트 폭탄(smart bomb)'의 위력을 지속적으로 선전했으며, 시가전의 잔혹한 모습 대신 최신 장비의 계기판 위에서 목표물이 사라지는 것을 보여줌으로써 걸프전을 '피 없는 전쟁' 혹은 '비디오 게임 같은 전쟁'으로 만들어냈다. 이처럼 미국정부는 철저하게 이미지를 통제함으로써 전쟁에 대한 대중들의 반감을 희석시켰다. 보드리야르는 걸프 전쟁이 '이미지 전쟁'이 될 것이라는 것을 미리 알고 있었다.

5.2. 시뮬라시옹의 개념

시뮬라크르란 실제로는 존재하지 않는 대상을 존재하는 것처럼, 마치 더욱 실재하는 것처럼 만들어 놓은 모든 것 들을 지칭한다. 그리고 시뮬라시옹은 시뮬라크르의 불어 동사형으로 그런 시뮬라크르들이 작용하는 것을 일컫는다.

안더스라는 미디어 철학자는 텔레비전 영상을 팬텀(phantom), 즉 가상도 실재도 아닌 제3의 존재로 규정하고, 미디어가 매트릭스, 즉 사건보도의 어떤 선험적 틀에 따라 찍어내는 세계를 거대한 가상현실로 바라본다. 안더스 역시 원본과 복제의 구별이 사라지고 복제가 원본보다 더 중요하게 여겨질 때 아예 세계가 사라지는 현상이 발생한다고 지적한다.

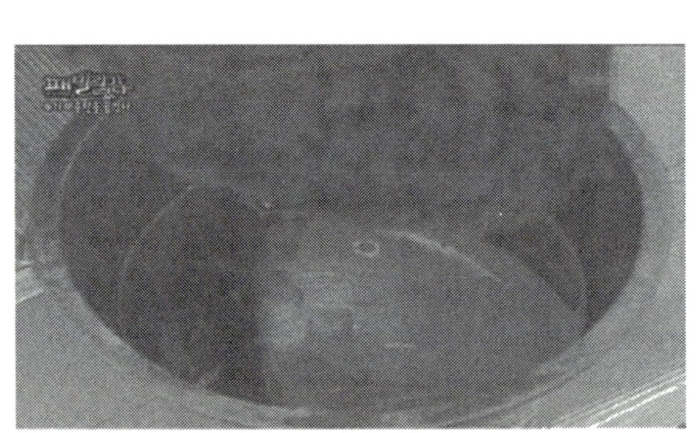

〈'패밀리가 떴다' 사진〉

〈네티즌이 제시한 사진〉

안더스는 또한 매체에 내재된 '관음증'을 지적한 바 있다. 텔레비전의 등장으로 세계는 볼거리를 제공하는 노출증 환자, 시청자는 그 볼거리를 훔쳐보는 관음증 환자가 된다. 텔레비전에 내재된 이 관음증적 경향이 극단적으로 나타난 것이 오늘날 유행하는 '1박 2일(KBS2)'이나 '패밀리가 떴다(SBS)'와 같은 리얼리티 쇼이다.

물론 리얼리티 쇼가 실재로 발생한 사건들 있는 그대로 기록하였다는 연출가의 말을 믿는 것은 순진한 생각이다. 아무래도 리얼리티 쇼에 출연하는 연예인들은 카메라 혹은 시청자의 반응, 시청률 등을 의식하고 거기에 따라 상황을 연출했을 것이기 때문이다.(위의 화면에서처럼 종종 리얼리티 쇼의 '리얼리티'가 의심받는 조작 시비가 일어나는 것은 이 때문이다)

하지만 동시에 텔레비전 화면에 제시된 것들은 사실이다. 왜냐하면 오늘날 사람들은 그 삶의 방식이 이미 미디어에 매개되어 카메라 없이도 마치 카메라 앞에서 연기하는 듯 살아가고 있기 때문이다. '1박 2일'에 출연한 연예인들 역시 카메라가 없었어도 아마 카메라 앞에서와 똑 같이 행동했을 가능성이 높다. 그런 의미에서 연출자의 말은 '부조리한 역설'이 된다. 오늘날 원본은 복제를 닮아가고 있다.

예컨대 청소년은 실재 존재하는 연예인의 행동을 모방하는 것이 아니라 소속사에 의해서 조작되고 포장된 복제된 이미지를 모방한다. 실제로는 건전하게 살아가지 않으면서 매일 일기를 쓰고 규칙적인 생활을 하면서 모범적인 생활을 하는 것처럼 포장했던 이가 있었는가 하면, 매우 강한 신앙심으로 교회를 섬기며 성가대 활동을 할 뿐만 아니라, 때때로 성가대원들의 단복을 모두 맞추어 주는 선행을 베풀었다고 포장된 이가 유흥업소에서 폭행을 휘두르는 바람에 실체가 폭로된 예도 있다. 이런 예는 이루 헤아릴 수도 없을 정도로 많다.

정치인의 행보 역시 마찬가지이다. 실제로는 이전투구(泥田鬪狗)식 격렬한 대결을 벌이는 듯한 모습을 연출하는 여야 국회의원들이 국민들이 보지 못하는 가운데 남몰래 결탁하거나 이권을 주고받는다. 실제로는 뇌물을 받거나 정실에 치우친 행각을 일삼으면서 정의롭고 도덕적인 이미지로 포장하며 살아가는 정치인들은 또 얼마나 많은가? 이는 '조작'이 보다 근본적인 차원에서 이루어지고 있음을 시사한다.

곧 어떤 예기치 않은 돌발사태가 일어나 '시뮬라시옹의 가상성'이 폭로되는 것을 저지하고 차단하기 위하여 아예 '현실의 사실성 자체'를 없애 버리는 식으로 조작이 이루어지는 것이다. 이데올로기는 더 이상 실재를 거짓으로 재현하는 게 아니라 실재 자체를 사라지게 하는 '하이퍼 리얼리티'의 전략을 통해 작동된다.

위의 시사만평은 정부측에서 발표하는 '4대강 사업'에 대한 설명이 한낱 '시뮬라시옹'에 불과함을 폭로하는 시사만평이다. 서둘러 4대강 사업을 진행하는 가운데 보전해야한 문화유산들이 참혹하게 훼손될 수 있음을 위의 시사만평은 지적하고 있다. 결국 우리가 현실로 알고 있는 것이 한낱 가상(시뮬라시옹)에 불과하고, 가상에 불과한 위의 시사만평은 오히려 더 '현실(reality)'에 가깝다는 역설이 성립되고 있다.

5.3. 하이퍼 리얼리티의 개념

보드리야르에게 디즈니랜드와 워터게이트는 이 하이퍼 리얼리티 전략으로 만들어낸 가상실재의 대표적인 예이다.

> "디즈니랜드는 실제의 나라, 실제의 미국 전체가 디즈니랜드라는 사실을 감추기 위해 거기에 있다. (-중략-) 디즈니랜드의 상상세계는 참도 거짓도 아니고, 실제의 허구를 미리 역으로 재생하기 위하여 설치된 저지기계이다. 그로부터 이 상상세계의 허약함과, 유치한 백치성이 나온다. 이 세계가 어린애 티를 내려 하는 이유는, 어른들이란 다른 곳, 즉 실제의 세상에 있다고 믿게 하기 위해서이며, 어른들의 유치성 그 자체가 그들의 실제 유치성을 환상으로 돌리기 위하여 여기서 어린애 흉내를 낸다.
>
> ▶ 장 보드리야르, 『시뮬라시옹』에서

중요한 것은 "더 이상 사실성의 거짓 재현"이 아니라. "실재가 더 이상 실재가 아니라는 사실"을 숨기는 하이퍼 리얼리티 전략이다. 그런 의미에서 디즈니랜드는 실재가 실재로 등장하는 것을 막는 일종의 '저지기계'이다. 우리나라의 '에버랜드'나 '롯데월드' 역시 마찬가지이다.

'에버랜드'는 세계 각지의 주요도시를 테마로 한 '글로벌 페어'를 비롯해 각종 놀이시설과 공간의 특성에 따라 '아메리칸 어드벤처' '매직랜드' '유러피언 어드벤처' '주토피아' 등 5개의 테마 지역으로 분류되어 있다. 튤립, 장미 등 계절 별로 전시되는 꽃 정원과 국내 최장의 눈썰매장인 '스노우버스터,' 이솝우화를 주제로 한 테마존 '이솝빌리지' 등을 갖추고 있으며, 특히 초식동물과 맹수가 공존하는 세계 유일의 복합 사파리 '사파리 월드'가 자리잡고 있다.

〈용인 에버랜드 퍼레이드 광경〉

위의 사진에서 제시된 '에버랜드' 역시 곳곳에 환상성을 강조하고 있으며, 고객들이 그 환상성을 즐기도록 강요하고 있다. 고객들 역시 가족들과 더불어 즐거움을 맛보기 위해 돈을 내고 입장하였기 때문에 굳이 그 환상성을 거부하려 들지 않는다. 그러나 이러한 '에버랜드'의 환상성 역시 '실재가 더 이상 실재가 아니라는 것"을 숨기는 하이퍼 리얼리티 전략이다.

〈용인 에버랜드의 입구 사진〉

에버랜드는 화려하고 아름다운 퍼레이드로도 유명하다. 이 퍼레이드에는 상당 수의 외국인 무용수들이 참여하고 있는데 이들에 대한 부당한 대우가 한때 문제되기도 하였다. 일명 '노예 계약서' 파문은 삼성 에버랜드 공연단에서 무용수로 일했던 옥산나 씨가 2007년 6월에 수원에 있는 외국인노동자쉼터에 상담을 하면서 알려졌다. 무거운 공연장치를 착용하고 일을 하던 중 쓰러져 심각한 허리디스크에 걸렸지만 제대로 된 산재 처리나 보상을 받지 못했다고 한다. 이밖에도 삼성 그룹은 세계적인 기업답지 않게 탈세, 불법 증여, 노동조합 탄압, 불법 정치자금 제공 등으로 여러 차례 물의를 빚은 바 있다. 또한 삼성생명의 경우 금융감독위원회의 경고나 시정 명령에도 아랑곳하지 않는 태도를 보여 물의를 일으킨 바도 있다.

그럼에도 불구하고 삼성그룹은 여러 차례 가족 간의 사랑이나 소외된 이들에 대한 배려를 소재로 삼은 기업 광고로 휴머니즘을 강조하기도 하였고, 에버랜드 퍼레이드를 통해 유토피아 이미지를 구축하고 선과 악의 대결에서 선이 승리하는 드라마를 연출하기도 하였다. 이런 맥락에서 '에버랜드'의 환상성은 "실재가 실재로 등장하는 것을 막는" 일종의 '저지기계' 역할을 충실히 수행하고 있음을 알 수 있다.

노벨 문학상을 수상한 바 있는 콜롬비아의 작가 마르께스의 『백년동안의 고독』은 현실을 해체하는 힘을 지닌 시뮬라크르의 속성을 잘 드러내고 있다. 이 소설 전체는 아우렐리아노에 의해 해독된 양피지 사본에 해당한다. 양피지 사본이란 썼다 지운 글씨 위에 다시 글을 쓴 것을 말하며 글쓰기의 본성인 '상호텍스트성'을 암시하는 개념을 지닌다. 상호텍스트성은 글쓰기가 본래 백지 위에 쓰는 것이 아니라 이미 쓰인 흔적 위에 다시 쓰는 행위를 뜻한다.

이런 맥락에서 소설 전체에 해당하는 양피지 사본이란 마콘도(혹은 콜롬비아)의 주체적 역사를 의미한다. 마콘도의 역사는 대대로 쓰어 내려온 상호텍스트성의 글쓰기이며 구체적으로는 이 소설에 형상화된 환상적(혹은 마술적)인 사건들의 내용이다. 마콘도 사람들의 주체적 상상력에 의해 쓰인 자신들의 역사(양피지 사본 혹은 소설 자체)는 서구 합리주의적 기준에서 보면 환상적이지만 마콘도 사람들 자신에게는 주체적인 삶의 내용이다.

이 소설은 그 주체적 삶의 내용을 담은 양피지 사본(주체적 역사 혹은 소설 자체)

이 마을과 함께 바람에 날려 사라짐으로써 마콘도의 주체적 역사 역시 소멸되었음을 보여준다. 그 대신 마콘도를 짓밟은 서구(미국) 합리주의에 의해 쓰인 왜곡된 역사만이 살아남아 있는 것이다.

> … 마지막 페이지에서 자기가 그 양피지 원고를 해석하게 되리라는 예언을 읽으면서 마치 거울을 들여다보는 기분을 느끼는 순간에 마콘도는 이미 무서운 회오리 바람에 휩싸여서, 성경에서 얘기하는 태풍처럼 먼지와 돌조각들을 하늘로 뿜어올렸다. 그러자 그는 다시 앞으로 뛰어넘어서 자기가 언제 어떻게 죽으리라는 날짜와 상황을 예언하는 대목을 찾으려고 했다. 그러나 미처 아우렐리아노가 마지막 줄을 다 읽어내기도 전에, 그는 자기가 결코 이 방에서 나갈 수 없다는 사실을 알게 되었으니, 그것은 이 거울의 도시, 아니 신기루의 도시가, 바람에 날려 없어질 터이며, 아우렐리아노 부엔디아가 원고를 해독하게 되는 순간부터 마콘도는 인간의 기억에서 영원히 사라질 것이며, 여기에 적힌 글들은 영원히 어느 때에도 되풀이 될 수 없을 것이니, 그것은 백년 동안의 고독에 시달린 종족은 이 세상에서 다시 태어날 수 없다고 적혀 있었기 때문이다.
>
> ▶ 가브리엘 마르께스, 『백년 동안의 고독』에서

위에서 마콘도가 인간의 기억에서 사라질 것이라는 양피지 사본의 예언은 바나나 노동자 학살 사건이 침묵에 의해 강제로 지워져간 소설(양피지 사본)의 내용에 상응한다. 열악한 노동조건에 반항하는 마콘도의 노동자들의 죽음이 서구 제국주의의 식민 지배 속에 묻혀 버렸듯이 마콘도의 주체적 삶 역시 잊혀져 간 것이다.

이처럼 이 소설은 콜롬비아(마콘도)의 주체적 역사의 소멸을 보여줌으로써, 그것을 대체한 서구적 근대화의 역사란 타민족(콜롬비아 민족)을 예속시키는(탈주체화시키는) 권력에 의해 쓰인 것임을 암시한다. 곧 잃어버린 마콘도의 역사가 일종의 양피시 사본인 것처럼 남아있는 서구적 근대화의 역사 역시 재현된 글쓰기인 것이다. 전자가 마콘도의 주체성을 드러내는 재현이라면, 후자는 마콘도 사람들을 예속화(탈주체화)시키는 왜곡된 재현이다.

모더니즘에서 포스트모더니즘에 이르기까지, 학술적 변천은 최근에 와서 동양 사상적인 경향을 보인다. 특히 보드리야르는 옳고 그름이나, 다름과 차이의 제거에 초점을 맞춘다. 이것은 아이슈타인의 상대성이론이 인정받기 이전, 즉 뉴턴적 사고방식과 데카르트적 사고방식이 합리주의, 구조주의, 형식주의 등을 낳은 것과는 대조적인 흐름이다. 쉽게 말하자면 이전까지는 모든 사물에 옳은 것과 그른 것의 꼬리표가 따라붙었다고 하면, 최근 포스트모던 담론에서는 노자의 입장처럼 옳은 것과 그른 것을 구분하지 않고 다만 있는 그대로 사물과 현상을 인식하자는 경향이 대두되는 것이다.

그렇다면 추상화와 시뮬라크르는 무엇이 다른 것일까. 추상이란 원본 대상에서 본질적인 것을 도출 하거나, 혹은 군더더기를 제거 하는 방식으로 이루어진다. 모든 기호와 예술활동은 일종의 추상작업이라고 할 수 있는데, 미술에서 추상작업은 20세기 초 입체주의와 인상주의, 후기 인상주의 등에서 절정을 이루게 된다. 화가들이 그렇게 다양한 접근을 통해 얻으려 애썼던 것은 바로 대상에서 절대적인 본질을 도출하기 위함이었다. 하지만 아무도 화폭에 절대적인 본질을 담을 수는 없었다.

추상은 어디까지나 원본과 절대적인 본질의 재현이라는 이원론에 기초하고 있다. 추상화에 담긴 이미지가 어디까지나 실체의 그림자에 불과한 반면에, 시뮬라시옹에서는 이미지가 스스로 실체인 이미지를 만든다. 복제를 거듭한 시뮬라크르들은 원본을 사라지게 하고, 자신들이 원본의 자리에 앉는다. 누구도 원본이 사라졌다는 것을 알지 못한다. 시뮬라크르들은 언어, 시각, 소소한 일상생활에 스며들며 사람들이 그것 안에서 사고하게 만들기 때문에 이제는 누구도 이 생활에서 벗어날 수도, 원본을 찾을 수도 없는 것이다. 옛 기억을 추억하며 그 자리로 돌아가고 싶어도 돌아갈수 없다. 이미 지난 시간과 공간은 허상처럼 변해버려서 지난 시간에 우리가 어떻게 살았는지 다만 짐작만 할 수 있을 뿐이다. 원본으로 돌아가려는 노력은 결국 실패로 끝이 나고 사람들은 시뮬라시옹 안에서 혼돈을 느끼고 방황하며, 이상과의 괴리감에 고통을 느낀다. 심지어 자신이 지금까지 품어온 이상과 혼돈조차 시뮬라크르로 변해있었기 때문이다. 그것이 시뮬라시옹이 추상과 다른 점이다.

1. 다음은 2009년도 국내 상영작 「국가대표」 영화 포스터이다. 다음 자료를 참고하여 이 영화가 지닌 '시뮬라크르적 성격'에 대해 설명해 보자.

참고자료

스키점프, 12년만 단체전 출전 좌절

영화 '국가대표'로 국민적인 관심을 받았던 한국 스키점프 대표팀이 2010 밴쿠버 동계올림픽 단체전 출전에 실패했다. 국제스키연맹(FIS)은 19일(한국시간) 알파인스키와 크로스컨트리, 스키점프 등 6개 종목의 국가별 출전권을 확정 발표했다.

지난 2년간 성적을 점수로 환산해 계산한 결과 한국은 스키점프에서 3장의 출전권밖에 확보하지 못해 4명이 한 팀을 이뤄 경기를 펼치는 스키점프 단체전에는 출전하지 못하게 됐다. 대표팀이 동계올림픽 단체전에 출전하지 못하는 것은 첫 출전했던 1998년 나가노 대회 이후 12년만이다.

한국은 개인전에서는 실력 차가 워낙 커 당초 단체전 8위 진입을 목표로 세웠지만 전면 수정이 불가피해졌다.

이웃 일본은 5장의 출전권을 확보해 오스트리아, 핀란드 등 스키점프 강국들과 어깨를 나란히 했고, 우크라이나와 미국, 프랑스 등이 한국과 경합을 벌였으나 프랑스가 1장의 쿼터를 추가로 얻어 단체전 출전국으로 이름을 올렸다.

2. 영화 <공동경비구역 JSA>에서 남한의 병사(이병헌, 김태우)는 북한의 초소를 방문하여 친교를 나눈다. 이들은 공기놀이, 제기차기, 끝말잇기 등 유아시절에 서로 즐겼음직한 놀이를 함께 하는가 하면, 담배, 포르노 잡지, 대중가요와 같은 매체를 통하여 성인 남자로서의 공감대를 형성하기도 한다. 마치 유토피아와 같던

북한의 초소는 그러나 한 인민군 장교의 등장으로 말미암아 순식간에 파괴된다.

실제로 공동경비구역에 근무하였던 전역 장병들은 이와 같은 영화의 설정이 매우 비현실적이라고 비판한 바 있다. 실제로 감시 카메라가 24시간 작동되고 있어서 서로 군사분계선을 넘나드는 것 자체가 불가능하고 남북한 간의 초소의 거리도 영화상에 설정된 것보다는 훨씬 떨어져 있어서 쉽게 오고갈 수도 없다는 것이다. 또 다음과 같은 신문 기사는 DMZ 지역이 얼마나 살벌한 지역인가를 일깨워 주고 있다.

> 6·25 당시 격전지였던 강원도 ○○GP는 북한 GP로부터 1.9㎞ 떨어져 있다. 거센 눈발이 몰아치는 2월 초, DMZ 내부 GP 가는 길에서 김 모 중위가 귀순자 유도함을 점검한다. 유도함 속엔 '자유대한으로의 귀순을 환영합니다'라는 글귀와 우리측 안내병과 연결되는 청색 벨이 있고, 야광봉·손전등·배터리·양초가 갖춰져 있다.
>
> 귀순자 유도는 생사가 걸린 작전이다. "귀순 의사를 밝히고 걸어오던 병사가 갑자기 수류탄을 던져 넣고 도주했다." "북한에서 넘어온 할머니가 건넨 독을 넣은 떡을 먹고 경계근무자 대부분이 사망했다"…. '귀순을 가장한 기습' 사례는 전방사단 곳곳에서 실제 있었던 것으로 전해진다.
>
> <조선일보> 2010. 6. 19.

그렇다면 박찬욱 감독이 영화 <공동경비구역 JSA>에서 제시한 북한 초소에서의 남북한 병사들이 나누는 친교 상황은 완전히 시뮬라크르(가상현실)에 불과하다. 감독은 왜 이처럼 비현실적인 상황을 설정하였으며, 이와 같은 가상현실과 실제 현실과의 관계, 그리고 이와 같은 가상현실이 일깨우고 있는 바에 대해 함께 토론해 보자.

〈정우진의 생일, 마지막 행복〉

6. 상호텍스트성(相互---性, intertextuality)

6.1. 상호텍스트성의 개념

어떤 텍스트가 과거나 미래의 모든 담론들과 상호 의존하는 성질을 가리켜 상호텍스트성이라고 한다. 상호텍스트성이라는 개념이 본격적으로 도입되어 체계적으로 이론화된 것은 줄리아 크리스테바(J. Kristeva)를 위시한 포스트모더니즘 패러다임에 이르러서이다. 상호텍스트성의 개념적 스펙트럼은 하나의 텍스트 안에 다른 텍스트의 어느 한 부분이 명시적인 인용의 형태로 드러나는 수준에서부터, 텍스트와 텍스트, 주체와 주체 사이에서 일어날 수 있는 모든 지식의 영향 관계의 총체에 이르기까지 그 폭이 대단히 넓다. 전자를 텍스트와 텍스트 사이에서 명시적으로 영향 관계가 드러난다는 점에서 직접적인 상호텍스트성이라 한다면, 후자는 사회·문화적 맥락이라는 우회적인 경로를 통해 관계가 형성되므로 간접적인 상호텍스트성이라 할 수 있을 것이다. 물론 여기에서 말한 텍스트에는 문학 텍스트뿐만 아니라 그림, 음악, 동영상을 포함한 다른 기호 체계, 더 나아가서는 문화 일반까지가 모두 포함된다.

줄리아 크리스테바의 저작
『시적 언어의 혁명』

이러한 관점에서 보면 작가, 창작 상황, 선행 텍스트, 당대적 이데올로기, 사회 문화적 배경, 장르적 문법 등을 통칭하는 콘텍스트(context)의 요소들도 문학 텍스트와 상호텍스트성을 이룬다. 롤랑 바르트(R.

롤랑 바르트의 저작
『텍스트의 즐거움』

Barthes)가 제기한 '저자의 죽음(death of author)'이라는 개념을 통해 명징하게 드러나듯이, 작가 자신도 온갖 기호 체계들이 복잡하게 얽혀 있는 의식의 소유자로서 그 자체로 하나의 텍스트가 된다. 여타의 콘텍스트들도 제각각 개별적인 텍스트로 작동하면서, 문학 텍스트의 상호텍스트성을 형성하는 요소가 된다. 독자 또한 콘텍스트를 이루는 요소 중의 하나로 결코 간과될 수 없는 비중을 차지한다. 이들 콘텍스트는 흔히 객관적인 실체로 존재하는 정보의 하나로 간주되곤 하지만, 이마저도 실은 객관적인 정보가 아니라 개인 혹은 공동체에 의해 구성된 지식인 것이고, 텍스트를 읽는 독자가 주관적으로 구성하는 또 다른 텍스트인 것이다. 요컨대 모든 콘텍스트는 텍스트와 상호텍스트적 연관을 맺으며, 텍스트와 콘텍스트 사이에 형성되는 모든 관계의 총체가 상호텍스트성이라는 것이다.

이 개념에 기대면 모든 문학 작품과 예술 작품은 마치 모자이크와도 같아서 이미 과거에 존재해 있던 작품들을 다시 결합하고 배열한 것에 지나지 않는다. 다시 말해 어떤 작품도 직접적으로 또는 간접적으로 그 이전에 만들어진 작품의 영향을 받지 않을 수는 없다는 것이다. "태양 아래 새로운 것은 없다."는 솔로몬의 말이 포스트모더니즘의 금과옥조로 사용되는 데서 알 수 있듯이, 이 개념은 창조주에 버금가는 것으로 이해되었던 작가의 천재성을 철저하게 부정하는 것이다. 이와 같은 맥락에서 본다면 문학은 '작품(work)'일 수 없고 '텍스트(text)'로 개념화된다. 그 어원이 헝겊(texture)에 있다는 점, 헝겊은 씨줄과 날줄로 엮어져 있다는 점이 포스트모더니즘의 텍스트관에는 정확히 부합한다.

6.2. 상호텍스트성의 연원

상호텍스트적 쓰기와 읽기의 연원이 오래라는 것은 동양과 서양이 다르지 않다. 고대 그리스 시대에는 호메로스의 <일리아스>(Ilias)와 <오디세이아>(Odysseia) 등의 문학 작품이 모든 교육의 중심 제재였던 바, 이들 문학 작품을 통해 지리, 자연과학, 역사와 신학의 지식이 학생들에게 전달되었다고 한다. 문학 작품을 통해 이런저런 분야의 지식을 전수했다면, 상호텍스트적 읽기 외에 다른 방법이 없었을 것임을 추론하기란 어렵지 않다. 중국의 경우에도 17세기 중기부터 소설 평점(評點)이 번성하게 되는데, 김성탄(金聖嘆)의 『수호전』 평점, 모륜(毛綸)·모종강(毛宗崗) 부자의 『삼국연의』 평점, 장죽파(張竹坡)의 『금병매』 평점 등은 전고를 밝혀서 일반 독자들의 독서를 돕는 것이 주요 목적 중의 하나였다. 우리나라 또한 조선 후기에 이르러 평비(評批)를 통해 텍스트의 기원을 밝혀 줌으로써 독자의 상호텍스트적 읽기를 도왔던 사례를 『수산 광한루기(水山 廣寒樓記)』를 통해 확인할 수 있다. 특히 이 평비는 <춘향전>이라는 소설 작품을 여타의 문학은 물론이고 회화와 음악, 산수 지리와 풍수, 심지어 뱃놀이와

〈일리아스〉와 〈오디세이아〉의
지자인 호메로스의 조상

산행, 용병법 등과도 결부시켜 논하고 있어, 상호텍스트적 읽기가 도달할 수 있는 범위와 수준을 극대화시켜 보여주는 사례라 할 만하다.

그런데 이와 같은 상호텍스트적 읽기가 가능했던 것은 텍스트가 구성되는 단계에서부터 상호텍스트성을 강하게 지니고 있었기 때문이다. 과거에는 용사(用事)라 하여, 여러 역사적 사례들을 원용하여 글의 의미를 증명하고, 옛일들을 인용하여 현재의 의미를 증명하는 글쓰기 방식이 큰 흐름을 지니고 있었다. 당연히 당시에는 '표절'의 개념이 성립되지 않았다. 전고(典故)의 권위에 기대어 현재 자신의 글쓰기를 정당화했으므로, 상호텍스트성의 흔적들은 지극히 당연한 것으로 간주되었던 것이다.

용사가 기록문화 혹은 인쇄문화의 소산인 반면, 더 거슬러 올라가면 구술문화 시대야말로 상호텍스트성의 근원적 모습을 적나라하게 보여준다. 문자 탄생 이전, 즉 순수한 구술문화 시대에는 모든 텍스트가 상호텍스트적 연관망을 지닌 채 소통되었다. 여러 작품들이 모티프, 상징, 발상과 표현 등등 동일하거나 유사한 요소

들을 공유하고 있는 것은 구비문학 또는 구술문학의 대표적인 특성이다. 하나의 텍스트가 지닌 기원을 굳이 묻지 않는다. 표절 개념이 성립되지 않는 것은 지극히 당연하다. 이는 문자 탄생 이후에 생성되고 유통된 구비문학에서도 마찬가지이다. 민요, 무가, 시조, 가사, 잡가, 판소리 등 조선 후기 시가 장르에서도 동일한 작시법에 의거한 유사한 표현들을 다른 작품, 다른 갈래가 공유하고 있는 현상이 흔하게 발견된다.

6.3. 상호텍스트성과 패러디

구술문화 시대로 거슬러 올라가서 만났던 상호텍스트성이 인간의 자연스러운 언어활동에서 빚어진 산물이라면, 상호텍스트성이 목적의식적으로 발휘된 것은 근대 이후에 등장하는 패러디에서라 할 수 있다. 패러디는 근대에 들어서면서 상호텍스트성이 가장 집약적으로 실현되는 양상을 보여주는 것이다. 패러디는 창작 방법이기도 하면서도 동시에 그 자체가 창작의 목적이 되기도 한다. 그 목적은 선행 텍스트와의 비판적 거리 두기이다. 이를 통해 창작 주체는 스스로 선행 텍스트의 창작 주체와는 구별되고자 한다.

이 점에서 패러디는 근대 이전의 글쓰기 방식인 용사와 근본적으로 구별되기도 한다. 패러디는 근대성의 한 징표로서 등장한 개념으로 이해되어야 하는 것은 이와 같은 이유에서이다. 근대성이란 무릇 개인주의 혹은 개아주의(individualism)를 빼고는 성립되지 않는다. 패러디에서는 선행 텍스트와의 비평적 거리가 핵심적인 요건이 되는데, 이 거리를 유지하지 않고서는 개인적 자아의 존재가 증명되지 않는다. 자아는 끊임없이 남들과 구별되고자 하며, 그래서 선행하는 텍스트를 비틀고 뒤집는 것이다. 같거나 비슷한 것은 자아의 실종이나 다름없는 것이기 때문이다. 그리하여 패러디는 그 자체가 목적인 경우가 많다.

소통 매체가 디지털화되면서 패러디는 본격적으로 발흥한다. 앞에서 말한 '비평적 거리'를 유지하면서 자아의 개성을 한껏 드날리는 패러디스트가 차고도 넘친다. 문학, TV 드라마, 영화, 광고, 만화 등은 매체와 장르의 경계를 넘나들며 하나의 텍스트를 고유한 장르적 문법으로 용해하면서 패러디를 이어간다. 나아가 인터넷 매체를 기반으로 소통되는 UCC(user-created contents)는 패러디의 향연이라 할 만큼 아마추어들의 적극적인 참여로 인해 더욱 활성화되고 있다.

패러디는 선행 텍스트와의 비평적 거리를 유지하는 것이 요건인 만큼, 선행 텍스트의 권위에 기대면서도 그 텍스트를 뒤집고 비튼다. 선행 텍스트의 권위가 강하면 강할수록, 그리고 비평적 거리가 엄격하면 엄격할수록 패러디의 효과는 더 커진다.

이제 만평 두 편을 보면서 패러디와 상호텍스트성의 관계에 접근해 보기로 하자.

먼저 왼쪽에 있는 '신황조가'이다. 여기에는 패러디의 대상이 되는 것이 <황조가>임을 표나게 내세웠다. 우리 시가문학사의 첫 페이지에 배치되어 있는만큼 대한민국 국민이면 웬만하면 알고 있는 작품이다. 원문은 이러하다. "펄펄 나는 저 꾀꼬리 / 암수 서로 정답도다 / 외로워라, 이내 몸은 / 뉘와 함께 돌아갈꼬." 그러니까 이 만평은 이 시의 일부 구절을 그대로 살리고 일부 구절은 변형시킨 패러디의 전형적인 사례이다. 맥락을 바꿈으로써 현재성을 강화하고 있는 데서도 그 전형성을 엿볼 수 있다.

이 패러디를 보는 재미는 고구려 시절의 고색창연한 작품이 현재의 우리를 보여주는 작품으로 둔갑한 데 있다. 그러나 이 만평을 보는 독자들이 『삼국유사』에 실린 <황조가>와 맺고 있는 상호텍스트성을 파악하지 못하면 그 재미는 절반 이하로 줄어들 것이다.

또 하나의 만평은 '슬픈 애국가'이다. <애국가>를 패러디했으니, <황조가>와는 비교도 되지 않을 정도로 소통의 가능성은 높다. 이 만평 역시 맥락 전환을 통해 원래의 노랫말이 지닌 의미가 완전히 전복된다. 동해물이 마르고 백두산이 닳을 때까지, 즉 영원히 영원히 하느님이 보우해 주실 나라 우리 대한민국에 대한 만세 기원이 원래 노랫말의 취지이다. 그런데 여기에서 동해물을 말리는 것은 일본이고 백두산을 닳게 하는 것은 중국이다. 각각 독도 문제와 동북공정을 둘러싼 역사 왜곡과 외교 갈등을 우리 입장에서 풍자한 것이다.

두 개의 만평은 앞에서 말한 '비평적 거리'라는 패러디의 요건을 고스란히 갖추고 있다. 게다가 상황 자체는 비극적이지만, 웃음이라는 정서적 반응을 이끌어내기까지 한다. 그래서 풍자가 된다. 풍자의 두 가지 요건은 비판 정신과 유희 정신인바, 이를 오롯이 충족시키기 때문이다. 이 두 개의 만평이 지닌 미덕은 패러디되는 대상을 널리 알려진 레퍼토리에서 구했다는 데서 출발한다. 즉 상호텍스트성을 두드러지게 드러냄으로써 그 효과를 배가시킨 것이다.

6.4. 상호텍스트성 개념의 의의

상호텍스트성 개념의 등장은 작가(author)의 권위(authority)에 대한 정면 도전이다. 상호텍스트성은 한동안 텍스트 비평의 주류에 놓여 있던 작가 중심의 역사주의(historicism)에 대한 대안을 모색하는 과정에서 탄생했다. 텍스트에 대한 역사주의적

접근 방식은 작품(work)으로부터 작가가 글을 쓰면서 추구한 목적, 작가의 의도, 세계관이나 가치관의 근원, 그리고 이에 대한 독자들의 반응에 초점을 맞춘다. 이처럼 작가 개인의 심리적·환경적 조건에 대한 집착은 텍스트를 오직 작가 개인의 심리적·사회적 파생물로 귀결시키게 된다. 그로 인해 특정 텍스트와 독자, 다른 텍스트 간의 관계를 보지 못하게 된다.

크리스테바는 모든 텍스트가 3차원적으로 구성된다고 했다. 다시 말해 텍스트는 글을 쓰는 주체와 글을 읽는 주체, 그리고 외부적 텍스트의 상호 관련성 속에서 대화적 요소로서 기능하게 된다는 것이다. 텍스트의 지위는 글을 쓰는 주체와 그 글을 읽는 주체가 만드는 수평적인 축과 해당 텍스트 자체가 선행하는 텍스트와 함께 만드는 수직적인 축을 갖는다고 본 것이다. 따라서 텍스트에 대한 이해는 작가의 의도나 목적을 찾는 행위가 아니며, 텍스트의 의미는 그 누군가에 의해 고정불변의 실체로 부여될 수 없게 된다는 것이다. 이런 관점의 연장선에서 보면, 텍스트는 작가가 나양한 문화석 환경으로부터 가져온 인용의 복합체이며, 이전에 존재하던 수많은 텍스트들이 함께 부딪치고 뒤섞이는 망(web)으로서의 공간이기 때문에 독창적인 텍스트란 존재하지 않는다는 결론이 나온다.

이러한 맥락 속에서 상호텍스트성은, 작가는 신적 권위를 가졌고 작품은 예술적 완벽성을 가졌다고 보는 기존의 관점을 완전히 뒤집는 개념으로 자리 잡는다. 텍스트가 작가의 독창적인 창안물이 아니라면, 작가의 역할은 기껏해야 기존에 존재하던 수많은 콘텍스트와 텍스트를 엮어서 손질하는 정도로 제한된다. '작품' 대신 '텍스트'라는 용어를 일관되게 고집하게 되는 것도 같은 맥락에서 이해된다. 대신에 작가의 권위가 빠져나간 그 자리를 채우는 것은 독자의 자율적 읽기이다.

이제 한 영화 평론가의 영화 읽기를 보여주는 텍스트를 통해 그 구체적 실상을 확인해 보기로 하자.

누구나 다 알지만 아무도 모르는 룰

형만이 남은에게 선뜻 다가가지 못하다가 자신의 제자에게 '내가 부도덕한 짓을 좀 하더라도 여전히 나를 존경할 수 있나?'라며 확인을 받은 뒤 20년 만에 100m 이상을 뛰어 남은에게 달려간다. 그가 말한 100m는 물리적 거리이기도 하지만 남은과 형만 사이를 가로막고 있는 온갖 편견들로 겹겹이 둘러싸인 심정적인 거리이기도 하다. 그는 '조카' 남은으로부터 '섹시한' 남은에게 닿기 위해 땀을 흘리고 숨을 헉헉거리며 달려간다. 그리고 그녀에게 말한다. "너와 내가 함께 있는 것이 남한테 피해주는 것도 아니고, 그러니까 문제될 게 뭐가 있느냐는 거지"라는 말로 어렵게 그녀에게 다가간다. 형만을 시종일관 괴롭히는 것은 남은이라는 대상이 아니라 그녀를 둘러싼, 그녀에게 갈 수 없게 만드는 조건들이며 그것은 그녀의 행동과 말에 귀기울이는 대신 그녀를 그녀의 영역으로 밀어내고 형만을 자신의 영역으로 자꾸만 침잠하게 만드는 원인이 된다.

형만이 남은에게 프러포즈하는 장면은 전혀 다른 분위기의 영화 <박쥐>의 어떤 지점에서 접속한다. 근친상간적인 관계를 떠오르게 만드는 두 커플의 나이 차이와 친구의 딸/아내라는 금지된 관계의 틀을 깨뜨리려 할 때 남성들이 내뱉는, 별로 로맨틱하지 않으면서도 자기변명적인 대사들이 그러하다. 또 죄의식에 끊임없이 시달리는 남성 인물들과 그로부터 자유로운 여성 인물이라는 점 역시 동일하다. 두 남자 모두 자신의 마음 속에서 자라난 정념 때문에 괴로워하고 고해성사를 하는 것마저도 같다 (형만의 고해는 자기만족적인 역할을 수행하지만 상현의 고해는 자신의 정신적 부친마저도 죄악의 구렁텅이로 몰아넣었다). 찰나의 접점을 지난 두 영화는 전혀 다른 방향으로 흘러간다. 남성의 고백과 여성의 수락 이후 <페어 러브>는 더 상큼하고 말랑말랑해지고 <박쥐>는 더 정욕적이고 그로테스크해진다.

두 영화는 그 여자를 사랑하면 안되는 그 남자의 위치에 대해서 이야기한다. 상현은 사제였고 그 여자 남편의 친구였다. 형만은 나이가 너무 많고 그 여자 아빠의 친구였다. 상현에 비하면 형만의 조건은 금기랄 것도 없어 보이지만 그를 둘러싼 대부분의 사람들은 안된다고 말한다. 하지만 그들이 헤어지는 것은 다른 사람들 때문이기도 하고 아니기도 하다. 남은은 그에게 무엇인가를 말하려고 하지만 그것이 무엇인지는 명확하지 않다. 어쩌면 그녀가 원했던 답은 아마도 "내가 변할게."였는데, 그가 줄 수 있는 답은 "내가 잘할게. 잘해줄게."여서 였는지도 모르겠다. 영화 안에서 그들의 연애를 파탄에 이르게 하는 룰은 사회적인 것이나 지극히 개인적인 것이나 속시원히 정체를 드러내지 않는다. 하지만 어떻게 보면 누구나 다 짐작할 수 있는 것이기도 하다. 물론 남은을 만나기 이전의 형만과 같은 상태에 있는 이라면, 전혀 이해할 수 없을 수도 있겠지만. 어쨌든 이 모호함이 이 영화를 '예쁜' 상태에 머물 수 있게 한다.

욕망의 잔영만이 드러나다

<박쥐>의 커플을 보고 상당히 거북했을 이들도 <페어 러브>를 보면 사랑스럽다고 생각할 수 있다. 상현과 태주의 사랑이 참고 보아주기 힘든 욕망의 밑바닥을 훑고 다녔다면, 형만과 남은의 사랑은 몇 겹의 필터로 걸러서 남은 욕망의 잔영들만 보여주기 때문이다. 단순하게 말하면 형만은 남은을 섹시하다고만 말할 뿐 섹스하지 않는다. 그런데 그것이 삭제된 것인지 원래 존재하지 않은 것인지 관객은 알 수 없다. 시청각적인 표면상에서 가장 거슬리는 요소라고 해봐야 안성기의 나직한 목소리가 들려주는 "응, 오빠야."일 정도로(그것도 몇번 듣다보면 묘한 중독성이 있다), 영리한 감독은 형만과 남은 사이의 성적(性的)인 것들을 교묘하게 거세해 놓았다. 그래서 그 둘은 어떤 순간에는 아주 사이좋은 부녀처럼 보이기까지 한다. 설정은 아주 센세이셔널하지만 이미지와 사운드는 매우 정제되어 있기 때문이다.

▶ 김지미, '한없이 다정하지만… 그게 다인가?'(부분)
http://www.cine21.com

　이 글을 쓴 평론가는 영화의 관객으로서 <페어 러브>라는 영화 텍스트를 읽었다. 그리고 그 과정에서 '금지된 사랑'이라는 모티프를 공유하고 있는 <박쥐>를 함께 엮었다.

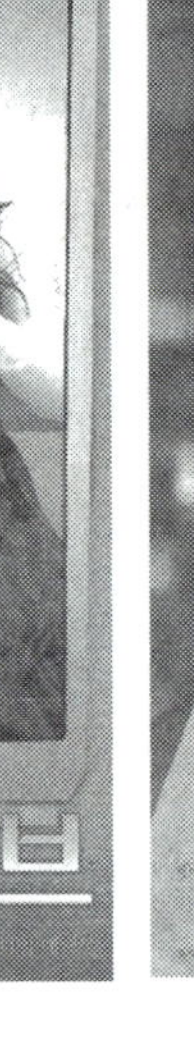

| 영화 〈페어 러브〉의 포스터 | 영화 〈박쥐〉의 포스터 |

　여기서 주목되는 것은 두 가지이다. 하나는 <페어 러브>의 감독이 처음부터 <박쥐>를 염두에 두었는지, 혹은 그 모티프를 가지고 있는 이전의 수많은 선행 텍스트를 의식적으로 끌어들인 것인지는 알 수 없다는 점이다. 다만 감독은 사회·문화적 맥락 속에서 공동체의 일원으로 살아가는 인간으로서 '금지된 사랑'이라는 모티프를 배우지 않고서는 이 영화를 만들 수 없었을 것이다. 이 영화가 감독 자신만의 독창적인 창안은 아니라는 것이다.

　이의 연장선상에서 또 하나 더 주목되는 것은, 이 글을 쓴 평론가의 영화 읽기는 하나의 관객으로서 자신만의 눈으로 본 것이고 자신만의 잣대로 평가한 것이라는 점이다. 이 영화에 대해 다른 관객은 다르게 볼 것이다. 그는 이 영화를 다른 영화나 다른 텍스트와 엮어 읽을 수 있다. 만일 감독의 의도를 찾아내는 것이 관객의 역할이라면, 누군가는 정답을 발견할 것이고 누군가는 오답을 정답인 양 착각하게 될 것이다. 그러나 서로 다른 눈과 서로 다른 잣대를 가지고 있을 뿐이다. 그래서 거기에는 정(正)과 오(誤)의 구별은 필요가 없다.

이처럼 상호텍스트성 개념은 작가의 권위를 해체하고 대신에 독자의 자율적 읽기 행위가 지닌 가치를 드높였다는 데 그 의의가 있다. 이 개념은 주로 문학 작품에 초점을 맞추고 있지만, 정작 그 실체는 매체언어에서 가시적으로 드러난다. 패러디라고 하는 특정한 창작 방법으로 만들어진 텍스트가 아니라 하더라도, 전자매체나 영상매체를 통해 소통되는 거의 모든 텍스트는 선행하는 텍스트와 당대의 사회·문화적 맥락과 맺고 있는 상호텍스트성을 노골적으로 혹은 은밀하게 드러낸다. 독자나 관객, 시청자, 네티즌들은 작가라는 신의 존재를 의식하여 그 의도를 찾는 데만 골몰하지 않는다. 자신이 접한 텍스트를 완전히 다른 맥락 속으로 끌어들이기도 하고, 텍스트의 일부만을 떼어내어 자신만의 새로운 텍스트를 구성하기도 한다. 이제 이러한 경향이 극단화되면 '오독(誤讀)' 개념마저 사라질 것이다.

1. 다음 시에서는 영화 텍스트와 시 텍스트 사이게 직접적인 영향 관계가 드러나고 있다. 이런 직접적인 영향이 아닌 사회·문화적 맥락을 통해 간접적으로 형성된 상호텍스트성을 발견해 보시오.

왜 나는 순수한 민주주의에 몰두하지 못할까

마광수

노예들을 방석 대신으로 깔고 앉는
옛 모로코의 왕이 나오는 영화*를 보고 돌아온 날 밤
나는 잠을 못 잤다 노예들의 불쌍한 모습에 동정이 가다가도
사람을 깔고 앉는다는 야릇한 쾌감으로 나는 흥분이 되었다.
내겐 유일한 자유, 징그러운 자유인
죽음 같은 성욕이 나를 짓눌렀다.
노예들이 겪어야 하는 원인 모를 고통에 분노하는 척 해보다가도
은근히 왕이 되고 싶어하는 나 자신에 화가 치밀었다.
그러나 역시 내 눈 앞에는 왕의 화려한 하렘과
교태 부리는 요염한 시녀들의 모습이 어른거린다.
이 얄미운 욕정을 가라앉히기 위해서 나는
온갖 비참한 사람들을 상상해 본다.
굶어 죽어가는 어린아이의 퀭한 눈
쓰레기통을 뒤지는 거지 할머니,
그런데도 통 마음이 가라앉질 않는다.
왕의 게슴츠레한 눈과

피둥피둥 살찐 쾌락들이 머릿속에 떠올라
오히려 비참과 환락의 대조가 나를 더 흥분시킨다.
아무리 애써 보아도 그 흥분은 지워지지 않아
나는 그만 신경질적으로 수음을 했다.
왜 나는 순수한 민주주의에 몰두하지 못할까.(1연)

* 이 영화는 1970년대 숀 코너리가 주연한 <바람과 라이온>을 가리킴.

2. 인터넷은 대부분 html 문서로 이루어져 있어서 상호텍스트성이 가장 쉽게 실현될 수 있다고 한다. 그 구체적인 이유를 하이퍼 링크 등 html 문서의 특성을 바탕으로 추리해 보시오.

7. 풍자(諷刺, satire)

7.1. 풍자의 개념

풍자란 일반적으로 인간생활의 결함·악폐·불합리·부조리·허위·어리석음 등 부정적 행위나 가치에 가해지는 기지(機智) 넘치는 비판적 또는 조소적(嘲笑的)인 발언을 가리킨다. '풍(諷)'은 '빗대(어 간하)다'의 의미이고 '자(刺)'는 '찌르다', '가시', '침', '꾸짖다', '헐뜯다' 등의 의미이다. 따라서 빗대어 표현하는 데에 기지 혹은 웃음의 요소가 있고, 찌르거나 꾸짖는 데에 비판의 요소가 있다. 두 가지 요소는 풍자를 이루는 필수적·핵심적 요소이다. 기지나 웃음이 없으면 헐뜯기나 선전·선동으로 타락하기 쉽고, 비판이 없는 웃음은 해학(humor)이라 하여 풍자의 공격성과 구별한다. 다시 말해 풍자는 비판 정신과 유희 정신의 결합을 통해 성립되는 것이다. 그러나 경우에 따라서는 유희 정신이 희박하더라도 인간생활의 부조리나 불합리를 드러내는 작품에 대해 풍자적이라는 수식어를 붙이기도 한다.

본래 이 말은 중국의 『시경(詩經)』에서 세상살이의 과정에서 만나게 되는 부당한 사태를 읊은 노래의 기능을 일컬었다. 이후에 노래나 시에서뿐만 아니라 서사문학이나 여타의 산문 문학에서도 발달하였고, 풍자적 요소를 포함하고 있는 작품을 총칭하여 '풍자문학'이라 하였다. 문학 이외에도 회화, 조각 등의 미술, 오페라, 뮤지컬, 연극 등의 공연예술, 영화와 같은 영상 서사, 만화와 같은 시각 예술 등 거의 모든 예술 분야에서 풍자적인 작품을 쉽게 찾아볼 수 있다.

풍자는 현실생활의 부정적 요소에 대한 폭로이거나 이를 교정하려는 욕망에서 출발한다. 퇴폐한 시기나 여론이 억압당하는 시기에 풍자의 걸작이 나오는 경향이 많은 것도 이 때문이다. 풍자의 대상은 한 개인일 수도 있지만, 특정한 인간형이나 특정한 계층과 계급, 어떤 제도나 국가일 수도 있으며, 인류 전체일 수도 있다.

그러나 풍자를 통한 현실 폭로 혹은 교정의 욕망은 쉽사리 성취되지 않는 것도 특징적이다. 왜냐 하면 풍자는 현실에 밀착해서 현실의 부정적 국면과 부정적 가치를 드러내기는 하지만 대체로 전망을 제시하는 데는 이르지 못하는 경향이 있기 때문이다. 이러한 경향은 풍자하는 주체와 그 목소리를 듣는 주체가 일종의 공모 의식을 전제로 풍자가 성립되는 데서 비롯된다. 인간은 누구나 자신의 실제 삶과 무관하게 사회적으로 용인되거나 장려되는 윤리적·도덕적 기준으로 사태를 평가한다. 이에 따라 풍자를 통해 폭로되는 부당한 현실은 독자나 관객들도 동의할 수밖에 없는 보편적인 준거를 기준으로 평가된다. 그리하여 풍자는 곧잘 풍자의 주체와 그 목소리를 듣는 주체가 끼리끼리 모여 현실에 냉소를 보내는 데서 만족을 느끼도록 하는 것이다. 이런 특성으로 인해 풍자의 현실 교정 욕망은 쉽게 성취되지 않는 것이다.

매체언어 중에서 풍자가 자주 활용되는 장르는 영화나 광고, 만평, 코미디 프로그램 등이다. 특히 웃음을 유발하는 데 초점을 맞추는 만평이나 코미디 프로그램은 풍자를 빼놓고 설명되지 않는다. 여기에서 풍자는 인물이나 사건을 대하는 서술자의 시선과 태도만으로도 성립될 수 있고, 사건의 전개나 배치에 따른 구성(plot)적 자질에 의해서도 성립될 수 있다. 그렇지만 풍자에는 유희성을 살리기 위한 특정한 장치가 활용되는 것이 일반적이다. 그 대표적인 장치로 알레고리(allegory)와 아이러니(irony)를 꼽을 수 있다. 여기에 더하여 과장된 진술, 언어유희(pun), 엉뚱한 비유나 비교 등의 기법이 활용된다.

7.2. 풍자와 알레고리

알레고리는 우리말로 우의(寓意)라고 한다. '우'의 한자 '寓'는 기본적으로 '머무르다'라는 의미이지만, '남에게 붙어살다', '기대어 살다' 등의 의미를 가진다. 남에게 기댄 뜻이 우의이고, 남에게 기댄 이야기가 곧 우화(寓話)인 셈인데, 여기에서 '남'은 곧 인간을 제외한 다른 동물이나 식물이다. 그 존재들은 인간과 꼭같이 갖가지 감정을 가지고 있고 행동을 하는 것으로 그려진다. 그러면서 항상 지혜나 교훈을 던져 준다. 인간의 약점이나 사회의 부조리를 풍자하는 것이다. 그래서 우화를 가리켜 이야기를 육체로 삼고 도덕을 정신으로 삼는다고 한다. 그러나 그 도덕은 기지나 유머와 함께 버무려지기 때문에 건조한 도덕 서적에 실린 규범과는 달리 언제나 독자들의 흥미와 관심을 끌게 마련이다. 그리하여 학교에서는 언어 교재로서만이 아니라 도덕 교재로서도 광범위하게 활용되곤 했다.

우화가 아주 오래된 기원을 가지고 있는 것도, 거의 모든 민족의 문학사에서 뚜렷한 봉우리를 차지하고 있는 것도 바로 이런 흥미 때문일 것이다. 이솝 우화만 하더라도 고대 그리스 시대에 만들어졌거나 그 이전에 어딘가에서 구술로 전승되던 이야기였다. 우리 문학사에서는 7세기 때의 인물 설총이 당대의 왕이었던 신문왕을 타이르기 위해 지었다는 <화왕계(花王戒, '꽃의 왕(모란)을 타이르는 이야기'라는 뜻)>가 『삼국사기』에 전한다.

알레고리는 이러한 우화를 떠받치는 수사법으로서, 확장된 비유로 볼 수 있다. 비유가 주로 단어나 문장 단위에서 성립되는 수사법이라면, 알레고리는 이야기 단위에서 성립되는 것이다. 그러니까 모든 우화는 알레고리적 수사법을 지니고 있는 것이다. 알레고리는 항상 겉으로 드러나는 의미와 함께 상징적인 의미를 동시에 가지게 된다. 그 상징적 의미는 도덕적, 사회적, 종교적, 정치적으로 해석되며, 캐릭터들은 종종 자애나 덕성, 탐욕이나 질투 등과 같은 추상적인 관념을 집중적으로 담고 있는 존재로 묘사되곤 한다. 한 마디로 우화와 알레고리는 돌려 말하기인 셈이다.

우리에게 널리 알려진 시조 두 편을 보면서 이를 확인해 보기로 한다.

까마귀 싸우는 골에 백로야 가지 마라
성난 까마귀 흰 빛을 샘낼세라
청강(淸江)에 깨끗이 씻은 몸을 더럽힐까 하노라.

앞의 시조에서는 '까마귀 : 백로'를 '악 : 선'으로 대립시켜 백로로 하여금 까마귀의 악을 경계하라고 주문하고 있다. 이에 비해 뒤의 시조에서는 '악 : 선'의 대립 구도에 '외형적 색깔 : 내면적 본성'의 대립 구도를 중첩시켜 내면과 외형이 서로 일치하지 않을 수 있음을 강변한다. 까마귀와 백로의 통상적 이미지를 전체적으로 전복시키는 효과를 거두고 있는 것이다.

그런데 두 시조에 등장하는 '까마귀'나 '백로'가 궁극적으로 지시하는 대상은 인간이다. 까마귀와 백로를 통해 인간의 처신 방법을 일깨우고자 하는 의도가 있는 것이다. 다만 두 날짐승이 표상하는 인간상이 정반대에 가깝다는 것이 흥미롭다. 앞의 시조에서는 백로가 고고함, 까마귀가 탐욕스러움을 표상한다면, 뒤의 시조에서는 백로가 위선 혹은 표리부동, 까마귀가 내면적 성실을 표상한다. 이처럼 동물이나 식물에 빗대어 인간을 이야기하는 알레고리에서 그 동물이나 식물이 가리키는 심층적 의미는 하나로 정착되지 않는다.

위의 두 시조를 역사적인 배경을 염두에 두고 읽어도 그 의미의 해석은 달라지지 않는다. 두 노래는 각각 정몽주의 모친과 이직이라는 사람이 지은 것으로 알려져 있다. 누구나 알고 있듯이, 정몽주는 이성계의 조선 건국을 온몸으로 막아서고자 했던 고려의 마지막 신하였다. 그런 신하의 어머니가 아들을 위해 지어 부른 노래가 앞의 시조이다. 아들에게 환란을 피하라고 넌지시 일러주고자 했을 것이다. 그런가 하면 이직은 고려 말엽에 예문관제학(藝文館提學)을 지냈으나 조선의 개국 공신으로서 이조판서를 거쳐 태종 때에는 영의정의 자리에 오른 인물이다. 두 왕조를 섬긴 그의 입장에서 자신을 비롯한 조선 왕조의 개국 세력을 까마귀로 표상하여, 주자학적 명분을 앞세워 고려 왕조에 대한 충절을 지킨 일군의 신하들을 위선자 혹은 표리부동한 인물로 비판하는 것은 충분한 필연성을 지닌다.

알레고리는 반드시 표면에 드러나는 의미와 함께 심층에서 그 무엇인가를 지시하는 의미를 지닌다. 당연히 우화는 이야기 전체가 심층에서 무엇인가를 지시한다. 우화에 등장하는 하나하나의 캐릭터들은 결국 특정한 성격을 지닌 전형적인 어떤 인간을, 그 배경은 현실의 우리 사회를 가리키며, 거기에서 일어나는 사건은 결국 인간사의 이모저모에 다름 아닌 것이다.

풍자에서 우화적 기법을 많이 쓰는 이유 중의 하나는 직설적으로 말하는 데서 오는 정치적(?) 부담을 줄이면서 읽는 이로 하여금 정보를 캐내고 추리하도록 하는 것이다. 독자는 기꺼이 그 게임에 참여하면서 게이머로서의 쾌락을 추구한다.

이제는 풍자가 곁들여진 만평 하나를 보기로 하자. 인간이 있고, TV가 있다. 그런데 리모콘을 들고 있는 것은 인간이 아니다. TV이다. 인간은 퀭한 두 눈을 뜨고 혀를 입밖에 떨어뜨리고 멍하니 앉아 있을 뿐이다. TV를 가리켜 바보 상자라고 하는 것은 아주 오래되고 상투적인 비유이거니와, TV가 보여주는 세상이 삼라만상의 모든 진실인 줄 아는 인간들이 많다. 인간은 TV를 조작하지만, TV는 다시 인간을 조작하는 것이다. 이 만평의 메시지는 간단하다. TV가 리모콘을 통해 움직이고 있는 것은 바로 당신이다!

지현곤 작

독자로서 이 만평이 궁극적으로 지시하는 의미를 이렇게 읽었다면, 이 만평은 재미만 주는 것이 아니라 깨달음까지도 준다. 그 깨달음을 생활 속에서 실천할지 여부는 알 수 없지만, 여하튼 '그렇구나!' 하는 순간적인 깨달음을 준다는 것만은 확실하다. 이것이 바로 우화를 읽는 즐거움이다. 어른들이 어린이들이 읽는 우화를 읽으면서, 거기 담긴 뜻을 읽어낼 때의 재미도 이런 것이다. 성현들이 오랜 고행 끝에 얻는 인간사의 비밀에 대한 심오한 깨달음은 아닐지라도, 오밀조밀하고 아기자기한 재미를 준다.

7.3. 풍자와 아이러니

알레고리와 함께 풍자의 대표적인 기법으로 빼놓을 수 없는 것이 아이러니(irony)이다. 아이러니는 원래 변장(變裝)을 뜻하는 그리스어 '에이로네이아(eironeia)'에서 유래했다. 에이로네이아는 '에이론(eiron)'이라는 인물형의 특성을 일컫는 말이다. '에이론'은 '알라존(alazon)'과 함께 희극에서 서로 상반된 역할을 맡는 캐릭터의 짝이다. 알라존은 허풍을 떨면서 상대방을 속이고자 하는 데 반해, 에이론은 약자이긴 하나 교활하고 약삭빠르다. 자신이 지혜와 능력을 지니고 있으면서도 그것을 숨긴 채 천진함을 가장해서 알라존과 대결한다. 그 과정에서 알라존의 우둔함이나 욕심 등을 폭로하면서 결국에는 승자가 되는 것이다. 교활하면서도 천진한 척한다는 점에서, 그리고 약자가 강자를 이긴다는 점에서 여기에는 모순 개념이 내포되어 있다.

아이러니의 가장 단순한 형태는 어떤 말이 표면적으로 지닌 의미와 반대되는 뜻으로 쓰이는 것이다. 표면적 의미와 심층적 의미의 모순이 이 개념의 핵심이다. 밉상스러운 짓을 하는 아이에게 "참, 이쁘기도 하다."라고 하는 것은 가장 단순한 아이러니의 예이다. 이러한 아이러니는 발화된 언어의 표면적인 의미와 의도 사이에 모순이 있다고 해서 특별히 언어적 아이러니라고 한다.

그런데 이 모순을 이루는 두 항을 단어나 문장 단위에 국한하지 않고 상황 전체로 확장시켜 이해해도 아이러니 개념이 성립된다. 즉 어떤 인물의 행동이 평소 그의 생각이나 주장과 상반되는 경우, 한 인물이 추구하는 이상과는 반대로 현실이 점점 초라해지고 누추해지는 경우, 자신감과 확신을 바탕으로 한 행동이 바보스러운 짓으로 드러나는 경우, 추운 겨울날 휘황찬란한 백화점의 조명을 배경으로 장애인이 깡통을 놓고 있는 경우, 보고서를 빌려준 학생보다 그것을 베껴 쓴 학생이 높은 점수를 얻는 경우가 모두 아이러니에 해당된다. 또한 소방대원이 방화를 한다거나, 경찰관이 도둑질을 하는 경우처럼, 자신의 정체성과 어긋나거나 상반되는 일을 하는 것도 아이러니로 설명될 수 있다. 이러한 아이러니는 언어적 아이러니와 구별하여, 극적 아이러니나 상황적 아이러니라고 한다. '어부지리(漁父之利)'나 '금의야행(錦衣夜行)', '적반하장(賊反荷杖)'과 같은 고사성어도, '언 발에 오줌 누기', '자다가 남의 다리 긁기' 등의 속담도 모두 아이러니에 해당되는 상황을 나타내는 말로 이해할 수 있다.

아이러니는 소설이나 시에서 흔하게 활용되지만, 영화나 광고에서도 자주 발견되는 기법이다. 홍콩 영화 <무간도>(2002)에서는 범죄 집단에 잠입해 위장 스파이 활동을 하고 있는 한 형사와, 경찰 조직 내부에서 스파이 활동을 하고 있는 범죄 집단의 조직원이 서로의 존재를 감지하면서 심리전을 전개한다. 관객만이 두 인물의 정체를 알고, 경찰 조직과 범죄 집단은 내부의 스파이를 모르는 데서 극적 아이러니가 성립된다.

한국 영화 <살인의 추억>(2003)에서는 폭력과 고문으로 피의자를 취조하는 조용구라는 형사의 운명이 아이러니에 해당된다. 그는 용의자에 의해 못이 박힌 각목으로 다리를 맞아 파상풍에 걸리게 되고, 결국 다리를 자르고 경찰직까지 그만두게 된다. 폭력을 행사함으로써 정체성을 유지하던 인물이 다른 사람의 폭력에 의해 형사로서의 정체성을 잃어버리게 되는 아이러니이다. 뿐만 아니라 이 영화에서는 단순 무식한 수사 방식을 고집하던 시골 형사와 과학적이고 합리적인 수사 방식을 고집하던 서울 형사가 나중에는 캐릭터가 서로 교환되는 사태도 생기는데, 이 또한 아이러니라 할 수 있다.

흥행에 성공한 영화 중에 아이러니를 내재하고 있는 경우가 많다. <친구>(곽경택 감독)에는 어릴 적 친한 친구였던 두 사람이 나중에 적이 되어 죽고 죽이는 관계로 바뀌는 아이러니가 있고, <쉬리>(강제규 감독)에는 안기부 요원이 치열하게 찾고 쫓는 상대가 자신이 사랑하는 여자임을 알고 스스로 자기 손으로 죽여야 하는 아이러니가 있다. <공동경비구역 JSA>(박찬욱 감독)에서는 우연한 기회에 가까워진 남북한 병사들이 자신들의 의지와 무관하게 서로가 서로를 죽여야 하는 상황에서 아이러니를 읽을 수 있다.

영화에서 이처럼 아이러니 기법이 자주 활용되는 것은 아이러니가 무엇보다 관객들의 흥미와 긴장을 불러일으키는 데 효과적이기 때문이다.

그러나 주의해야 할 것은 아이러니가 활용된다고 해서 모두 풍자로 직결되지는 않는다는 것이다. 위에서 열거한 영화 중에서도 <살인의 추억>이나 <공동경비구역 JSA>는 풍자적 성격을 충분히 지니는 것으로 이해될 수 있다. 전자에서는 폭력의 부당성을, 후자에서는 분단 상황의 부조리를 비웃거나 비꼬는 것으로 해석될 수 있기 때문이다. 그렇지만 나머지 영화에서는 아이러니가 확실하게 풍자의 효과를 낳는 것으로 보기는 어렵다. 이는 곧 아이러니가 풍자의 충분조건이 아니라 필요조건임을 말해준다.

한편 광고에서는 수용자에게 강한 인상을 남기기 위한 목적으로 아이러니가 자주 활용된다. 먼저 극적 상황이 아이러니인 경우를 보기로 한다.

왼쪽의 화면에서는 테이블 사커에서 남자 선수 대신 발레리나가, 오른쪽 화면에서는 발레리나가 있어야 할 자리에 군인이 자리를 잡고 있다. 각 화면의 오른쪽

하단에는 "Stuck in the wrong job?(잘못된 직업에 자리를 잡았나요?)"이라는 문구가 있다. 외국의 어느 구직 사이트 광고이다. 발레리나가 춤을 추는 대신 축구 경기에 참가하고, 군인이 총을 든 채로 춤을 추는 것은 상황적 아이러니에 해당된다. 이 광고 컨셉은 자신의 적성이나 능력에 맞지 않은 직장이나 직업을 구하는 일이 많은 상황을 살짝 비꼬면서 구직 사이트로서의 정체성을 보여주는 효과를 낳는다.

다음은 광고 문구를 아이러니 기법으로 구성한 예이다.

부모는 멀리 보라 하고
학부모는 앞만 보라 합니다

부모는 함께 가라 하고
학부모는 앞서가라 합니다

부모는 꿈을 꾸라 하고
학부모는 꿈을 꿀 시간을 주지 않습니다

당신은 부모입니까
학부모입니까

부모의 모습으로 돌아가는 길
참된 교육의 시작입니다

이 문구를 통해 동일한 인물에게 부모와 학부모라는 이중의 정체성을 부여하고, 우리나라 부모들이 지닌 그 이중성을 폭로하고 있다. 부모로서의 역할과 학부모로서의 역할이 모순을 일으키는 순간을 보여주면서, 학부모의 과욕이 지닌 부정적 가치를 꼬집고 있는 것이다. 모순을 드러내고 있다는 점에서 아이러니 기법이 활용되었다고 할 수 있고, 학부모의 과욕을 비꼬고 있다는 점에서 풍자라 할 수 있는 것이다.

광고 중에서도 특히 공익광고는 풍자적 기법을 자주 활용한다. 항상 부조리나 불합리한 태도나 습관, 사고방식 등을 공공적 가치에 부합되도록 계도하고 교정하고자 하는 의도를 관철하고자 하는 공익광고의 특성상, 현실에 존재하는 그 부조리와 불합리를 우회적으로 드러내는 데 풍자가 아주 효율적이기 때문이다.

1. 현재 방영되고 있는 코미디 프로그램에서 풍자에 능하다고 판단되는 캐릭터 하나를 선택하여, 그의 말하기 방식이 지닌 특성을 분석하시오.

프로그램 명	
캐릭터	
말하기 방식의 특성	

2. 풍자의 대상에는 모든 사람들이 포함될 수 있지만, 대체로는 경제적·정치적·지적인 기준으로 상층에 속해 있는 인물에 초점이 맞추어져 있다. 풍자의 어떤 특성 때문에 이러한 인물들이 주로 선택되는지 추리해 보시오.

8. 이데올로기(ideology)

8.1. 이데올로기의 개념

이데올로기는 일반적으로 사람이 인간과 자연, 사회에 대해 규정짓는 현실적이며 이념적인 의식의 형태를 일컫는다. 얼핏 생각해보면 이데올로기는 각각의 개인이 저마다 나름의 방식으로 규정하는 것처럼 보이지만 실제로는 도덕, 윤리, 관습 같은 초자아(super ego)나 강력한 사회화 기관(국가, 학교, 군대 등)에 의해 강제되고 학습되어진다. 다시 말해 이데올로기는 인간과 자연, 사회에 대해 특정한 시기에 공동체 구성원들에 의해 동의되거나 강요되는 의식의 흐름이라 재정의할 수 있다.

18세기 프랑스의 계몽주의 철학자였던 데스튀트 드 트라시(Destutt de Tracy)가 그의 저서 『이데올로기 개론』에서 처음 이 용어를 사용하였을 때의 의미는 넓게는 세계관, 가치관, 사상, 기본적 사고방식으로서 행동 지향적인 신념체계로, 좁게는 현 사회의 문제점을 개선하여 바람직한 이상 사회를 이룩하는 데 필요한 방향을 제시해주는 관념이나 이상과 사회의 조직, 추구하는 목표, 개선 방향을 제시해주는 일종의 세계관·가치관으로 이해되었다.

그러나 마르크스주의에서 이데올로기란 관념 그 자체가 아니라 생산양식 등의 사회의 하부구조와의 관계성에 있어서 파악되는 상부구조로서의 관념을 의미한다.

마르크스

알튀세

　마르크스와 엥겔스의 공저 "독일 이데올로기"(1845년)에서 처음으로 이데올로기라는 용어가 등장하여 계급사회에 있어서 이데올로기의 당파성이 분석되었다. 즉 계급사회에서는 특정의 계급이 이익을 얻기 위해 특정의 이데올로기가 우세하게 되어 상부구조와 하부구조의 상호작용이 발생하여 필연적으로 스스로를 정당화하는 것이다. 마르크스는 이데올로기의 이러한 성질을 허위의식으로서의 이데올로기라 부르고 계급적인 이해에 기하여 지배체제를 강화하는 것이라고 생각하였다. 이 분석에 따르면 계급제도는 반드시 이데올로기를 수반하는 것이기 때문에 이데올로기를 비판하는 것은 계급투쟁 중에 가장 중요한 활동이다.

　프랑스의 사상가 루이 알튀세는 기존의 정통 맑스주의자들의 이데올로기 개념을 수정해서 정교화시킨다. 그의 이데올로기론에서는 계급으로의 환원을 반대한다. 마르크스주의의 계급적 이데올로기론에서는 생산관계에서의 위치로, 즉 특정 계급은 특정 이데올로기를 지닌다는 식으로 설명한다. 알튀세는 만일 그러한 설명이 맞다면 왜 지배계급이 하나의 일관된 이데올로기를 지니지 않고 역사적 흐름에 따라 변화되는지를 묻는다. 반대로 피지배계급도 때로는 지배계급의 이익을 대변하는 이데올로기를 자기 것인 양 사용하고 있다는 점에 대해서도 언급한다. 결국 계급과 이데올로기의 일치란 철저하게 보장되어 있는 것이 아니라는 점을 강조한 것이다. 이러한 알튀세의 지적은 토대와 상부구조 간의 관계가 기계적이지 않으며 토대의 존재를 위해서 반드시 상부구조가 개입한다는 상부구조의 중요성을 인식시키는 계기가 되었다. 알튀세가 보기에 이데올로기는 단지 어떤 사상들의 집합체가 아니라 구체적이고 물리적인 실체를 가지고 생산·재생산되는 사회적 실천이다. 결국 사회의 구조를 함께 묶어주는 보이지 않는 '접착제'의 역할을 이데올로기가 하고 있다.

　사회의 불확실하고 유동적이며 가변적인 구조를 하나로 묶어주는 접착제 역할을 이데올로기가 수행한다는 알튀세의 견해는 매우 흥미롭다. 왜냐하면 대중매체가 하는 역할 역시 자본주의사회 내에서 복잡한 이해관계를 계급적으로 풀어내는 대중 집단을 하나로 묶어주는 '보이지 않는 손'의 역할을 하고 있기 때문이다.

바로 이 지점에서 대중매체와 이데올로기의 밀월 관계가 이해될 수 있다. 국가 혹은 권력집단이 대중을 지배하는 데 필요한 의식적 세뇌가 이데올로기라면 그것을 세뇌가 아닌 능동적 학습에 의한 자발적 참여로 포장해주는 것이 대중매체이다. 대중은 이데올로기적 실천에 적극적으로 참여하며 스스로를 자유롭고 자율적인 행위자로 착각한다. 이 때문에 지배계급들이 지배이데올로기를 피지배계급에게 주입시키는 데도 대중은 전혀 거부감을 느끼지 못한다. 왜 주체가 이데올로기적 국가기구의 실천에 자발적으로 참여하게 되는 것일까? 알튀세는 간단하게 말해서 "모든 이데올로기는 구체적인 개인을 구체적인 주체로 부르거나 구체적인 주체로서의 구체적인 개인에게 질문하기 때문이다."라고 답한다. 이 과정이 유명한 '호명(부름, interpellation)'이며, 이를 통해서 이데올로기는 스스로의 관념성을 실질적으로 부정하게 되는 것이다.

이데올로기가 호명하면 개인들은 주체로 변형된다. 즉, 부르는 소리가 자신을 대상으로 하고 있음을 인지하고 스스로 그 부르는 소리의 객체가 된다. 이데올로기의 객체가 된다는 것은 바로 이데올로기의 효과를 의미한다. 이데올로기가 효과적으로 개인을 불러 이데올로기적 과정이 완성되도록 한다는 말이다. 그리고 궁극적으로 이데올로기는 우리가 마치 이데올로기의 주인인 것처럼 행세하도록 초대한다. 이데올로기가 불러서 우리가 대답하는 과정 혹은 그것이 나를 부르는 것처럼 따르게 되는 과정은 무의식의 과정이다. 개인 주체들은 스스로 복종이 아닌 자유스러운 참여, 즉 실천을 했다고 생각하게 된다. 그리고 '나'를 부르는 친절한 목소리가 바로 대중매체이다.

8.2. 대중매체와 이데올로기

대중매체와 이데올로기의 관계는 매우 밀접하다. 대중이란 지위·계급·직업·학력·재산 등의 사회적 속성을 초월한 불특정 다수의 사람들로 이루어진 집합체를 의미하는데 이런 대중들에게 사회적 소속감과 공동체를 유대감을 형성시켜주는 가장 강력한 사회화 장치가 바로 매스미디어이다. 여기에 덧붙여 대중매체는 그 영향력과 파급력을 십분 발휘하여 대중들에게 지배이데올로기를 설득하고 학습시키며 교묘하게 포장하는 첨병의 역할을 수행한다.

오늘날 인간의 사회 활동 가운데 많은 부분이 대중매체를 통해 매개되고, 또 대중매체를 의식해 이루어지고 있다. 대중매체는 정치, 경제 활동 등 많은 사람들의 삶에 큰 영향을 미치는 공공 활동이 이루어지는 공간이다. 대부분의 사람들은 대중매체를 통해 삶에 필요한 규범과 정보를 얻고 있으며, 여가와 오락 활동도 매체를 중심으로 이루어지고 있다. 이 과정에서 대중매체는 새로운 문화를 창조하고 발전시키는 공간으로 역할을 하기도 한다. 새로운 규범과 가치관, 예술, 유행, 생활양식 등이 대중매체를 중심으로 형성되며 사람들에게 전파된다. 또한 대중매체는 사람들이 자신의 현실을 인식하는 수단으로 자리 잡고 있다. 사람들은 대중매체가 제시하는 현실의 모습을 통해 자신의 현실을 이해한다.

그러나 대중매체가 현실을 묘사할 때에는 늘 어떤 가치와 판단도 함께 제시하게 마련이다. 대중매체는 정치적인 주제를 다룰 때뿐 아니라, 비정치적인 오락을 통해서도 어떤 가치관과 판단을 퍼뜨리고 있다. 대중매체는 사회적 권력을 유지하기 위한 중요한 수단으로도 기능을 하고 있는 것이다. 정치권력은 매체를 통한 설득과 조작을 통해서 권력의 생성과 유지를 위한 국민의 동의를 이끌어내려고 한다. 그리고 오락과 광고, 드라마 등을 통한 소비주의를 비롯한 특정한 가치관의 확산은 자본을 중심으로 한 사회적 권력을 지탱하는 가장 중요한 원천으로 자리 잡고 있기도 하다.

아직도 드라마의 단골 모티브로 사용되는 '신데렐라형 이야기'는 자본주의사회가 대중을 현혹하는 진부한 레퍼토리이다. 가난하지만 착한 여자와 겉보기에는 무뚝뚝하고 까칠해 보이지만 속내는 따뜻한 재벌 남자가 우여곡절 끝에 서로 사랑하게 되는 가슴 따뜻해지는 이야기는 사실 드라마 속에만 존재한다. 그러나 동화 속의 신데렐라가 몇 백년 동안 소녀들의 우상이 되고 결혼에 대한 달콤한 환상을 심어주었듯이 현대판 동화인 드라마 역시 이 사회를 지탱해주고 있는 지배

이데올로기의 문법을 충실하게 재생산해준다. 신데렐라형 드라마가 재생산해주고 있는 지배이데올로기는 다음과 같다.

- 이쁜 여자는 착하다
- 착하고 이쁜 여자는 항상 좋은 남자를 만난다
- 돈이 많다는 것은 죄가 아니며 오히려 편리하다
- 성격이 까칠해도 능력이 있다면 오히려 매력적이다
- 여자의 적은 여자이다
- 여자가 행복해지기는 위해서는 남자의 선택을 받아야 한다

예쁘고 착한 여자와 결혼하는 것은 남성들의 욕망이다. 남자가 여자를 선택하는 기준은 '미'와 '선'이다. 반면에 여자는 '능력' 있고 나만을 사랑해줄 수 있는 따뜻한 남자와 결혼하기를 욕망한다. 남자는 능력이 있어야 하고 여자는 이쁘고 착해야 한다는 것은 가부장제에 기초한 자본주의의 이데올로기이다. 그림 형제와 안데르센, 월트 디즈니가 각기 동화와 애니메이션으로 변주해 온 지배이데올로기

가 지금은 드라마로 장르만 바뀌었을 뿐 여전히 우리를 현혹시키고 있다. 우리는 매일 저녁 TV 앞에 모여 앉아 드라마를 보면서 자본주의와 가부장제에 대해 끊임없이 설득당하고 있는 것이다.

물론 재미있게 드라마 한 편 보는 것에 너무 심각한 의미를 부여하는게 아니냐하는 지적이 있을 수 있다. 그러나 대중매체는 한 송신자와 다수의 수신자를 동시에 연결시켜서 수용자에 대한 광범한 영향력을 가지고 있으며, 많은 사람들의 일시적인 반응을 일으킨다. 예를 들어 사람들의 입을 통해서 어떤 사실이 널리 퍼질 적에는 그 내용이 사람마다 바뀌어 전달되게 마련이어서, 사람들의 반응도 많은 차이를 나타낸다. 하지만 대중매체를 통한 전달은 똑같은 내용을 일시에 전달하게 되므로 사람들의 반응은 차이가 적다. 이 때문에 대중매체를 통한 의사소통은 사람들의 행동이나 태도의 변화를 즉각 일으키는 힘은 대화 등의 대인 의사소통보다 적지만, 사람들의 생각과 가치관을 바꾸는 장기적인 효과는 더욱 크게 나타난다. 대중매체는 사람들의 인식의 변화에 큰 영향을 미치기 때문에 사람들의 행동이나 태도에도 큰 영향을 끼친다.

TV를 '바보상자'라 비판하는 것은 TV의 매체적 속성이 합리적이고 이성에 기초한 판단 대신에 시각적인 이미지에 집중하는 감성적인 몰입을 제공해 주기 때문이다. 이는 자본주의 시대 대중매체를 통한 의사소통이 송신자와 수신자의 역할이 고정된 일방적이고 수직적인 형태를 띠면서 수신자의 역할을 제한하는 것과 밀접한 연관이 있다. 사람들 사이의 대화 등의 직접적인 의사소통이 송신자와 수신자가 서로 메시지를 주고받는 쌍방향적이고 수평적인 형태로 나타난다면, 대중매체에 의한 의사소통에서는 대부분 송신자와 수신자의 역할이 고정되어 있게 마련이다. 텔레비전이나 신문의 예를 보더라도 대중들은 늘 수용자로서의 수동적 지위에 머물러 있다. 시청자나 독자가 전화나 편지로 어떤 반응을 보이더라도, 그 반응은 상당히 시간이 지난 뒤에야 나타나며, 반응의 양도 적다.

대중매체는 일정한 가치관과 의식의 확산을 통해서 이질적인 다수의 사람들로 구성된 대중을 예측할 수 있으며 유형화된 방식으로 반응할 수 있도록 이끌며, 수용자가 받는 정보의 양을 넓히는 역할을 하기도 하지만, 그 정보들을 취사선택하고 재조직하고 재해석하기 때문에 정보를 제한하고 왜곡하기도 한다. 대중매체는 출판사, 신문사, 영화가, 방송사와 같은 복잡하고 형식적인 조직을 필요로 한다. 이러한 조직에는 많은 사람들이 고용되어 있고 일정한 방침과 위계질서에 의한 통제 구조가 존재한다. 따라서 대중매체가 전하는 메시지는 이 조직의 종사자와 통제 구조에 의해 걸러지게 마련이다. 이러한 여과 과정을 '문지기 기능'(gate-keeping)이라고 부르는데, 신문이나 방송의 편집 행위가 그 대표적인 형태이다. '문지기 기능'은 대중매체의 메시지를 생산하는 사람들이 메시지를 생산하고 전달하는 과정에서 개별적 또는 집단적으로 정보를 선택하고 변형시키는 행위를 말한다. 예를 들어 뉴스 기사의 취사선택이라든가, 드라마의 내용이 강제로 잘리거나 중단되는 것이 이런 것에 해당된다. 결국 대중매체는 내용의 취사선택과 편집 과정을 통해 특정한 가치관과 이해관계를 반영할 수밖에 없다.

프랑스의 기호학자 롤랑 바르트(Roland Barthes)는 매스미디어를 포함하여 모든 문화적 행위를 언어 행위로 보고 그 의미작용 과정을 분석하고자 하였다. 바르트의 궁극적인 목표는 어떻게 겉보기에는 솔직담백한 기호들이 이데올로기적이고 내포적인 의미를 지니게 되며 문화적인 현 상황을 유지하게 만드는가를 설명하는 것이다. '신화'란 사회적으로 널리 통용되는 믿음이나 가치 또는 태도이며, 지배적인 이데올로기의 다른 표현이다. 바르트는 대중문화 속에 그러한 신화들이 녹아 있으며, 따라서 신화를 찾아내는 것이야말로 대중문화 분석의 목표라고 보았다.

신화의 가장 일반적인 화소(話素)는 '영웅'과 '임무수행'이다. 전 세계의 모든 신화는 표현된 언어는 다를지라도 모두 동일한 모티브를 근간으로 스토리텔링이 구성되어 있다. 신화가 신(神)들의 이야기라면 자본주의 대중매체가 보여주는 혹은 조작해내는 신화는 평범한 인간의 얼굴을 한 세속적인 영웅과 그에게 주어진 과도한 임무, 그리고 마침내 불가능할 것 같았던 임무를 완수해내고 마는 불굴의 의지를 통속적인 스토리텔링으로 엮어낸다.

가장 대표적인 예능프로그램인 『무한도전』은 '대한민국 평균 이하'를 자처하는 여섯 남자가 매주 새로운 임무를 수행하는 미션 클리어 형식의 리얼버라이어티쇼다. 결코 잘 생기지도, 아이큐도 높지도 않고 체력도 저질인데다 유부남이 태반이고 평균 나이 불혹에 다다른 예능인들을 보면서(담당 PD까지 포함하여) 시청자들은 우월감 내지는 동질감을 갖는다. "정준하보다야 내가 더 잘생겼지" "내 성격이 박명수보다는 좋아" "길이나 정형돈은 연예인인데 참 몸매 관리 안하네" "유재석은 참 겸손해 연예인같지 않아" "노홍철에 비하면 난 정상이야" 등등 『무한도전』의 주인공들은 시청자들에게 친밀감을 주지만 사실 그들은 결코 대한민국 평균 이하가 아니다. 유재석이 회당 1000만원에 육박하는 고액의 출연료를 받는 초특급 스타이지만 대중들에게 그저 겸손하고 말 잘하는 메뚜기일 뿐이다. 『무한도전』은 대중들의 눈높이에 맞는 평범한 예능인으로 여섯 남자를 포장한 다음, 그들이 역경과 고난과 시련을 극복하고 끝내 임무를 완성해내는 가슴 뭉클한 영웅 신화를 통해 자본주의가 내면화시켜 놓은 '인간의 얼굴을 한 영웅'이라는 노스탤지어(향수)를 자극하였고 그 때문에 한국을 대표하는 예능 프로그램으로 성공할 수 있었다.

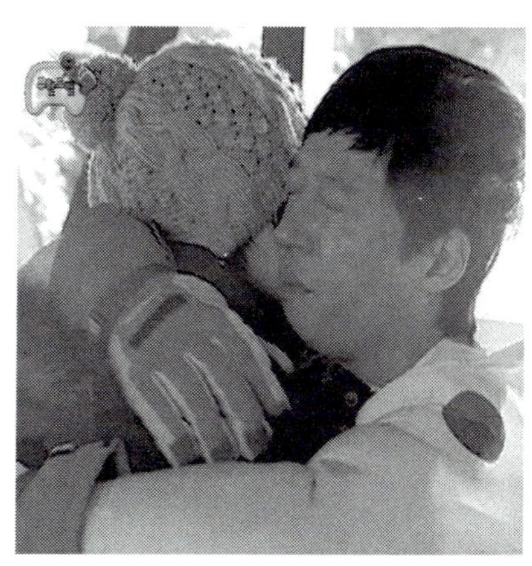

봅슬레이 국가 대표 선발전에 출전하여 시속 150km로 질주하는 봅슬레이 안에서도 카메라를 챙겼던 유재석이 경기를 마친 후 동료들과 포옹하며 흘리는 눈물에서, 전국체전 에어로빅 일반부에 출전하여 은메달을 딴 무한도전 멤버들이

연습실에서 흘렸던 굵은 땀방울에서 대중들은 재미와 감동과 느끼며 열광했다. 그리고 그 열광 이면에는 신(神)과 함께 사라진 영웅에 대한 향수와 보상심리가 함께 작용하였다. 대중매체는 대중이 무엇을 요구하고 원하는지를 감각적으로 풀어낸다. 그 풀어내는 방식은 얼핏 대중의 욕망에 충실하게 따르는 것처럼 보이지만 실제로는 '하라면 한다'와 '하면 된다'라는 한국의 근대화 지배 담론의 문법을 강화하는 것이다.

대중문화는 매스미디어 속에서 기호 작용을 통해 은밀하게 권력을 행사하며, 따라서 겉보기와는 달리 정치적이다. 그리고 겉보기로는 정치적이지 않기 때문에 더욱 더 강력한 정치적 효과를 발휘할 수 있는 것이다. 바르트가 본 대중문화 전반은 한 사회의 신화 혹은 지배 이데올로기를 생산하고 있다. 대중문화를 접하는 사람들은 그 신화 안에서 세상을 이해한다. 사람들을 통해서 지배 이데올로기가 재생산되는 것이다. 물론 대중문화의 소비자들은 지배 이데올로기의 대상이 되기도 하지만 스스로 지배 이데올로기의 주체가 되기도 한다. 스스로 대중문화 안에서 즐거워하고 자신이 그 문화의 주인이 된 것처럼 착각하면서 대중매체가 조작해낸 이미지를 소비하는 것이다.

8.3. 상징조작과 이데올로기

현대 사회의 대중매체는 수용자보다는 매체를 소유하거나 조종하는 소수의 계층을 대변하는 속성을 가지고 있으며, 매체 자체의 특성상 수용자의 주체적인 인식보다는 매체에 종속적인 수동적인 인간을 만들고 있다. 실제 대중매체에 영향을 미치는 사회 요인은 여러 가지가 있지만, 그 가운데 가장 중요한 것은 국가와 자본, 수용자라고 할 수 있다. 그 가운데 국가와 자본이 대중매체의 존재 양식에 결정적인 영향을 끼치게 마련이어서, 자본주의 발달이 미숙하거나 권위적인 사회에서는 대중매체에 대한 국가의 영향력이 두드러지게 나타난다. 그리고 자본주의가 성숙한 곳에서는 자본의 영향력이 지배적으로 된다. 국가는 대중매체를 규제

하는 법을 제정하고 시행하며, 대중매체를 경제적으로 뒷받침해서 대중매체에 대한 영향력을 갖는다. 국가는 대중매체의 내용을 검열하고, 나아가 대중매체의 정보를 관리·조작하기도 한다.

그러나 대중매체가 이렇게 국가나 자본의 영향 아래 일방적으로 놓이게 되면 여러 가지 사회적인 부작용이 나타나게 마련이다. 국가에 의한 언론 통제와 여론 조작, 그리고 방송과 언론에서 흔히 나타나는 상업주의와 선정주의와 같은 것이 그것이다. 실제 최근까지 우리 사회에서는 이른바 1980년대의 '땡전뉴스'로 대표되는 국가의 언론 통제와 재벌 소유 언론사들의 여론 조작, 그리고 스포츠 신문이나 텔레비전 방송에서 나타난 지나친 상업주의·선정주의적 모습들이 큰 사회 문제로 되기도 했다.

매스미디어는 지배세력의 현실인식인 지배 이데올로기를 생산·유포함으로써 사람들이 자기 자신의 현실인식을 계발하지 못하고 기존의 지배 체제와 질서를 받아들이고 유시하게 만드는 측면이 있다. 매스미디어에 표출되는 지배 이데올로기에 계속해서 장기적으로 노출되면 부지불식간에 그것들을 자연스럽고 마땅한 것으로 받아들이게 된다. 그런데 이는 실제로 지배세력의 특수 이데올로기를 보편적인 이데올로기로 전환하여 기존 질서유지에 기여하는 매스미디어의 착시 효과에 다름 아니다.

프랑크푸르트학파의 일원이었던 아도르노에 의하면 대중문화는 인간의 영혼을 빼앗아 가는 자본주의의 우민화 전략이다. 특히 자본주의 시대의 대중들은 상품에 포박당해 있을 뿐 아니라 대중매체가 쏟아내는 광고에 홀려 정신까지 잃어버린 가련한 존재다. 또한 소비를 통해서 자기 존재를 확인받는 대중들은 감각적 대중문화에 조종당하는 수동적 객체일 뿐이다. 아도르노는 대중문화의 특징을 표준화(standardization)라고 정의했다. 이때의 표준화란 자본주의 대량생산을 뜻하는 동시에 물신화된 소비주의(consumerism)와 규격화된 문화산업을 의미한다. 또한 대중문화는 지배계급의 가치관과 이데올로기를 대중들이 받아들이도록 세뇌시킨다. 이처럼 프랑크푸르트학파에서는 대중문화가 대중들을 사회의 권위에 순응하게 함으로써 자본주의의 모순을 용인하는 정치적 기능을 하고 있다고 비판한다. 나아가 표피적 대중문화 뒤에는 사람들의 취향을 조작하는 파시즘과 전체주의라는 어두운 그림자가 드리워 있다고 본다. 표피적 대중문화가 실체와는 다른 환영을 교묘하게 조작하여 대중을 움직이는 것을 상징 조작(象徵操作)이라고 하며, 대중매체는 상징조작을 통해 지배이데올로기를 정당화하고 공고히 한다.

대중매체가 특정 이데올로기에 복무할 목적으로 대중에게 상징 조작을 지속적이고 치밀하게 행사하는 전형적인 사례를 천안함 사건에 대해 언론의 보도 태도와 대응 방식에서 찾아볼 수 있다.

2010년 3월 26일 오후 9시 22분 백령도 해상에서 발생한 천안함 침몰 사고는 매우 비극적인 사건이었다. 꽃다운 젊은이 46명이 채 피기도 전에 차가운 밤바다 속으로 힘없이 떨어졌다. 사건의 내막은 결국 역사가 밝혀내겠지만 사건 발생 이후 한 달여 동안 보수 진영의 대중 매체가 보여준 상징 조작은 지극히 위험하고 무모하기까지 하였다. 천안함 사건이 발생하자마자 대중매체들은 앞 다투어 순국용사들의 '영웅 만들기'에 나섰다. 지상파 방송의 예능 프로그램은 중단됐고, 뉴스는 거의 모든 시간을 천안함 사건 보도에 할애했으며, 추모 기간 중 골프장에 가거나 음주가무를 즐긴 공무원들은 지탄을 받았다. 마치 대한민국 전체가 집단최면에 걸린 것처럼 한 달 가까이 천안함의 추모 열기는 매체를 통해 지속적으로 부추겨졌다. 급기야는 한동안 사라졌던 시민들의 자발적인 성금 모금까지 TV를 통해 전국에 생방송되면서 추모 열기는 정점에 달한다. 아무것도 확인된 것이 없는데도 천안함은 북한의 소행으로 단정되었고, 우리는 반공 이데올로기의 부활을 목격하게 된다.

인터넷에서는 6.2 지방선거를 승리로 이끌기 위해 정부와 한나라당이 천안함을 이용하고 있다는 비난의 목소리가 높아져 갔고, 자작설, 기뢰폭발설, 미군 오폭설 등 온갖 음모론이 들끓었다. 대중들에게 정확한 정보를 제공해 주어야할 책임이 있는 매체들이 오히려 혼란과 의구심을 증폭시키는 무책임하고 선정적인 보도로 일관하면서 천안함은 신냉전시대를 상징하는 기호가 되었다.

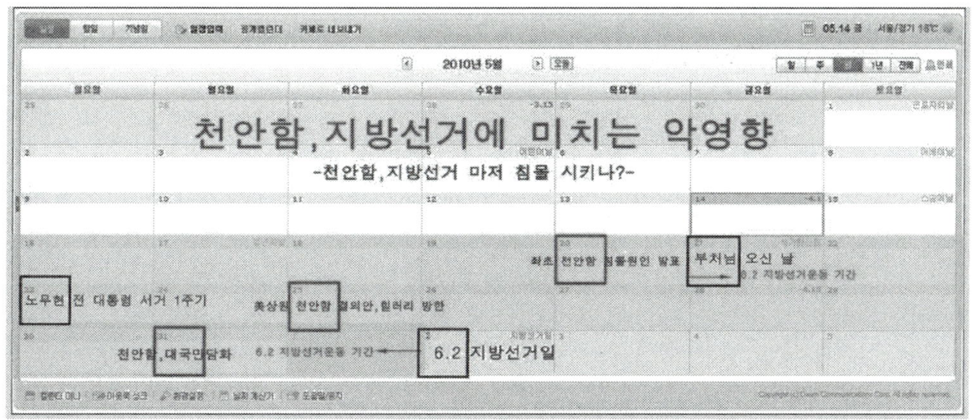

〈그림 출처 : http://tsori.net/3061〉

　　이 사건을 통해 두 가지가 확인되었다. 일부 보수 언론들이 아직도 상징 조작을 통해 자신들이 원하는 방향으로 여론을 형성하고 대중들을 지배할 수 있다고 믿고 있다는 것과, 또 하나는 그것이 순진한 믿음에 불과했다는 것이다. 이번 천안함 사건을 통해 전통적인 대중매체(신문, 방송)들은 언론으로서의 신뢰성에 심각한 타격을 입게 되었다. 이번 대중매체들의 과도한 액션은 정보화 시대에 자신들의 입지가 좁아지거나 아예 매체로서의 권력을 상실하게 될지도 모른다는 불안감이 원인일지도 모른다. 그리고 아이러니하게도 그 불안감이 전통적인 대중매체의 종말을 앞당기게 되었다.

Workshop/Textshop

1. 아래 표는 이데올로기에 대한 학자들의 견해를 정리한 것이다. 마지막 빈 칸에 이데올로기에 대한 자신만의 정의를 내려 보시오.

나폴레옹 (B.L.Napoleon)	주관적이고 난해하며 이상적인 주장을 펼치는 교조주의자들을 '이데올로그(ideologue)'라고 지칭. 이후 '아무런 객관적 근거도 없으면서 기존 질서를 위협하는 비현실적인 당파주의'를 뜻하게 되었다.
마르크스 (Karl Marx)	이데올로기를 '현실의 삶에 대한 상(像)'이라고 개념화. 여기에서 현실적인 삶은 경제적인 토대 위에 세워지는 것이라고 보았다. 아울러, 피지배 계급은 자신들의 생산수단을 가지고 있지 않으면서도, 많은 생산수단을 소유하고 있는 지배 계급의 의식을 마치 자신의 것인 양 가지고 있기 때문에 허위의식에 빠져 있다고 주장했다.
그람시 (Antonio Gramsci)	이데올로기는 지배 계급의 것이며 그 외의 것들은 '허위의식'이라고 보는 맑스의 주장과는 달리 이데올로기의 복수성을 제시했다. 이데올로기란 그것이 속한 집단의 의식이나 가치관이며, 따라서 '허위의식'이 아니다.
알튀세 (Louis Althusser)	이데올로기는 단순히 계급에서 직접적으로 비롯되는 것이 아니라 사회적 '존재'에 의해 형성된다고 주장. 따라서 이데올로기란 허위의식이 아니라 인간들 자신의 존재 조건에 대한 생생한 관계의 가상적 표현이라고 보았다. 이러한 맥락에서 볼 때, 이데올로기는 사회의 기존 질서를 유지하기 위해 존재하는 지배적 의식인 것이다.

2. 한국 드라마에는 몇 가지 공식이 있다. 자신이 알고 있는 드라마 공식을 적
어보고, 왜 그런 진부한 공식이 드라마에서 계속 사용되는지에 대해 이데올로기
개념을 중심으로 토론해 보시오.

3. 아래 표는 신자유주의 자본주의 체제의 지배 이데올로기들을 목록화해본 것이다. 이 지배이데올로기가 대중매체를 통해 확대재생산되고 있는 사례를 한번 찾아보시오.

- 국가발전을 위해서는 경제성장이 제일이라는 생각
- 법과 질서는 모든 사람에게 공평하게 적용된다는 사실
- 자본주의는 무조건 좋고 공산주의는 무조건 나쁘다는 사상
- 갈등은 무엇이든 대화로 해소할 수 있다는 생각
- 이해관계 때문에 갈등할 수밖에 없는 계급은 없고 평화롭게 공존하는 계층만 있다는 주장
- 노사분규 특히 노동자의 파업이 경제위기의 원인이라는 주장
- 법과 질서를 지켜야 국가가 발전할 수 있다는 신념
- 노동자 임금인상이 인플레의 주범이라는 주장
- 지역차별이 아니라 지역감정이 문제라는 생각
- 누구나 성실하고 근면하면 출세할 수 있다는 믿음
- 가난하고 못사는 것은 게으른 탓이거나 팔자소관이라는 생각

9. 시점(視點, point of view)

9.1. 시점의 개념

최초의 음성 매체에서 최근의 디지털 매체에 이르기까지 인류가 경험해 왔거나 경험하고 있는 다양한 매체들은 그 형식에 있어서는 차이가 있을지 모르나 단 하나의 목적을 맥락화하고 있다. 누군가가 누군가에게 이야기를 들려주는 것이다. 따라서 매체를 통해 이루어지는 발화 상황에는 '화자'와 '청자'가 있고 말하는 자의 관점인 시점(視點, point of view)과 듣는 자의 관점인 시선(視線, angle of vision)이 중첩되거나 엇갈리며 서사장을 형성한다. 영상매체에서는 '화자'와 '청자'가 '보여주는 자'와 '보는 자'로 치환된다.

기왕의 매체언어 연구는 화자에 초점을 맞춰 <시점>을 개념화하고 분류하였다. 가장 일반적인 시점의 사전적 정의는 "소설에서 서술의 초점을 가리키는 문학 용어"이며 "이야기를 구성하는 인물이나 행위, 배경, 사건 등을 독자에게 제시하는 것으로 구성의 하나"라는 것이다. 19세기 이전부터도 관심을 끌던 분야로, 헨리 제임스의 『소설의 기술 The Art of the Novel』과 P.러벅의 『소설의 기교 The Craft of Fiction』가 출간된 이후부터 본격적으로 주목되었고, 프리드먼·C.브룩스·R.P.워런 등이 체계화하였다.

시점을 분류하는 방식은 여러 학자들이 다양하게 제시하였는데 브룩스와 워런이 『소설의 이해 Understanding Fiction』에서 제시한 4가지 방법이 가장 널리 알려져 있다. 크게 1인칭과 3인칭으로 나누며, 1인칭은 다시 1인칭 주인공 시점과 1인칭 관찰자 시점으로 나뉘고, 3인칭은 다시 전지적 시점과 제한적 시점으로 나뉜다.

① 1인칭 주인공 시점으로, 주인공 '나'가 자신의 이야기를 하는 경우이다. 인물과 서술의 초점이 일치하며 독자에게 신뢰와 친근감을 준다.

② 1인칭 관찰자 시점으로, 작품 속의 '나'가 관찰자의 입장에서 주인공에 대해 이야기하는 경우이다. 이야기는 '나'의 눈에 비친 대로 전개된다.

③ 전지적(全知的) 시점으로, 주인공이 특정한 이름이거나 '그', '그녀' 등의 호칭으로 등장한다. 화자는 사건의 전개와 등장인물의 심리, 행동의 동기, 감정 등 모든 것을 알고 있으며 소설에 개입하여 인물이나 사건을 비평하기도 한다.

④ 제한적(制限的) 시점으로, '작가 관찰자 시점'이라고도 한다. 작품 속의 특정한 이름이나 '그', '그녀'는 화자로서 이야기를 전하지만 자신은 단지 관찰자의 입장에서만 이야기를 서술하기 때문에 객관적이며 외부적 사실만을 묘사한다. 극적 효과를 얻기에 적당하며, 뒤에 독자로 하여금 대리 경험을 느끼게 하는 '의식의 흐름'이라는 서술방식으로 발전하였다.

매체언어에서 시점이 중요했던 것은 문자매체의 영향력 때문이었다. '시점'은 문학용어이며, 영화 같은 영상매체는 카메라의 눈을 통해 객관적인 현상을 조망함으로 상대적으로 시점 연구가 발전하지 못하였다. '시점'의 확보는 담론 생산자로서의 작가의 고유한 권한이며 "어떻게 말할 것인가?"에 대한 작가의 선택이다. 하지만 문자매체에서 영상매체로, 다시 디지털매체로 매체언어의 무게중심이 이동하면서 그동안 '시점'에 가려 그 중요성이 부각되지 못했던 듣는 자, 혹은 보는 자의 '시선'에 대한 언어적 관심이 높아지고 있다. 텍스트 경험의 방식이 Telling에서 Showing으로 빠르게 이동하고 있으며, 담론 생산자와 소비자의 경계가 무너지고 있다는 것을 염두에 두어보면 '시점'과 함께 '시선'도 매체언어의 분석 대상이 되어야 한다는 점은 분명해진다.

9.2. 문학, 영화, 게임의 시점

소설과 영화는 다 같이 서사장르에 속한다. 서사장르는 극장르와는 달리 감상자에게 중개적으로 제시된다는 특성을 갖고 있다. 화자는 소설의 서술 주체로 모든 서사문학은 이야기를 들려주는 이야기꾼을 반드시 갖고 있다. 일반적으로 극장르인 연극은 관객에게 직접적으로 보여지기 때문에 화자가 없지만 서사장르인 소설과 영화는 이야기의 장면을 직접 관객 앞에서 공연하는 것이 아니라 카메라

촬영이나 서술을 통해 편집해서 관객에게 내보내는 중개적 양식이므로 반드시 화자, 즉 이야기꾼이 존재한다. 영화는 소설과 달리 감각적 영상으로 드러나기 때문에 직접적 제시라고 생각할 수도 있지만 영화는 연극과 같은 직접 전달의 매체가 아니다. 그러므로 소설과 영화는 똑같이 시점과 화자를 갖는다. 그러나 문자언어를 재료로 사용하는 소설은 시점의 형식화가 매우 분명하고 서술기법이 다양하며 화자와 내포작가의 뚜렷한 분리가 가능하다. 반면 영화의 경우에는 일관된 시점을 사용하는 것이 불가능하고 서술은 부분적으로만 가능하며 극화된 화자를 내세울 수 없다는 차이점이 있다.

시점은 사건에 대한 화자의 '보는 위치' 또는 '관찰되는 지점'이라는 뜻이다. 시점은 소설 구성에 있어서 절대적인 영향을 미치는데 어떤 위치에서 작품을 서술하느냐에 따라 독자에게 주는 일련의 감동과 정서의 효과는 달라질 수밖에 없다. 시점의 사용이 필요하다는 것은 이야기가 직접 제시되는 것이 아니라 '누군가에 의해 보여진 것'이 제시됨을 뜻한다. 여기서 '누군가'라는 것은 가상적인 시점 제공자이거나 등장인물 자신이라고 할 수 있다. 영화나 만화, 소설 등의 서사 장르는 그 중개적 특성으로 인해 다양한 시점을 사용하게 되는데 이 '시점'에 포착된 장면이 영화의 경우 다양한 영상기법으로, 만화는 그림으로, 소설에서는 언어로 서술된다는 점에서 차이가 있다. 이 시점과 서술의 결합의 의해 다양한 담론이 가능해지는데 ① 일인칭 주인공 시점 ② 일인칭 관찰자 시점 ③ 전지적 작가 시점 ④ 작가 관찰자 시점 등으로 매우 단순화되고 도식화된 형태를 보여준다. 일인칭 주인공 시점은 소설 속의 주인공이 자기 자신의 이야기를 하는 것으로서 인물과 서술의 초점이 일치한다. 일인칭 관찰자 시점은 소설 속에 등장하는 부수적인 인물이 주인공의 이야기를 하는 경우의 시점이다. 이런 경우에는 서술자는 주인공의 외면 세계만 묘사할 수 있다. 작가 관찰자 시점은 작가가 자기 주관을 배제한다. 등장인물 속의 마음속을 들여다봄이 없이 외부적으로 관찰된 동작, 표현, 대화만을 서술하는 것으로 삼인칭 관찰자 시점이라는 말로도 표현된다. 전지적 작가 시점은 화자가 작중 인물의 마음 속에 마음대로 들어간다. 작가가 모든 것을 알고

쓰는 시점으로서 모든 작중 인물들의 심리 상태, 감정, 행동 등을 서술할 수 있는
시점이다.

분류	예시
일인칭 주인공 시점	그날 밤 나는 한 모형비행기 수집가와 함께 택시를 타고 강 위쪽 도로를 달려갔으나, 늘 그렇듯이 강물이 검은 기름의 눈동자를 번득이는 것은 철제 난간과 흉한 화단에 가려 보이지 않았다
일인칭 관찰자 시점	어머니는 몇 년째 치매에 걸려 나날이 기억을 잃어가고 있다. 최근에는 내가 당신의 아들이라는 사실마저도 인지하지 못하게 되었다
전지적 작가 시점	수경은 불행한 일이 생길 때마다, 그 모든 것을 언니들의 낡은 팬티 탓으로 돌렸다.
작가 관찰자 시점	전날 함께 야근했던 박의 말에 따르면 공장장은 술을 한잔 하자는 요청을 박이 거절하자 요즘 젊은 것들은 제멋대로라는 비난을 퍼붓고는 사택 쪽으로 걸어갔다.

　　영화는 소설이 일인칭, 삼인칭, 전지적 작가 시점으로 나뉘는 것과 달리 일인
칭에 해당하는 주관적 시점과 전지적 작가 시점인 객관적 시점 둘로 나뉜다. 그러
나 영화적 관점에서 유일한 시점은 굳이 소설과 비교하자면 전지적 작가 시점 하
나일 뿐이며 그것이 주관적 혹은 객관적으로 해석되어 나가는 것이다. 일인칭 시
점으로 영화 전편을 끌고 나가는 경우는 거의 없다. 일인칭 시점이란 곧 주관적
카메라 앵글, 즉 '시점 쇼트'를 말한다. 시점 쇼트를 부분적으로 차용하기는 하지
만 영화 전편을 시점 쇼트로만 구성할 수는 없다. 영화의 대상은 시공간으로 무한
하므로 관객의 특정한 시점을 가정한다는 것은 사실상 불가능하다. 물론 한 장면
을 찍을 때 카메라를 고정시키는 기법이 사용될 수 있지만 그것은 시점의 한 방
법에 불과할 뿐 시종 그런 고정된 시점을 사용하는 경우는 없다. 다양한 시점을
이용하면서 시점의 조합을 통해 영상의 이야기를 효과적으로 전달하는 것이 영화
적 담론의 목적이기 때문이다.

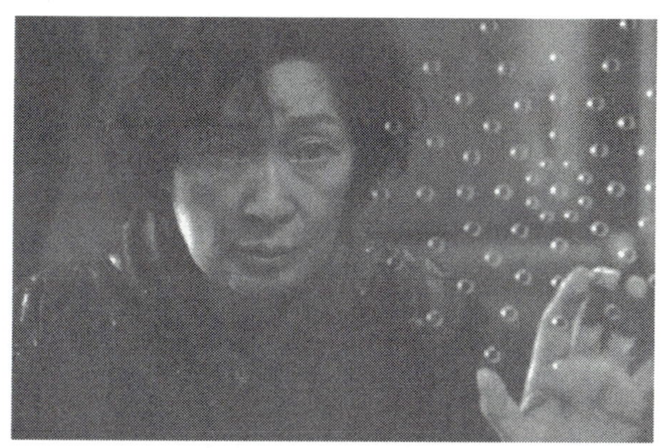

영화 <마더>에서 감옥에 갇힌 아들을 면회하러 간 어머니의 절박한 모습이 장면을 구성하고 있는 위 화면은, 화면에는 보이지 않지만 아들 도준의 시선으로 바라본 엄마의 얼굴이다. 아들의 시선에 포착된 엄마의 얼굴이라는 주관적 상황을 카메라가 시점 쇼트로 보여주고 있다.

영화의 기법 중에는 주관적 내레이션이 있는데 이것을 일인칭 시점으로 혼동해서는 안 된다. 표면적으로는 일인칭 시점인 것처럼 보이나 영상적으로는 삼인칭의 객관적 시점을 취하고 있다고 보아야 한다. 그러므로 한 영화 속에서는 주관적 시점의 쇼트와 객관적 시점의 쇼트가 혼합되어 나타나는 것이 통례이다. 영화적 시점을 어떻게 구사하느냐의 문제는 영화 전체를 어떻게 해석해 나가느냐의 문제, 즉 주제의식을 일관성 있게 몰고 가려는 연출의 관점을 말한다고 보아야 한다.

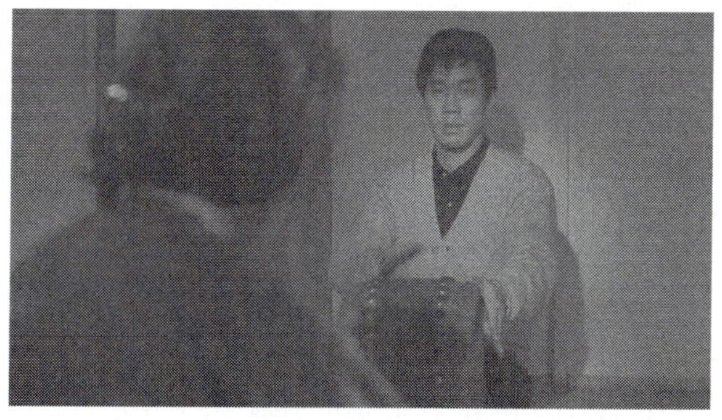

임권택 감독의 <서편제>는 동호(김규철 분)가 내레이터로 등장한다. 동호는 자신과 누나의 한 많은 인생 곡절을 일인칭 화자의 위치에서 관객들에게 들려주지만 화면 안에 그 자신이 스스로 위치해 있음으로써 모순된 서술 상황을 발생시킨다. 이 모순은 삼인칭 객관적 매개체인 카메라로 서사를 구성해야하는 영화가 소설의 기법을 빌려 주관적 시점을 표현하고자 할 때 당연히 발생할 수밖에 없다.

영화 기호학에서 시점이란 "한 시퀀스에 지배적인 시선을 가진 인물의 광학적 관점 또는 넓은 의미로는 허구적인 사건들과 인물들에 대한 내레이터의 총체적인 관점"을 말한다. 여기에는 내레이터는, 때론 인물이 제한된 의미에서 내레이터의 역할을 하긴 하지만, 실제 작가와 허구 세계에 들어있는 인물과는 구별되어야 한다. 하지만 영화 기호학에서 다루는 시점 논의는 결국 영화 속 인물의 시점 또는 카메라로 표출된 시점으로만 해석하는 한계가 있다. 영화 기호학적 시점 논의는 영화를 설명하는 주요한 틀이기는 하지만 그것은 부분적인 해석으로서, '영화에는 일관된 시점이 없다'라는 전제 위에서만 이루어진 것이다.

그럼에도 불구하고 영화의 시점을 구분한다면 다음 두 가지로 구획된다.

(1) 관찰 시점(보는 주체를 염두에 둔 시점) : 객관적 시점, 주관적 시점, 전지적 시점 등을 꼽을 수 있다. 이는 어떤 쇼트가 어떠한 동기(이것을 바라보는 인물 또는 전후 맥락)에서 촬영되었는가를 기준으로 하여 정리한 것이다.

(2) 화자 시점 : 화자 시점은 차라리 관점이라고 부르는 것이 정확하겠지만, 여하튼 누가 말하는가를 기준으로 나눈 것이다. 이것은 감독의 시점, 인물들의 시점 등으로 나눌 수 있다. 따라서 어떤 이야기가 누구의 관점에서 묘사되고 있는가를 기준으로 삼는다.

이 구분은 영화의 시점이란 두 가지 각도에서 이해되어야 한다는 것을 말해준다. 하나는 내러티브적인 관점 문제이며 다른 하나는 카메라가 누구의 눈으로 찍었는가라는 관찰에 관한 문제이다. 시점 문제는 영화의 내러티브를 해석하는 준거 틀이 되며, 내러티브와 스타일을 각자 또는 결부시켜 해석하는 가장 유용한 틀이다. 그런 의미에서 시점은 영화적 논의의 가장 기본적인 개념이라고 할 수 있다. 또 시점 문제는 한편의 영화가 갖고 있는 이데올로기, 완성도, 내러티브와 스타일 상의 특징 등을 총체적으로 평가하는 틀이라는 점에서 가장 최고 수준에 있는 개념이라고도 할 수 있다. 시점을 영화의 전체를 해석하는 기본적이며 최고 수준의 개념이라는 명제에 동의한다면, 시점이란 여러 플롯이 각자 가지고 있는 이데올로기적 관점이라고 보아야 할 것이다.

소설로 대표되는 문자매체와 영화로 대표되는 영상매체의 시점 이론은 그 풍부함과 정교한 체계에도 불구하고 독자(관객)와 텍스트의 상호작용이 생래적으로 불가능하다는 아날로그 서사의 한계를 고스란히 노출하고 있다. 디지털매체가 등장하면서 사용자가 능동적인 선택과 참여로 텍스트의 내러티브를 자의적으로 수정하거나 아예 새로운 이야기를 만드는 것이 가능해짐으로써 새로운 시점 이론의 필요성이 대두되게 되었다. 아직 논의의 시작 단계이기는 하나 대표적인 디지털매체인 온라인게임에서 기왕의 시점 이론과는 전혀 다른 방식의 접근법이 시도되고 있다.

온라인게임의 시점 이론에서 중요한 것은 이 디지털 서사체가 과연 화자(話者)를 갖고 있느냐 하는 것이다. 화자가 없다면 시점도 없기 때문이다. 온라인게임에서 화자의 위치를 파악하기란 쉬운 일이 아니다. 소설처럼 작가의 의도를 대신 이야기해 주는 객관적 목소리(등장인물)가 있는 것도 아니고, 영화처럼 장면을 조망하고 연결해 주는 객관적 시선(카메라)이 존재하지도 않는다. 온라인게임에서 객관적 목소리는 게임 서사 외부에 위치한 완성형 스토리에서나 전경화될 수 있을 뿐 게임 서사 내부의 선택형 스토리에서는 후경화되고 자율형 스토리에서는 아예 사라져버린다. 결국 남는 것은 주관화되거나 주관적인 목소리일 뿐이다. 따라서 온라인게임에 화자가 존재한다면 그것은 일인칭 화자이다. 온라인게임 서사의 중요한 축인 자율형 스토리가 '나'가 만들어나가는 나만의 이야기임을 상기해 본다면 온라인게임은 일인칭 예술임이 분명해진다.

그런데 온라인게임의 일인칭은 우리가 관습적으로 이해해왔던 서사 예술에서의 일인칭과 많은 부분 다르다. 소설에서의 일인칭 화자는 비록 '나'로 텍스트에 표시되지만 독자와는 심리적인 거리를 갖고 있는 독립된 존재이다. 설령 일인칭 주인공 시점이라 하더라도 독자가 작중 인물 '나'와 완벽한 동일시를 경험하기란 쉽지 않다. 텍스트와 독자 사이에 '현실'과 '허구'라는 틈이 존재하기 때문이다. 독자가 소설 속의 세계를 허구의 세계로 인식하는 이상 일인칭 주인공과 독자 사이에는 메워질 수 없는 간극이 발생한다. 반면에 온라인게임에서의 일인칭은 행위자(게이머)와 행동자(캐릭터)가 완벽하게 일치한다. 유저는 게임의 세계를 현실과 혼동하며 게임 속 세계가 허구의 세계임에도 불구하고 그에게는 현실보다 더 현실 같은 시뮬라크르(simulacre)로 인식된다. 따라서 '틈'과 '간극'이 메워지게 되고 일인칭 행위자는 일인칭 행동자가 되어 서사 공간을 여행한다. 완벽한 몰입과 동일시로 인해 행위자는 행동자의 일상을 추체험(追體驗)하게 되고 그 경험은 어떠한 일인칭 서사예술도 가져다 주지 못하는 미적 경험을 선사한다.

온라인게임에서는 누구나 다 자율형 스토리의 주인공이기 때문에 일인칭 관찰자 시점이 불가능하다. '나'가 마을 공터에 서서 아무런 행동도 안하고 다른 캐릭터를 쳐다보고 있다 하더라도 여전히 스토리는 나를 중심으로 진행된다. 주인공은 항상 자기 자신이기 때문이다.

위 화면은 WOW에서 한 유저가 다른 유저와의 PK(player kill)에서 승리한 후 말을 건네는 장면이다. 이 장면만 놓고 보면 승리한 유저가 주인공이고 화면 중앙에

시체로 누워 있는 유저는 적대자(패배자)이다. 그러나 패배자의 자율형 스토리에서는 자신이 주인공이고 승리자는 적대자가 된다. 동일한 화면에 두 개의 일인칭 주인공 시점이 공존하고 있는 것이다. 현재 화면은 삼인칭시점처럼 보이지만 다음 화면에서 승리자는 계속 필드를 돌아다닐 것이고 패배자는 부활하기 위해 마을로 귀환하게 될 것이다. 영화가 런닝타임 내내 동일한 장면의 연결을 관객에게 제공해주는 반면 온라인게임은 자율형 스토리에 따라 동일한 시간대에 접속한 수많은 게이머들에게 각기 다른 화면을 제공해 줌으로써 일인칭 시점을 완성시킨다.

온라인게임에서 게이머는 채팅이나 사냥, 상거래, 친목 도모 같은 게임 활동을 일인칭 시점에서 선택적으로 진행한다. 따라서 기존의 화자(話者)라는 개념만으로는 이 모든 행동들을 포함할 수 없다. 기존의 화자라는 용어는 온라인게임에서는 작화자(作話者)라는 용어로 대체되어야 한다. '화자'는 작가로부터 일방적으로 이야기를 듣는 소설에서는 유효할 수 있으나 이야기를 만들어나가는 온라인게임 서사까지 아우르기에는 한계가 있다.

온라인게임의 시점(視點)은 그래픽 기술의 발전과 연관돼 있다. 영화의 시점은 '카메라의 눈'을 통해 구현되기 때문에 관객이 임의로 시점을 조작할 수 없다. 시점의 선택은 감독의 권한이며 카메라는 관객이 보고 싶은 것이 아니라 감독이 보여주고 싶은 것을 찍는다. 그러나 온라인게임의 시점은 게이머가 보고 싶은 것을 보여주는 것이다. 화면은 게이머의 시선 안에 포착되는 것으로 채워져 있다. 동시에 그 화면을 임의로 조작할 수 있음으로 해서 선택이 가능하다.

위 화면은 일인칭 FPS 게임인 <스페셜 포스>의 한 장면이다. 게임 안에 마련

된 다양한 배경 공간 중 하나인 베네치아 거리를 유저가 임무를 수행하기 위해 탐색하고 있다. 화면 하단에 단검을 들고 있는 양 손만 보이고 있는데 이것은 화면이 유저의 시선과 완벽하게 일치하는 일인칭 시점임을 알 수 있게 해 준다.

　시점을 유저가 자유롭게 선택할 수 있도록 기술적으로 구현해 놓은 게임도 있다. ACTOZ SOFT에서 서비스하고 있는 <A3>는 아예 메뉴창에 시점을 선택할 수 있는 아이콘을 마련해 놓았다.

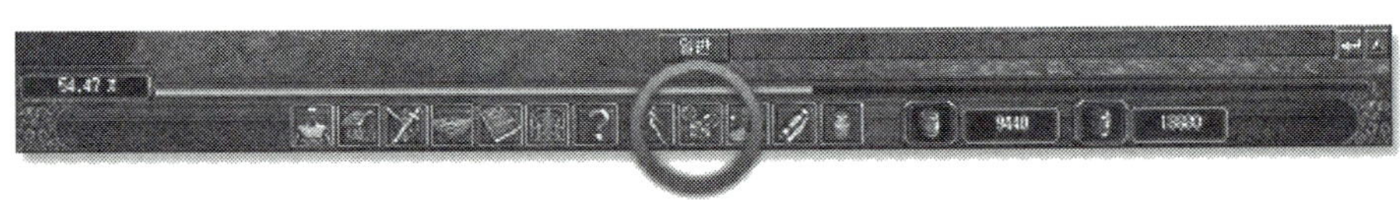

　A3는 화면이 상하뿐만 아니라 좌우 회전을 할 수 있어 원하는 각도로 조정해 게임이 가능하다. 화면의 한 지점을 마우스 왼쪽 버튼을 누른 상태에서 상하좌우로 움직이면 화면이 캐릭터를 중심으로 하여 그 방향대로 시점이 전환된다. 키보드에 있는 방향키로도 시점 전환이 가능한데 바뀐 시점을 원래 세팅되어 있는 기본 시점으로 맞추고 싶다면 메뉴 아이콘바에서 기본시점 버튼(카메라 그림)이나 'space bar'를 누르면 된다.

앞 화면은 A3 유저가 아이템을 착용한 자신의 모습을 스크린샷으로 찍은 것이다. 자신이 자신의 모습을 객관적으로 바라볼 수 있는 이 같은 이인칭 시점은 온라인 그래픽 기술의 발전 때문에 가능해졌다. 이 상태에서 360도 회전이 가능하여 자신의 뒷모습까지 볼 수 있다.

다음 화면은 몹을 사냥하고 있는 A3 유저들을 찍은 스크린 샷이다. 자세히 보면 시선의 위치가 유저들보다 훨씬 높은 곳에 있음을 알 수 있다. 영화에서의 '하이 포지션 샷 high position shot'을 연상시킨다. '하이 포지션 샷 high position shot'은 크레인이나 인토레로 높은 곳에서 촬영하는 샷을 일컫는 영화 용어이다.

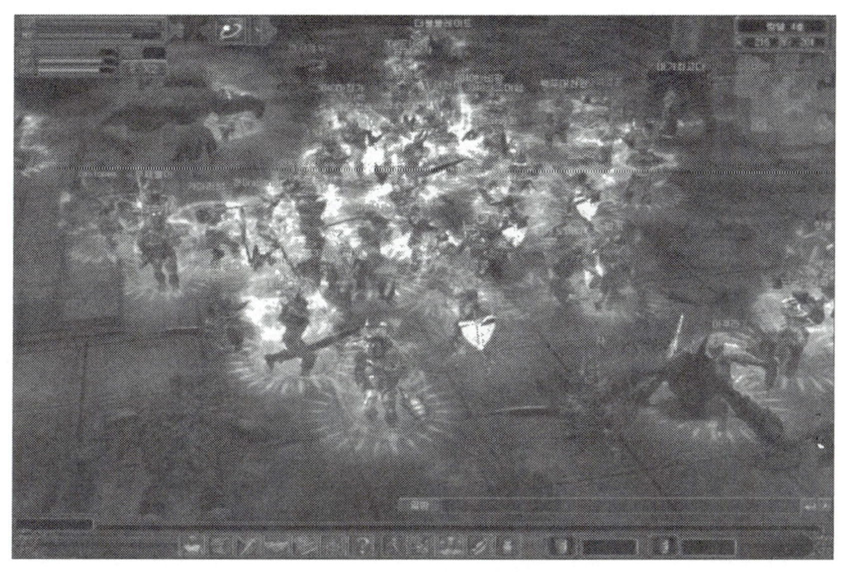

좁은 공간에 많은 유저들이 한꺼번에 몰려있으므로 전체를 다 조망하기 위해서는 시점을 조정하여 화면을 위에서 아래로 내려다보도록 하는 것이 유리하다. 반대로 몇몇 사람이 마을 한적한 곳에 모여 이야기를 나눌 경우에는 위에서 내려다보는 것보다, 아래 화면에서처럼 행위자가 다른 유저의 캐릭터 얼굴을 보면서 대화할 수 있도록 시점을 조정하는 것이 대화의 사실성을 강조할 수 있다.

　온라인 게임의 시점은 영화로부터 많은 빚을 지고 출발했다. 두 서사물 모두 시각적인 이미지를 전달하는 영상 서사이기 때문이다. 눈에 보이는 곳만 비출 수 있다는 점에서 온라인게임의 시점은 영화의 시점과 더 닮아 있다. 온라인게임은 삼인칭 관찰자 시점은 가능하지만 문학에서처럼 삼인칭 전지적 시점을 구현하는 것은 불가능하다. 영화가 등장 인물의 내면 심리를 전지적으로 묘사해 내지는 못하는 것과 마찬가지로 온라인게임도 눈에 보이는 것만 화면에 담을 수 있다. 외부 묘사만 가능하고 내면의 심리 묘사가 불가능한 대신 온라인게임의 시점은 카메라가 열려져 있는 대상에 따라 '공간시점'과 '상태시점'으로 나눌 수 있다. '공간시점'은 게임 속에 구현된 공간을 향해 열려 있다면 '상태시점'은 게임을 진행하기 위해 확인해야 할 게이머의 정보를 보여주는 것이다.

〈공간 시점〉

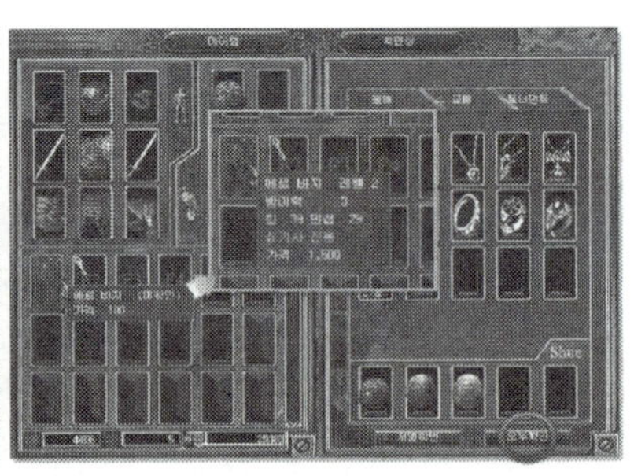

〈상태 시점〉

　왼쪽 화면은 마을 앞 상점 앞에 서 있는 캐릭터의 모습이다. 상인들과 나무, 그 뒤로 희미하게 보이는 저택까지 화면에 배치됨으로써 영화의 한 장면을 연상시킨다. 오른쪽은 캐릭터가 상인에게 거래를 신청했을 때의 화면이다. 자신이 갖고 있는 아이템과 상인이 팔고 있는 아이템이 한 눈에 파악될 수 있도록 공간시점에서 상태시점으로 시점 이동이 진행되었다.

　공간시점과 상태 시점이 한 화면에서 동시에 구현되기도 한다.

　A3의 유저가 다른 캐릭터와 아이템 거래를 하고 있는 화면이다. 상대방 유저의 모습과 아이템 거래창이 동시에 화면에 보여지고 있다. 일반적으로 온라인게임에서 시점은 공간시점과 상태시점이 혼합된 형태로 나타나는데 동일한 화면에 동시에 두 개의 시점이 가능한 것은 화면 구성이 창(windows)으로 분할되어 있기 때문이다. 위 화면에서도 공간시점의 큰 창 안에 상태창과 메뉴창, 거래창 등이 자리잡고 있다. 화면의 분할은 영화에서도 종종 찾아볼 수 있다. 다만 영화가 화면 분할을 일종의 기교(技巧)로 국한해 사용하는 데 비해 온라인게임은 그것을 화면 구성의 주요한 원리로 이용하고 있다는 점에서 차이가 있다.

온라인게임은 시점을 서사 상황과 게이머의 의지에 따라 수시로 이동할 수 있어 한번 시점이 결정되면 쉽게 수정하거나 이동할 수 없는 문학과 영화에 비해 시점 선택의 자유도를 높였다. 선택할 수 있게 됨으로써 시점은 윈도우즈(Windows)의 창(窓)처럼 다중화되어 활성화와 비활성화를 수시로 이동할 수 있게 되었다. 온라인게임을 서사적으로 개념화하는 데 있어 일인칭 작화자 선택형 다중시점 서사물이라는 정의할 수 있는데, 특히 '선택형 다중시점'이라는 부분은 기왕의 아날로그 시점 이론에서 찾아볼 수 없는 디지털 매체만의 고유한 특징이다.

9.3. '어떻게 바라보느냐'의 미학

위 그림이 무엇을 형상화한 것으로 보이는가? 안경을 눌러 쓴 근엄한 신사의 얼굴로 보일수도 있고, 요염한 요부의 나신으로 보일 수도 있다. 어느 쪽으로 바라보았던 당신의 시선은 올바르다. 지금까지의 매체미학에서 시선은 미리 규정되어 있거나 복수의 판단을 인정하지 않았다. 하나의 사물 혹은 현상에 하나의 시선과 해석만이 가치 있는 것으로 여겨졌다. 그러나 디지털매체 시대로 접어들면서

사물과 현상은 눈을 매개로 한 시각 정보에서 상상력을 통해 재구성되는 이미지 정보로 치환되고 있다. 이제 중요한 것은 '어떻게 보이느냐?'가 아니라 '어떻게 바라보느냐'이다.

<춘향전>은 우리나라를 대표하는 고전소설이다. 설령 읽어보지는 않았더라도 한국 사람치고 춘향전의 줄거리를 모르는 사람은 없을 것이다. 너무도 유명해서 진부해져 버린 <춘향전>을 한 영화감독이 전혀 다른 방식으로 바라보았다.

김대우 감독이 새롭게 재구성한 <춘향전>은 제목부터가 파격적이다. 원본 <춘향전>에서는 주인공들의 심부름꾼 역할로 등장하는 방자가 이몽룡을 제치고 춘향이와 진실한 사랑을 나누는 주인공으로 등장한다. 그래서 제목도 <방자전> 이다. "춘향전을 범하다"라는 헤드라인 카피처럼 영화 <방자전>은 그동안 우리가 무의식적으로 학습해왔던 <춘향전>을 읽어내는 관습적인 시각을 비웃는다. 김대우 감독이 바라 본 <춘향전>은 사실 춘향이를 진정으로 사랑한 것은 방자였고, 이몽룡은 자신의 입신양명을 위해 춘향이를 이용하였다는 황당무계한 발상을

기반으로 하고 있다. 지금으로 치면 조폭 두목쯤 되는 방자의 신분도 파격적이지만 술집을 차리고 이몽룡을 유혹하는 향단이의 변신 또한 놀랄 만하다. 그러나 국민 소설 <춘향전>이 발칙한 상상력에 의해 무참하게 난도질당했는데도 관객들은 개의치 않았다. 오히려 삼백만 관객이 영화관을 찾아 <방자전>을 옹호했다. <춘향전>에 대한 김대우의 독특한 시선이 우리에게 강요된 시점의 허위를 날려버린 것이다.

이제 세상은 다르게 생각하고 다르게 바라보는 사람들에 의해 변화하고 있다. 이 모든 게 디지털이라는 새로운 매체의 등장 때문이라고 말한다면 당신은 믿겠는가?

1. 다음 두 사진이 주는 메시지를 '불평등'이라는 관점에서 해석해 보시오.

2. 다음 사진은 이탈리아의 제품 광고 사진이다. 자신만의 시선으로 바라본 후 무엇을 광고하는 것인지 상상해 보시오.

10. 아우라(Aura)

10.1. 아우라의 개념

아우라(Aura)는 독일의 문예미학자 발터 벤야민이 『기술복제시대의 예술작품』이라는 논문에서 처음 사용한 개념으로 우리말로 번역하면 '분위기' 정도의 의미를 갖는다. '벤야민은 '아우라'를 설명하기 위해 예부터 전해 내려오는 독일의 우화를 다음과 같이 고쳐 썼다.

옛날에 한 왕이 살고 있었다. 왕은 이 지구상의 모든 권력과 재산을 소유하였는데도 나날이 침울해졌다. 그는 후궁들의 아리따운 자태에도 더 이상 눈을 주지 않았고, 국경 지역의 승리 소식에도 무덤덤해져갔다. 왕이 가장 즐겼던 것은 맛있는 음식을 먹는 것이었다. 그런데 이제는 아무리 궁정 요리사가 빼어난 솜씨를 발휘해도 거들떠보지도 않았다. 궁정 요리사는 걱정이 되어 왕에게 물었다.

"폐하. 귀하신 몸이 걱정되어 한 말씀 아뢰옵니다. 어쩐 일로 조석을 줄이고 날로 근심이오니까, 폐하."

"괘념치 말라."

"…… 하오나 폐하."

궁정 요리사가 간절하게 읍소하자 왕은 드디어 입을 열었다.

"그대는 오랫동안 짐을 충직하게 섬겼고 짐의 식탁을 훌륭한 요리로 가득 채워 주었네. 고마우이. 아직도 짐은 그대가 만든 요리에 경탄하고 있네. 허나 요즘은 입맛이 떨어지고 걱정거리만 날로 늘고 있으니……"

"폐하, 황송한 말씀이오나 한 번만 더 분부를 내리시면 폐하께서 근심거리를 말끔히 잊으시도록 정성껏 요리를 마련해 보겠나이다."

"그렇다면 짐이 그대에게 할 말이 있네. 실은 내 평생소원으로 꼭 먹고 싶은 요리가 있는데, 산딸기 오믈렛이라네. 그대는 짐이 50여 년 전에 먹었던 산딸기 오믈렛을 만들어 줄 수 있겠나?"

궁정 요리사는 왕이 기껏 원하는 요리가 산딸기로 만든 오믈렛이라는 걸 알고는 한시름을 놓았다. 그 정도야 당장 뛰어나가서 만들어 올 수 있는 것이었다.

"짐이 젊었을 때, 선왕(先王)의 뜻을 따라 동쪽에 사는 이웃 왕과 전쟁을 벌인 적이 있었네. 그런데 우리는 싸움에 지고 말았지. 그래 밤낮을 가리지 않고 며칠 동안 도망을 쳐 깊은 숲 속으로 숨게 되었네. 다행히 목숨은 건지게 되었으나 무척 배가 고팠다네. 기진맥진한 상태에서 어느 조그만 오두막집에 이르게 되었는데 한 노파가 뛰어나와 우리를 반기더니 곧 부엌으로 가서는 산딸기 오믈렛을 가지고 왔다네. 짐은 그 오믈렛을 정신없이 먹고 나서야 기운을 차릴 수 있었다네. 여보게, 그대는 그처럼 맛있는 오믈렛을 만들 수 있겠는가. 그 오믈렛 맛을 짐에게 선사한다면 그대를 사위로 삼아 제국의 후계자로 만들겠네. 그렇게 못한다면 그대는 죽어야만 하네."

궁정 요리사는 낯빛이 창백하게 변했다. 몸이 바들바들 떨리고 입술이 바싹 타 들어갔다. 이윽고 요리사가 입을 열었다.

> "폐하, 폐하의 뜻이 그렇다면 곧장 형리를 불러 주십시오. 물론 저는 산딸기 오믈렛을 만드는 법과 하찮은 냉이부터 고상한 티미안 향료까지 모든 양념을 잘 알고 있습니다. 그러나 폐하, 제가 아무리 비싸고 귀한 재료를 써서 산딸기 오믈렛을 만든다 해도 폐하의 입맛에는 맞지 않을 것입니다. 전쟁의 위험, 쫓기는 자의 목숨을 건 긴장감, 오두막집을 발견했을 때의 안도감, 뛰어나오던 노파의 온정, 허름하지만 온기가 서려 있는 부엌, 어떻게 될지 모르는 현재의 불안함과 어두운 미래. 이 모든 것이 없는 상태에서 어찌 폐하의 입맛에 맞는 오믈렛을 만들겠나이까. 폐하, 죽여주소서."

왕이 먹고 싶어 하는 산딸기 오믈렛은 특정한 아우라(전쟁의 위험, 쫓기는 자의 목숨을 건 긴장감, 오두막집을 발견했을 때의 안도감, 뛰어나오던 노파의 온정, 허름하지만 온기가 서려 있는 부엌)를 갖고 있다. 그리고 그 아우라를 결코 다시 재현할 수 없다는 것을 알기에 요리사는 절망한다. 이 우화에서 산딸기 오믈렛에 대한 왕의 기억은 예술작품에 대한 미적 경험과 동일하다.

전통적인 예술은 본래 신비적 체험이나 신과의 일체감을 맛보는 데 그 목적이 있었다. 즉 예술은 원래 주술적이고 신비적인 성격을 지니고 있다는 말이다. 그러한 주술적, 신비적 성격(즉 아우라)을 가질 수 있었던 것은, 과거의 예술작품이 복제가 불가능한 것이었기 때문이다. 즉 유일무이한 오리지널의 현재성과 일회성 때문에 예술작품을 대하는 수용자의 태도는 기본적으로 작품에 대한 신비감을 내포하게 된다는 것이다.

예컨대 레오나르도 다빈치의 '모나리자'는 전세계에 단 하나밖에 없고 따라서 사람들은 그 앞에서 작품의 내용을 감상하기 이전에 유일무이한 진품이라는 데서 오는 신비한 경외감에 사로잡히게 된다는 것이다. 그러나 예술작품의 현재성과 일회성은 기술의 발달과 함께 대량복제가 가능해지면서 무너지기 시작한다. 사진이나 영화 같은 현대 예술에는 진품이니 오리지널이니 하는 개념 자체가 아예 존재하지 않는다. 복제 기술이 발전하면서 유일무이한 단 하나의 예술작품이라는 개념은 사라지게 되고 그와 함께 예술에 대한 신비감도 사라지게 된다. 즉 아우라가 사라진 것이다. 아우라의 상실과 함께 예술작품의 기능과 대중의 수용태도에도 커다란 변화가 생겨난다. 과거의 예술이 주술적 신비적 기능을 가진 것이었던데 반해 복제시대의 예술은 상품 가치와 전시 가치만을 지니게 된다.

다빈치의 '모나리자'는 프랑스 루브르 박물관에 가야 볼 수 있지만, 실제로 박물관에 가서 오리지널 '모나리자'를 감상할 수 있는 사람은 극히 드물다. 대부분의 사람들은 사진이나 화면으로 표시된 복제품 모나리자를 감상한다. 그러면서 오리지널 모나리자를 본다면 더 깊고 심오한 예술적 감동을 느낄 수 있으리라 확신하며 파리 여행을 꿈꾼다. 그러나 만약 당신이 루브르 박물관에 가 오리지널 모나리자를 감상하게 된다면 두 가지에 놀랄 것이다. 첫 번째, 너무 그림이 작고 볼품없다는 것과 두 번째 제대로 감상할 충분한 시간을 가질 수 없다는 것이다. 몇 시간을 기다려 겨우 몇 분 동안, 그것도 많은 사람들로 인해 떠밀리듯 대충 훑어보고 나올 수밖에 없다. 유리 벽 안에 답답하게 갇혀 있는, 너무 거리가 멀어 입가의 미소조차 제대로 보이지 않는 루브르 박물관의 '모나리자'는 예술 작품이 상업적인 목적으로 전시 가치를 내세울 때 발생하는 작품과 감상자 사이의 이격(離隔)을 상징적으로 보여준다.

아우라의 상실로 인해 과거의 예술에 대한 대중의 수용방식이 작품 속에 자신을 동화시키고 등장인물에 동일시함으로써 신비적 일체감을 체험하는 태도였다면, 현대의 예술에 대한 대중의 태도는 작품과 일정한 거리를 두는 비판적 수용태도를 가질 수 있게 되었다. 기술적 복제에 의해 야기된 이와 같은 예술 기능의 변화를 벤야민은 '예술의 정치화'라 말하고 있다.

벤야민의 이론은 매스미디어와 대중문화의 부정적 가능성을 인식하면서도 동시에 대중문화가 가지고 있던 진보적 가능성에 대해 이야기하고 있다. 대량 복제의 기술은 예술이 애초에 가지고 있었던 신비적인 분위기를 소멸시키면서 원본이 갖는 독창성(originality)을 붕괴시켰지만, 바로 그 때문에 대중은 경외와 숭배에서 벗어나 예술작품에 대한 비판적 거리를 확보할 수 있었다. 예술을 둘러싸고 있던 견고한 신성(神聖)의 분위기가 사라진 대신, 쉽게 보고 즐길 수 있는 미적 대상으로 예술이 가벼워짐으로써 대중예술의 시대가 열리게 되었다.

10.2. 기술복제시대의 아우라

벤야민은 기술복제 시대의 예술작품에 일어난 결정적 변화를 '아우라의 붕괴'라고 정의하였다. 중세까지 예술의 가장 견고한 미학 테제였던 아우라가 복제 기술의 발전으로 무너지게 되면서 근대이전과 근대의 예술은 '아우라적 예술'과 '비아우라적 예술'로 환원될 수 있다.

1800년대 중반 이후 사진과 시네마토그래프의 발명으로 인한 기술복제 시대의 시작은 아우라의 붕괴에 결정적인 영향을 미치게 된다. 대도시의 교통이나 대중처럼 이 발명품들은 '시각적 체험'으로 주체의 의식에 반해 외부로부터 다가오는 에너지이다. 벤야민은 이러한 체험을 '충격체험'이라고 부른다. 예술의 일회성을 파기시킨다는 점에서 대중매체처럼 대중에게 다가오는 충격체험은 예술적으로 극복되어야 할 대상이 된다. 그는 기술복제 시대와 예술의 위기 사이에 놓여 있는 상관관계를 다음과 같이 단정적으로 말하고 있다. "예술은 아름다움을 시간의 심연으로부터 불러내는 것이다. 이러한 일은 기술복제 시대에는 더 이상 일어나지 않는다."

벤야민에게 기술복제 시대는 시간의 심연에서 유래된 전통적인 예술의 의식 (儀式) 가치를 밀어내면서 예술의 자율성과 아름다운 가상을 파기(破棄)시키는 시기이다. 기술의 발전으로 인한 이러한 예술의 기능변화는 의식 가치를 배제하고 전시 가치를 부각시킨다. 이로 인해 그에게 있어서 예술의 진보는 기술의 혁명적 발전에 좌우된다. 그에게 있어서 아우라의 상실은 대중매체 시대에 아도르노가 진단한 예술의 탈마법화 내지는 탈예술화 개념과 같아 보인다. 하지만 대량생산되는 예술작품이 예술의 퇴보를 의미한다는 아도르노와는 달리, 벤야민은 오히려 환상적 변증법의 의미에서 마법화가 다시 이루어지는 새로운 예술을 직시한다. 새로운 예술에는 아우라가 지닌 멀고도 가까운 신비적 교감 대신에 마법적인 가까움이 두드러진다. 이런 점에서 그는 아우라의 상실을 유발시키는 새로운 예술로서의 대중매체의 충격체험을 긍정적으로 평가한다.

벤야민은 아우라 경험의 위축이 자본주의적 상품생산과 그로 인해 야기된 상품의 환영과 함께 시작되고 있다고 본다. 일상적 삶의 의미가 환영적인 삶의 영역으로 전위되면서 경험의 빈곤은 확대되기 때문이다. 이러한 경험의 위축을 완화시켜주는 것이 대중매체의 예술적 기능이다. 모더니즘을 '구제'할 수 있는 대중매체는 아우라 예술의 경험을 변형된 방법으로 회복시켜 주며, 정치적 의미에서도 인류의 구원사적 기능이라는 가능성을 제시한다. 사진과 영화와 같은 대중매체는 아우라 상실 이후 예술의 사회적 기능을 보여준다. 기술의 발전으로 인한 예술의 생산 및 수용이 새로운 예술에 대한 능동적인 요구라는 점에서, 새로운 예술에 대한 인지의 변화가 나타나게 된다.

예술작품에는 아우라가 숨쉬고 있는데, 예컨대 고대의 진품 비너스상은 고대 그리스의 시간과 공간의 전통을 함께 담고 있어서, 이를 응시하는 관람자에게 고대 그리스의 시간과 공간의 역사적 침전물을 되돌려준다는 것이다. 아우라의 교감은 그러니까 응시의 시선, 곧 명상과 침잠을 통해 가능해진다. 하지만 기술복제시대에는 예술작품에서 아우라가 소멸하는데, 복제품 비너스상은 고대 그리스의 시간과 공간에서 분리되어, 아름다움과 장식성을 본질로 하는 단순한 미적 대상으로 전락하고 만다. 벤야민에 따르면, 예술은 복제기술의 보급으로 인하여 제의적 기능에서 해방되면서, 동시에 자율성이라는 가상을 상실한다. 예술의 이러한 변화를 벤야민은 숭배가치의 소멸과 결부짓는다. 제의적 기능에 속박되어 있던 태곳적 예술은, 마치 종교의 신처럼 '숭배 가치'를 지니고 있었는데, 복제기술이 확산되면서, 예술은 이를 잃어버리고 오로지 '전시가치'만을 지니게 된다는 것이다.

벤야민에 따르면 예술작품의 복제는 언제나 가능했다. 중요한 것은 그것을 인간의 손이 하느냐 아니면 기계가 하느냐에 있다. 기술의 발전은 예술작품의 내용을 바꾸어 놓는다. 예컨대 석판인쇄술의 발명은 일상생활을 담은 그림을 가능케 한다. 디지털 카메라의 등장은 사진을 기념을 위해 찍는 것이 아니라 일상을 담는 것으로 개념 자체를 바꾸어 놓았다. 복제기술은 점점 발전되었는데 그 정점에 오른 것이, 벤야빈에게는 사진과 영화였다. 사진은 손으로 대상을 그리던 것에 비할 수 없는 속도와 정확성을 가져왔다. 이제 손이 아니라 눈이 그리게 된 것이다.

벤야민은 복제기술의 두 가지 상이한 표현 양상을 드는데 그것은 바로 "예술작품의 복제"와 "영화예술"이다. 예술작품의 복제는 진품의 존재를 전제한다. 복제된 작품은 진품만이 가지는 "유일무이한, 단 일회적인 현존성"을 갖고 있지 못하다. 아우라가 결여되어 있다는 것이다. 그런데 영화예술에서의 복제는 그 자체가 작품을 만들어 내는 원리이다. 영화에는 원본이 없다. 원본이라면 카메라 앞에 섰던 피사체일 텐데 그것은 카메라에 담기는 순간 덧없이 사라진다. 따라서 영화에서는 진품성을 거론할 수 없다.

따라서 영화는 "전통적 가치를 청산한다." 아우라가 없는 영화라는 매체의 속성 때문에 그 안에 담긴 대상은, 그가 교황이건 날품팔이이건 단지 보는 대상이 될 뿐이다. 영화에 나오는 인물 중에 눈을 마주치치 못할, 범접하지 못할 대상은 없다. 벤야민은 이것을 "영화의 카타르시스적인 면"이라고 불렀다. 벤야민은 이렇게 권위를 파괴하는 성격 때문에 영화는 대중운동의 매개체로서 훌륭하게 사용될 수 있으리라 생각했다.

벤야민은 역사적 관점에서 아우라가 왜 붕괴될 수밖에 없는지 살핀다. 두 가지 이유가 있는데 이것들은 다 "대중의 욕구"와 관련되어 있다. 대중은 사물을 자신에게 가까이 끌어 들이고자 하는 욕구가 있고, 또 사물의 일회적 성격을 극복하고자 하는 욕구가 있다. "대상을 그것을 감싸고 있는 껍질로부터 떼어내는 일, 다시 말해 분위기(아우라)를 파괴하는 일은 현대의 지각 작용이 가지고 있는 특징이다."

예술작품의 진품성은 전통과 어떤 관계를 맺느냐에 달려 있다. 벤야민은 대표적인 예로 종교의식 속의 예술작품들을 든다. 예술 작품의 아우라는 바로 여기에서 비롯되었고 유지되었다. 현대적이고 세속적인 예술작품에 대한 숭배도 역시 종교의식적인 산물이다. 그런데 사진의 등장은 이러한 "미에 대한 숭배"에 위기를 가져왔다. 벤야민은 사진과 영화의 등장으로부터 비롯된 예술의 위기, 즉 아우라의 상실을 적극적으로 받아들이고 새로운 예술로 나아가야 한다고 주장한다. 그는 아우라의 상실은 긍정적으로 해석한다. 즉 기술복제시대의 예술작품은 그동안의 종교적 의식이라는 종속에서 벗어나게 된 것이다. 진품성의 척도가 효력을 잃은 지금에는 예술의 사회적 기능도 변혁을 겪는다. 예술작품은 종교 의식적 근거를 둔 사회적 기능에서 정치에 그 근거를 두는 사회적 기능을 갖게 된다.

벤야민에게 사진이나 영화가 예술성이 있느냐 없느냐라는 당대의 논쟁은 우스운 것으로 여겨졌다. 그는 "사진의 발명으로 인해 예술의 전체 성격이 바뀐 것이 아닐까"라는 물음을 제기한다. 예술작품의 기술적 복제 기능성은 예술을 대하는 대중의 태도를 변화시켰다. 대중은 아우라를 상실한 작품 앞에서 비평적 태도를 가지게 된다. 즉 감상자가 예술작품에 빨려 들어가는 게 아니라 예술작품이 감상자에게 들어오게 되는 새로운 예술 경험의 시대가 복제기술과 함께 시작된 것이다.

10.3. 디지털 아우라

견고한 것의 소멸, 신성의 전복은 현실을 인지하는 방식에서도 나타난다. 인간은 늘 어떤 매(개)체를 통해 현실을 인지한다. 근대 이전에는 대체로 인간의 육체의 일부(육안)가 현실을 받아들이는 통로 역할을 했다면, 근대 이후에는 다양한 기계장치가 그 역할을 대신한다. 예컨대 불가시의 영역, 따라서 불가해의 영역으로 간주되었던 미시의 세계를 보기 위해 인간은 현미경을 개발해 놓고 있다. 마찬가지로 먼 곳을 바라볼 때, 우리는 더 이상 육안에 의존하지 않고, 망원경을 사용한다. 이럴 때, 미시의 세계나 원경은 우리에게 현미경과 망원경을 통해 모습을 드러낸다. 그렇다면 현미경과 망원경은 우리에게 현실을 인지하는 매체로 작용한다. 근대처럼 인간의 세계 인지를 기술이 매개했던 적은 없다. 육안으로 바라보던 달을 이제는 망원경을 통해 관찰하게 되었는데, 매(개)체가 인간의 눈에서 망원경으로 바뀜으로써 어떠한 변화가 일어날까?

망원경이야말로 근대의 태동을 촉진시켰던 기술매체였다. 육안으로 관찰한 달과 망원경으로 바라본 달의 차이점 가운데 가장 두드러진 것 가운데 하나가 후자의 경우 '시간과 공간의 거리'가 무너진다는 데에 있을 것이다. 공간의 거리가 무너지면서 달과 같이 '아무리 먼 것'도 기술매체의 도움을 받아 지근의 거리에 놓고 볼 수 있다. 이와 동시에 달을 대하는 우리의 태도 역시 변하게 된다. 육안으로 바라보았을 때, 관찰자가 가졌던 막연한 영적인 느낌, 예컨대 '계수나무'와 '토끼'는 망원경으로 바라보았을 때는 사라지고, 그 자리에 화산폭발로 인한 '분화구'가 등장한다. 인간이 다가가지 못했던 미지의 세계에 대한 신비감, 영기가 사라지면서, 달은 하나의 객관적인 사물로 전락하게 된다. 기술매체의 지배력이 확산되면서, 대상과의 거리가 상실된다.

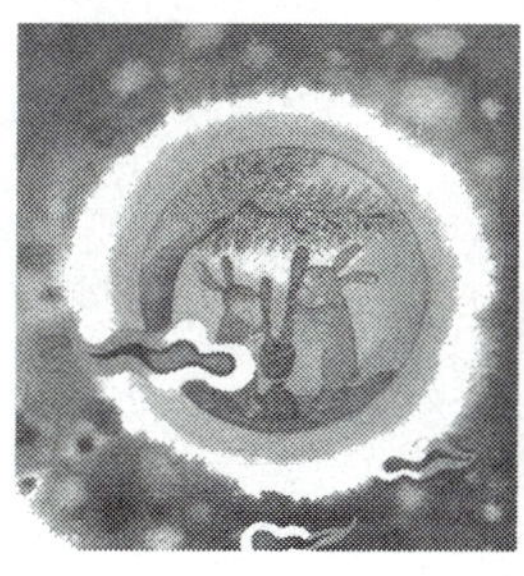

〈상상 속의 달〉

〈망원경으로 바라본 달〉

그렇다면 디지털 기술은 달에 대한 우리의 태도를 어떻게 변화시켰을까? 구글에서 2007년 서비스를 시작한 구글스카이(http://www.google.com/intl/ko/sky/)는 그동안 상상 혹은 관찰의 대상에 머물렀던 달을 마우스 클릭 한번에 우리의 눈 앞에 생생히 펼쳐 보인다.

〈구글스카이에서 '달'을 검색한 화면〉

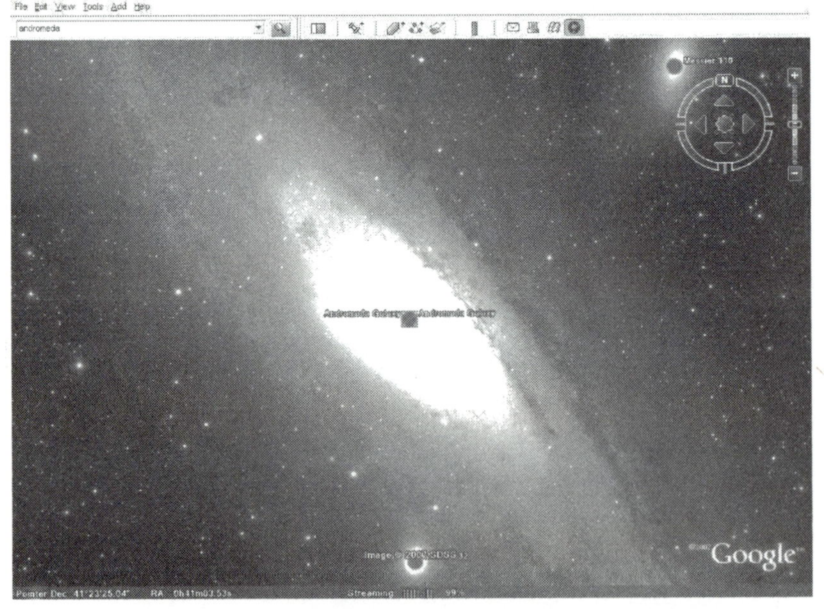

〈구글스카이로 바라본 성단〉

달에는 토끼와 계수나무가 있다고 '귀'로 듣던 시대에서, 울퉁불퉁한 달표면의 분화구까지 천체망원경으로 확인했던 '눈'의 시대에서, 이제 내가 직접 보고 싶은 천체를 선택하고 마우스를 조작해 줌인과 줌아웃을 마음대로 할 수 있는 '손'의 시대로, 매체는 변화했고 기술은 발전했다. 디지털기술로 인해 대상과 경험 사이에 시간적 공간적 거리가 소멸된 것은 물론 대상을 임의로 조작하는 것이 가능해졌다. 천체망원경을 통해 보는 달은 내 손이 닿지 않는 저 먼 곳에 있지만, 구글스카이로 바라보는 달은 '지금' '여기' 내 눈 앞에 있다. 객관적 사물에 주관적으로 개입하는 것이 가능해짐으로써 디지털 복제시대에 우리는 <디지털 아우라>라 명명할 수 있는 새로운 아우라와 맞닥뜨리게 되었다.

디지털 아우라는 단순한 복제에 머물렀던 기계기술에서 한걸음 더 나아가 질적인 손실이 거의 없는 무한복제(LP 레코드와 MP3를 비교해 보라)와 임의로 형상을 왜곡할 수 있는 무한변형(포토샵을 이용한 사진조작이 대표적이다)이 가능해짐으로써 우리의 미적 판단에 초래한 실새와 가상 사이의 '현기증'이다. 기계기술은 원본을 복사해 원본과 구분되는 아우라가 파괴된 복제본을 만들어냈지만, 디지털기술은 원본과 복사본, 현실과 비현실, 진실과 거짓의 빗금을 지운다. 디지털 아우라는 실재보다 더 실재같은 '시뮬라크르'가 아니라 실재 그 자체이며, 버추얼 리얼리티(virtual reality)를 구축해낸다. 버추얼 리얼리티는 어떤 특정한 환경이나 상황을 컴퓨터로 만들어서, 그것을 사용하는 사람이 마치 실제 주변 상황·환경과 상호작용을 하고 있는 것처럼 만들어 주는 인간-컴퓨터 사이의 인터페이스를 지시하는 용어로, 리얼리티와 대립되는 개념이 아니라 리얼리티의 확장을 표현해 준다.

디지털 아우라를 좀 더 쉽게 설명해 보자. 하나의 인간이 있다. 인간은 복제불가능하기 때문에 그에게는 독특한 아우라가 있다. 사진을 찍거나 초상화를 그린다면 형상을 복제할 수는 있지만 아우라는 상실된다. 그런데 그가 온라인게임의 유저고 가상세계에서 일상을 영위하는 캐릭터가 있다면 그 게임 캐릭터는 대체 무엇인가? 그인가? 아니면 그의 형상을 본뜬 허상인가? 아니면 또 다른 그인가? 실재 인간과 그를 모사한 그림, 그리고 그가 만든 가상세계의 캐릭터 사이의 관계는 본질과 허상의 관계로 설명하기에는 복잡한 주체의 문제가 내재돼 있다. 그림에는 아우라가 없지만 게임 캐릭터에는 아우라가 있다. 그리고 그 아우라는 실제 그의 아우라하고는 아무 상관이 없다. 전혀 새로운 아우라가 가상세계 속에서 재창조된 것이다.

화면 속 여섯 명의 캐릭터의 실제 모습은 10대 여학생에서부터 40대 직장인까지 다양하다. 현실에서 보이는 각자의 아우라는 게임이라는 가상공간 내에서는 아무런 지시력도 갖지 못한다. 현실의 아우라는 삭제되고 게임에서 유효한 새로운 아우라가 창조된다. 이것이 디지털 아우라다. 기계기술은 고유한 아우라를 파괴했지만 디지털 기술은 놀랍게도 육체성에서 완벽하게 벗어난 의식의 세계 속에서만 존재하는 고유한 아우라를 만들어 낸 것이다.

1. 다음 두 사진을 보고 공간에 전시된 예술 작품과 사진으로 복제된 작품 사이에 발생하는 아우라의 차이에 대해 논의해 보시오.

2. 디지털카메라의 등장이 '사진 찍기'라는 행위를 어떻게 변화시켰는가에 대해 토론해 보고, 사진을 인화하는 방식에서 웹상에 올리는 방식으로의 기술 변화가 일상을 바라보는 우리의 세계관에 미친 영향에 대해 500자 이내로 기술해 보시오.

3. '모나리자'의 복제물들이다. 이 복제물들이 모나리자의 아우라를 파괴하고
있는지, 아니면 모나리자의 아우라를 확장시키고 있는지에 대해 토론해 보시오.

3장
매체언어 내다보기

3장 ★★★
매체언어 내다보기

1. 정보화사회와 디지털

'정보화사회'란 정보가 인간의 물질적, 초월적 욕구를 만족시켜주는 것이 의식과 목적이 되는 사회이며, 모든 인간 삶의 단위들을 정보의 개념으로 치환시키고 있는 사회이다. 그리고 정보화사회를 가능케 한 기술적 조건이 바로 '디지털'이다.

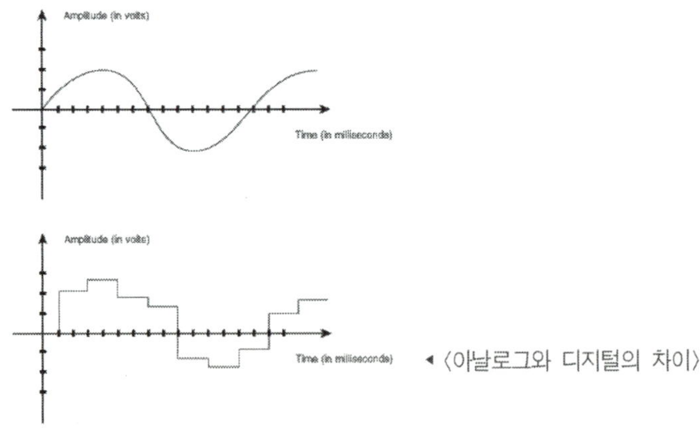

◀ 〈아날로그와 디지털의 차이〉

　　기술적인 측면에서 디지털은 2C로 요약될 수 있다. 즉 하드웨어인 기계(container) + 저장 방식인 0과 1의 결합(contents)이다. 디지털 기술은 아날로그 등의 다른 기술과는 변별되는 다섯 가지 특성을 가진다. 첫째 디지털 기술은 광속성을 가진다. 디지털 기술은 빛과 같은 속도로 이동한다. 우리 인간으로서는 상상하기 어려운 속도로 정보를 전달하는 것이다. 이러한 초고속을 바탕으로 디지털 기술은 아무리 거리가 멀리 떨어져 있어도 동시에 여러 곳에서 같은 정보를 받아보고 같은 이벤트를 감상할 수 있도록 하여 거리 개념을 희미하게 만들고 있다. 현재 진행되고 있는 전세계적인 글로벌화는 이러한 디지털 기술의 특징에 힘입은 바가 크다. 디지털 기술이 각광받고 있는 또 하나의 이유는 아날로그와는 달리 디지털은 반복 사용해도 정보가 줄어들거나 질이 떨어지지 않는다는 점에 있다. 즉 디지털 기술은 무한 반복재현이 가능한 것이다. 또한 디지털 기술은 정보 저장 방식이 0과 1의 조합으로 이루어지기 때문에 정보가공이 쉽고 다양한 형태로 변형이 가능하다는 특징을 가진다. 이러한 조작 및 변형의 용이성은 지금까지 인간이 상상하지 못했던 새로운 가능성들을 제공하고 있다. 디지털 기술이 가진 네 번째 특징은 쌍방향성이다. 아날로그의 단방향이라는 한계를 극복하고 정보의 쌍방향 소통이 가능해졌다. 이제 한쪽에서는 정보를 보내고 한쪽에서는 받기만 하던 시대는 막을 내리게 되었다. 인터랙티브한 관계가 둘 이상의 사람이 참여하는 커뮤니케이션의 기본적인 성격이 된 것이다. 마지막으로 아무리 방대한 정보도 데이터 프로세싱을 통해 압축이 가능하다는 특성을 꼽을 수 있다. 디지털 기술의 압축성은 그동안 각각 독립된 언어로 표현됐던 개별 매체간의 이질적인 코드를 단일 언어(비트)로 묶어내는 디지털 통합(digital convergence)을 이루어내게 되었다. 증기기관의 발명으로 상징되는 산업혁명이 근대시민사회의 물적 토대가 됐듯이 디지털로 요약되는 정보화혁명은 정보화사회라는 새로운 사회패러다임을 불러냈다.

　　'정보화사회'라는 용어를 가장 먼저 사용한 학자는 앨빈 토플러이다. 그는 1980년에 출간된 『제 3의 물결』이라는 저서를 통해 정보화시대의 도래를 정확히 예견해 내었다. 앨빈 토플러가 말하는 '제 3의 물결'은 정보화혁명을 지시하는 것으로, 그는 '제 1의 물결'인 신석기혁명, '제 2의 물결'인 산업혁명과 마찬가지로 정보화혁명이 인류의 삶의 양태를 급진적으로 바꾸어놓을 것이라 지적하였다.

〈앨빈 토플러〉

신석기혁명이 수렵과 채취에 의존해 오던 유목생활에서 농경을 통한 정착생활로 인류의 삶의 방식을 바꾸어줌으로써 결혼제도와 사유제산제를 근간으로 하는 고대국가체제를 출범시켰다면, 산업혁명은 자급자족의 가내수공업 형태에서 대량생산 대량소비의 공장제 형태로 산업의 구조를 바꾸어놓음으로써 세계 권력의 구도를 재편시켰고 서구 열강의 제국주의화를 부추겼다.

그렇다면 정보화혁명은 우리 삶에 어떠한 영향을 끼칠 것인가? 정보화혁명을 가능하게 한 것은 컴퓨터라는 현대과학기술의 총아(寵兒) 덕분이었다. 앨빈 토플러조차도 정보화혁명이 이토록 빨리 진행되리라 예상하지 못했을 만큼 컴퓨터의 발전은 눈부셨다. 초기에 <에니악ENIAC>이라는 거대한 기계덩어리에서 출발한 컴퓨터는 불과 50여 년 사이에 사람이 들고 다닐 수 있을 만큼 소형화되었으며, 반비례로 그 처리 능력은 엄청나게 증가하였다. 정보화사회를 컴퓨터의 급속한 발전과 겹쳐 이해할 때, 정보화혁명이 우리 삶에 끼칠 영향은 크게 세 가지로 나누어 살펴볼 수 있다.

먼저 사회구성원들의 개인화를 부추길 것이다. 신석기혁명이나 산업혁명 모두 집단적인 차원에서 이루어진 혁명이었던 반면, 정보화혁명은 개인과 집단 사이를 컴퓨터가 매개가 되어 연결해주는 '연속'과 '단절'의 변증법적인 혁명이다. 사회적인 '연속'은 곧바로 개인용 컴퓨터의 영역안에 저장됨으로써 개인적인 '단절'의 단위로 변경된다. 앞으로 학교나 교회같은 재사회화의 기관들의 역할은, 멀티미디어 컴퓨터를 통한 화상 방식으로 재택수업이나 재택예배가 가능해지게 된다면 급속도록 축소될 것이며, 이제 인간은 자신의 컴퓨터를 통해 스스로 사회화를 경험하고 학습하게 될 것이다. "인간은 사회적 동물이다"라는 아리스토텔라스의 진술은 "인간은 개인적 동물이다"라는 명제로 바꾸어가고 있는 것이다.

두번째, 운송과 통신혁명이 가져다준 실시간성과 탈공간화로 인해 탈국경, 탈이데올로기 현상의 심화되면서 세계사회(world societies)라는 단일공동체로 인류사회가 통합될 것이다. 우리는 이미 인터넷이라는 가상 공간에서 그 가능성을 보고 있다. 세계 도처에서 생성되는 모든 정보는 곧바로 컴퓨터와 스마트폰 같은 IT기기를 동해 세계주민인 각 개인에게 전달될 것이며, '국가'라는 개념은 혈연과 지연의 원시적인 공동체 개념으로 쇠락할 것이다. 물론 지금 당장은 오랜 국가주의의 인습에 기인한 세계사회에 대한 경계심리가 사람들을 오히려 지역주의와 국수적 감정에 대한 원초적 집착으로 이끌어가고 있는 것처럼 보이나, 이것은 과도기적 현상일 뿐이며, 그 틈새는 전자통신망의 발전과 더불어 급속도로 메워질 것이다.

세번째, 새로운 권력 계급이 생겨날 것이다. 이 새로운 권력 집단은 전 시대인 자본주의 체제 하에서의 부르조아 계급과는 그 성격을 달리한다. 자본주의체제에서는 자본이 곧 권력이었다면 정보화사회에서는 정보가 곧 권력이며, 따라서 정보를 독점하고 소유하는 사람들이 정보화사회의 새로운 귀족계급으로 부상할 것이다. 그럼으로 맑스가 자본주의체제의 모순으로 지적한 '노동의 소외' 현상이 '정보의 소외'라는 현상으로 재현될 것이다. 점차 정보가 상품으로서의 가치를 지니게됨으로써 그 상품을 소비할 수 있는 능력을 갖고 있지 못한 사람은 그 정보의 효용을 이용할 수 없게 된다. 이것은 초기에는 개인적인 불편함의 차원에 국한될 수 있으나 나중에는 '정보의 소외'라는 사회적 문제로까지 확장되면서 정보화사회의 프로렐타리아집단을 형성시킬 것이다. <애플>의 스티브 잡스나 <구글>의 에익 슈미트야말로 정보화사회가 급부상시킨 새로운 파워 엘리트들이며, 정보를 소유하거나 독점하는 사람들이 앞으로의 정보화사회를 지배하게 될 것이다.

2. 인터넷의 매체적 특징

인터넷은 정보화사회의 존재론적 토대이다. 그러나 인터넷은 문학의 물적 토대인 '책'이나 영화의 물적 토대인 '스크린'과는 전혀 다르다. '읽거나' '볼 수' 있는 것에만 그친 수동적인 형태가 아니라 직접 참여하여 '읽고 쓰고' '보고 듣고 만드는' 능동적인 형태이며 눈에 보이지 않는 가상의(virtual) 토대이다.

'능동'과 '가상'이라는 특징은 서사의 방식에 혁명적인 변화를 가져왔다. 정보화사회 이전까지 우리는 서사의 결과물에 주목하여 왔다. 시, 소설, 희곡, 영화 등 전통적인 서사 장르는 결과물의 정체성과 타 장르와의 변별성 때문에 그 구분이 가능할 수 있었다. 그러나 정보화사회에서 서사는 '결과'가 아니라 '과정'에 무게 중심의 추가 놓이게 되었다.

흔히 인터넷의 공간적 특징이라고 이야기되는 실시간성, 쌍방향성, 익명성, 비대인성 등은 현실 공간과의 비교를 통해 부각된 특징이다. 따라서 엄밀하게 이야기하면 일상성과 관련되어 유효한 것들이다. 인터넷을 새로운 서사를 가능케 하는 예술적 공간임을 인정한다면 예술의 소통 공간으로서의 특징을 치밀하고 분석적으로 살펴볼 필요가 있다.

자넷 머레이는 컴퓨터를 문학적 창조의 강력한 수단으로 보고 과정추론적이고 참여적이며 공간적이고 백과사전적인 네 가지 고유한 자질이 있다고 보았다. 앞의 두 가지 자질은 우리가 '상호작용'이라는 모호한 단어를 사용할 때 그 말이 의미하는 거의 모든 것을 창조해내며, 나머지 두 가지는 실제 세계처럼 광대하고도 답사가 가능한 디지털 세계를 창조하도록 도와준다는 것이다. 자넷 머레이의 진술을 토대로 하여 상호 연결된 컴퓨터의 가상공동체인 인터넷이 예술의 창조와 소통에 관여하는 공간으로서 가지는 특징을 살펴보면 다음과 같다.

먼저 인터넷은 링크와 링크로 거미줄처럼 연결된 삼차원의 하이퍼 구조를 지닌 공간이다. 인터넷 상에 존재하는 모든 웹페이지들은 결코 개별적으로 존재하지 않는다. 웹페이지의 어딘가에는 다른 페이지로 연결되는 통로가 있고, 그 통로는 또 다른 통로와 연결되어 있다. 인터넷은 시작과 끝이 존재하지 않는 뫼비우스의 띠이며, 우리의 서핑은(웹 검색)은 항상 무한히 열려있는 한 지점에서 시작하여 무한히 열려있는 한 지점에서 끝이 난다.

우리가 인터넷에 접속해서 특정한 홈페이지에 들어갔을 때 가장 처음 접하게 되는 것은 메뉴이다. 홈페이지를 집이라 한다면 메뉴는 각각의 방 문이다. 접속자는 그 중에 하나를 자신의 의지로 선택해서 문을 열고 들어갔다가 다시 나와 다른 방을 들어갈 수도 있고, 아니면 아예 다른 집으로 이동할 수도 있다. 들어가는 문은 있지만 나오는 문은 없기 때문에 아무리 홈페이지를 샅샅이 검색한다 하여도 접속자는 그 집을 다 둘러보았다는 만족감을 결코 획득할 수 없다. 이것은 텍스트의 장악력과 연관된다. 활자 텍스트의 경우 한 권의 책을 다 읽었다는 포만감을 독자에게 가져다줄 수 있지만, 인터넷으로 글을 읽을 경우 결코 그 포만감에 다다를 수 없다. '다 읽었다'가 아니라 '읽고 있는 중이다'라고 독자가 인식할 때 텍스트에 대한 장악력은 현저히 약화된다.

인터넷은 또한 순서의 개념을 파괴시킨다. 각 방에는 다른 집으로 가는 통로가 있을 수도 있고, 다른 방으로 연결된 통로가 있을 수도 있다. 미로처럼 서로 얽혀있는 방 안에서 접속자는 스스로 자신만의 길을 만들어 나간다. 따라서 인터넷에서 '순서'라는 개념은 절대적인 것이 아니라 상대적이며, 임의적이며, 순간적이며, 가변적이다. 활자 텍스트에는 페이지라는 것이 있어 그 순서대로 독서를 해야 하지만 인터넷에서의 글읽기는 순서 자체가 무의미하다. 순서는 시독자(視讀者)의 선택에 따라 임의로 재배치되며 항상 새로운 순서를 만들어내며, 한번 경험했던 순서를 다음에 다시 반복할 수 없다. 인터넷은 독서 과정을 매번 새롭게 만들어내는 것이다.

두 번째 인터넷은 문자와 음향과 영상이 한 화면에서 동시에 표시되는 멀티플한 공간이다. 이때 '멀티'라는 의미는 표현 수단이 다양하다는 의미와 함께 두 개 이상의 화면을 동시에 띄울 수 있다는 의미도 내포하고 있다. 물론 영화에서도 문자와 음향과 영상이 한 화면에 표시된다. 그러나 영화에서는 각각의 표현수단들이 감독의 치밀한 계산 하에 유기적으로 결합되어 단일한 기의를 형상화하고 그것을 관객에게 전달해주지만, 인터넷은 표현 수단의 결합 자체가 유동적이다. 영화를 볼 때 관객은 스크린이라는 종이 자체를 총체적으로 이해하기 때문에 문자와 음향과 영상이 개별적인 표현 수단이라는 것을 인식하지 못한다. 그러나 인터넷은 모니터라는 종이 위에 문자와 음향과 영상이 분산되어 있고 그것들을 결합시켜 의미를 만들어 내는 일은 접속자의 몫이다.

전통적인 서사물의 경우 오로지 문자에 의지하여 한번에 하나의 텍스트 밖에는 독서할 수 없지만, 인터넷 상에서 서사는 문자와 음향과 영상이 동시에 독서 과정에 개입하는 두 개 이상의 텍스트를 띄어놓고 각각 개별적인 독서를 진행할 수 있다. 그리고 이때 기표와 기의의 결합은 전통적인 서사물이 총체적이며 일관적이며 중층적인데 반해 개별적이며, 임의적이며 분산적이다. 전통적인 서사물에서 독자는 앞서 진행한 독서 과정에 의지하여 다음 독서 과정을 진행시킨다. 독서 과정 중에 텍스트의 의미는 점점 분명해진다. 현재 읽고 있는 텍스트의 의미는 앞서 읽었던 기억에 의해 분명해지고 이것은 다시 다음 텍스트 해석에 단서가 된다.

인터넷 상에 텍스트를 구성하는 주요한 원리인 HTML은 링크를 만들어내는 디지털 언어이다. 지금 보고 있는 화면이 다음에 볼 화면의 전 단계일 수도 있고, 다음 화면과 전혀 상관이 없을 수도 있다. NEXT 버튼을 클릭하느냐 BACK 버튼을 클릭하느냐에 따라, 연결된 노드 중 어느 것을 선택하느냐에 따라 서사의 연결은 임의적이 된다. 따라서 텍스트의 의미는 전통적인 서사물의 경우처럼 저장된 기억에 의해 순차적으로 형성되는 것이 아니라 앞으로 새롭게 보게 될 화면에 의해 매번 새롭게 갱신된다.

인터넷의 멀티미디어적인 성격은 글읽기의 방식에도 영향을 준다. 총체적으로 텍스트를 읽는 것이 가능한 서사물과 그것이 불가능한 서사물이 있을 때 집중의 강도는 분명한 차이가 있다. 전통적인 서사물에서 독자는 문자에 집중하면서 독서 경험을 수행한다. 집중은 전 단계 독서경험의 기억을 끊임없이 재생시켜주면서 단서와 단서를 연결시켜주고 독자가 텍스트의 의미망을 구축할 수 있도록 도와준다. 그러나 인터넷 상의 서사물은 시독자가 문자에 집중할 수 있는 독서 환경을 생래적으로 거부한다. 책을 읽을 때 우리의 시야는 종이에 고정되지만(그래서 종이와 문자가 시야에 꽉 차지만) 인터넷 상에서 우리는 몰입을 방해하는 다양한 요소들(웹브라우저의 다양한 버튼들, 마우스의 움직임, 실제 텍스트와 무관한 불필요한 정보들) 때문에 독서에 집중할 수 없는 것이다. 책을 읽을 때 책과 독자 사이의 물리적 거리(혹은 각도)를 화면을 볼 때 화면과 시독자의 물리적 거리(혹은 각도)와 비교해 보면, 그리고 인터넷이 전통적인 서사물과 달리 왼쪽에서 오른쪽이 아니라 마우스 스크롤 바에 의지하여 위에서 아래로 움직이는 시신경을 활성화시켜준다는 것을 생각해보면 왜 인터넷이 읽기에 대한 집중의 강도를 현저하게 떨어뜨리고 문자를 읽는 것이 아니라 '보게' 만드는가를 확연하게 알 수 있다.

마지막으로 인터넷은 도전적인 실험정신과 주류 문화를 거부하는 반항정신, 경계를 허물고 중심을 해체하는 프런티어 정신으로 대변되는 공간이다. 이 특징은 왜 인터넷이 21세기 새로운 전위예술의 모태가 될 수밖에 없는가를 대변해준다. 인터넷은 기술의 소산이다. 현실공간에서 기술은 예술의 보조 수단에 불과할 뿐 예술 자체를 생산해 낼 수는 없었다. 예술은 오로지 작가의 상상력 안에서만 발아되는 의식적 행위의 소산이었다. 현실공간은 예술로 대표되는 정신문명과 기술로 대표되는 물질문명이 개별적으로 존재하는 공간이다. 따라서 기술을 습득하지 않아도 상상력만으로 예술 활동이 가능하다. 그러나 인터넷은 기술의 도움 없이는 어떠한 예술도 가능하지 않는 공간이다. 문학 텍스트를 인터넷에 올리기 위해서는 HWP 문서를 TEXT 파일로 변환하는 방법과 FTP를 사용하여 파일을 업로드 하는 방법을 알아야만 한다. 음악을 작곡하기 위해서는 케이크웍(Cakewalk) 같은 음악 소프트웨어를 다룰 줄 알아야 하고, 만화를 창작하려면 플래쉬(Flash) 기술을, 디자인을 위해서는 포토샵(Photoshop)을 배워야만 가능하다. 인터넷에서는 기술이 먼저고 그 기술을 토대로 하여 예술적 상상력이 탄생했다. 인터넷이 만들어 낸 대표적인 서사물인 하이퍼 텍스트는 HTML 기술의 발전이 있었기에 가능했다. 온라인 게임 서사물은 3D 그래픽과 동영상 재생기술의 소산이며, 웹아트는 플래쉬 애니메이션 기술이 텍스트 창작에 직접 개입한다.

정보화사회 예술의 발전은 예술가의 상상력이 아니라 기술의 진보에 의지하게 되었으며, 예술적 상상력은 기술의 발전을 뒤따라가게 되었다. 예술과 기술의 이 역전된 관계는 예술의 개념 자체를 해체시키면서 그동안 우리가 예술이라고 명명하지 않았던 것들을 예술의 영역 안으로 끌어들이게 되었고, 전위적인 예술가들에 의한 다양한 시도들을 가능하게 해 주었다. 현실공간에서는 시도할 수 없었던 다양한 형식실험들이 인터넷에서 가능할 수 있었던 것은 오로지 기술의 진보 덕분이다. 하이퍼 텍스트를 현실공간에서 시도하지 못했던 것은 구체적인 텍스트로 만들어낼 수 있는 기술이 없었던 때문이기도 하지만 평면적이고 이차원적인 활자기술이 작가의 상상력을 제한했기 때문이기도 하다. HTML 기술의 발전으로 인해 우리의 상상력은 하이퍼 텍스트라는 새로운 서사방식을 생각해낼 수 있었던 것이다. 또한 인터넷은 예술의 개별 장르들이 갖는 고유한 표현방식을 모두 비트로 단일화시킨다. 문자도, 음악도, 그림도 모두 0과 1의 이진수로 변환되어 디지털 코드화된다. 따라서 현실공간에서는 불가능했던 문자와 음악과 그림의 결합이 인터넷에서는 가능해진다. 이제 우리가 문학이다, 음악이다, 미술이다 부르는 장르들은 인터넷 상에서는 그 장르의 특수성을 상실한다. 그 모든 것이 결합된 멀티 텍스트만이 존재할 뿐이다.

인터넷은 단순한 물적 토대가 아니다. 그것은 예술의 패러다임을 송두리째 바꿔 놓을 만큼 혁명적인 '방식'이다. 인터넷은 명사형으로 쓰이지만 예술의 토대를 의미할 때는 동사형이다. 통신망과 통신망을 연동해 놓은 망의 집합을 의미하는 인터네트워크(internetwork)에서 출발하여 지금은 범세계적인 광역가상통신망으로 발전한 인터넷(internet)은 결과가 아니라 과정만을 보여주는, 선형적이 아니라 비선형적인, 텍스트의 확정성을 해체시켜 타자의 개입을 수용하는 독특한 방식을 통해 예술의 흐름을 바꿔놓고 있다.

3. 컴퓨터를 통한 매체환경의 변화와 문학의 상관성

문학은 크게 두 가지 의미의 '매체'에 의존하여 존재하는 인간 삶의 표현 양식이라고 할 수 있다. 그 하나는 제도로서의 언어라는 느슨하게 결합된 요소들로서 아직 문장의 형식을 갖추지 않은 상태의 어휘이고, 다른 하나는 이 어휘들의 견고한 결합 구조인 문장이라는 형식이 유포되는 대중 매체이다. 작가에 의한 문학작품의 창작이나 이 작품이 독자나 시청자들에 의해 이해되는 과정은 언어매체의 공통된 축적을 전제로 하고, 이 작품이 대중에게 도달하기 위해서는 활자를 이용한 인쇄 매체나 전파 매체를 필요로 한다. 여기서 우리가 직시해야 할 사실은 새로운 매체의 등장은 새로운 방식을 통해 새로운 세계로 우리를 이끌고, 글쓰기 환경을 변화시킨다는 점이다.

글쓰기 환경이 펜과 원고지라는 전통적인 문자언어에서 키보드와 모니터의 전자언어로 바뀌어가고, 활자매체(책)라는 미디어대신에 인터넷이라는 뉴미디어가 문학의 유포 매체로 새롭게 대체되어 가고 있는 이 시점에서, 매체 환경의 변화가 문학에 직접적으로 어떤 영향을 끼치고 있는지를 살펴봄은, 컴퓨터라는 '글쓰기'와 '유통'의 근간으로 하는 새로운 매체언어의 본질을 이해하는데 큰 단서를 제공해 줄 것이다.

컴퓨터와 인터넷이 문학의 새로운 매체 환경으로 등장함으로써 발생한 변화를 크게 네 가지로 목록화해보고, 각각의 변화가 가져다준 장점과 단점을 나누어 살펴보면 다음과 같다.

먼저, 글쓰기 자체의 편리한 환경을 제공해줌으로써 글쓰기의 대중화를 가져왔다는 점이다. 볼펜을 손에 쥐고 원고지에 꾹꾹 눌러쓰는 것보다 키보드를 두드리는 것이 훨씬 간편하고, 또 능률적이다. 백스페이스(Backspace)와 엔터(Enter), 딜레이트(Delete), 스페이스바(Spacebar), 홈(Home), 엔드(End), 페이지업(PgUp), 페이지다운(PgDn) 등 키보드에 산재해 있는 다양한 키들은 우리를 순식간에 문장의 맨 처음으로도, 문단의 맨 끝으로도 자유롭게 이동시키며, 수정과 삭제, 끼워넣기 등의 작업들을 용이하게 만들어 주었다. 전자언어로 인해 더이상 '악필'은 존재하지 않게 됐으며, 글쓰기는 컴퓨터 게임과 같이 컴퓨터를 사용할 줄 알면 누구나 즐길 수 있는 오락적인 요소를 부여받게 된 것이다. 그리고 이같은 편리한 글쓰기 환경은 일반인들의 잠재적인 창작 욕구를 자극해줌으로써 가상 공간 내에 엄청난 아마츄어 작가군이 형성되는데 절대적인 기여를 하였다.

그러나 편리한 매체 환경이 문학 자체의 질적인 면을 향상시키지는 못했다. 원고지로 글을 쓸 때, 우리는 그때 그때 자신이 쓴 글을 일렬로 놓고 확인할 수 있었다. 그러나 전자언어는 모니터의 크기가 제한되어 있음으로 해서, 앞에 쓴 글을 보기 위해선 지금 화면을 포기해야만 한다. 즉 글들이 모니터의 크기에 맞게 분산되어 있다는 것이다. 따라서 글의 전체적인 조망이 문자언어보다 용이하지 않음으로 해서 앞에 한 말을 계속 반복하게 되거나, 한 문장이 너무 길어지거나, 문맥이 어색하고 논리의 비약이 생겨날 수 있는 개연성이 문자언어보다 높다. 또 전자언어로 쓰여진 텍스트는 '초고'라는 개념이 사라지고 모든 글들이 다시 고쳐써질 수 있는 미완의 글일 수밖에 없음으로 해서 자신의 글에 대한 애착이나 책임감이 문자언어보다 희박해진다. 가상 공간에서 분명 읽었던 글이 어느날 갑자기 없어지는 경우를 쉽게 볼 수 있는데, 이것은 창작의 편리함만큼이나 삭제의 용이함을 동시에 가져다주는 전자언어의 이중성을 여실히 보여주는 사례이다. 따라서 활자매체를 통해 유통되는 문학은 유통되는 즉시, 작가에게 자신의 글에 대한 책임감을 부여해주지만, 가상 공간 내에서의 문학 행위는 필요에 따라 언제든지 자의적으로 삭제할 수 있음으로 해서 자신의 글에 대한 책임감과 애착심을 반감시키고 이것이 전반적인 글의 수준 저하로 나타난다. 이밖에도 문자언어에 비해 보관과 저장이 용이한 대신, 한번 '날라가면' 영영 그 글은 잃어버리고마는 '분실'의 위험성이 높고, 따라서 한번 날라간 글을 다시 고스란히 복원할 수 없음으로해서, 원래 의도와 전혀 다른 글이 나올 수 있다는 점도 매체환경의 변화에 따른 글쓰기의 한 특징이라 할 수 있다.

두번째, 대중매체의 해체를 초래하여 집단 결속력을 저하시킴으로써, 문학 행위를 개인적인 소통 차원으로 끌어내렸다는 점이다.

신문이나 텔레비전, 잡지 같은 대중매체들은 똑같은 정보를 불특정다수인이 공유할 수 있게 해 줌으로써, 자신이 한 집단에 소속되어 있다는 공동체 의식을 느끼게 해 준다. 대중매체를 통해 간밤에 발생한 사건 사고를 알고 있는 '나'는 그 정보를 다른 누군가도 알고 있다고 확신함으로써 대중소비사회의 견고한 일원임을 자각한다. 그러나 뉴미디어는 이러한 공동체 의식을 해체시킨다. 방송국에서 내보내는 프로그램을 그 시간대에 맞춰 시청할 수밖에 없는 '아날로그 텔레비전'과 달리 앞으로 상용화될 '디지털 텔레비전'은 시청자가 자기가 원하는 프로그램을 취사하여 시청할 수 있다. 따라서 동일한 시간대에 '나'는 영화를 보지만, '너'는 뉴스를 볼 수 있고, '그'는 드라마를 시청할 수 있다. 이미 우리나라에서도 상업적으로 운영되고 있는 케이블 TV의 수없이 많은 채널 앞에 무방비상태로 놓여 있는 '우리'는 각각의 채널을 자의적으로 선택할 수 있는 개개의 '나'일 뿐이다. 저녁 9시에는 뉴스를 보고, 주말 늦은 시간에는 영화를 보면서 무의식적으로 형성되었던 집단과 주체 사이의 결속력은 개인의 선택 권리가 최대한으로 보장되는 뉴미디어의 시대에 들어서면 약화되어질 수밖에 없는 것이다.

가상 공간 역시 뉴미디어 환경이다. 가상공간은 정보가 각각의 장소(site)에 분산되어 있다. '나'가 어느 장소에 가서 획득한 정보는 그곳을 다녀간 사람만이 알 수 있는 특수한 종류의 것으로, 조회수로 표시된 소수의 사람들과만이 유대감을 느낄 뿐이다. '나'가 알고 있는 정보를 다른 누군가는 모를 수도 있고, 이것이 무의식적으로 공동체 의식을 약화시키는 계기로 작용한다.

문학도 마찬가지다. 박민규의 『카스테라』를 서점에서 사서 읽는 '나'는 그 소설을 읽었을 무수한 불특정다수인들과 함께 똑같은 줄거리를 공유한다. 그러나 인터넷 상에서 구현되고 있는 하이퍼텍스트(Hyper Text)를 이용한 문학은, '나'가 어느 링크(link)를 클릭하느냐에 따라 무수한 줄거리의 변종을 만날 수 있다. '나'의 선택에 따라 소설은 다른 누군가와도 겹치지 않는 '나'만의 줄거리를 가지게 된다. 독서 경험이 개인 소통차원으로 축소됨으로써, 정전(正典)은 이제 사라지게 되었다.

이같은 변화가 독자의 자율적인 선택 권리를 향상시켰다는 장점도 있지만, 역으로 문학을 단순한 시뮬레이션 게임으로 전락시킬 수도 있다는 위험성을 간과해서는 안 된다.

세번째, 문학의 전통적인 소통구조를 해체시킴으로써 작가와 독자 사이의 심리적 거리를 무화시켰다. 이같은 변화는 앞에서 얘기한 하이퍼텍스트의 형식 실험과는 괘를 달리하는 것이다. 전통적인 문학의 소통구조는 텍스트를 사이에 두고 작가의 '의도'를 독자들이 알아서 '의미화'시키는 단선적인 구조였다. 독자들이 개별적인 의미화작업을 수행한다 하더라도, 그것이 작가의 의도를 전복시키거나 수정할 수는 없었다. 그러나 가상 공간에서는 독자가 한 작가의 소설을 읽고 즉시 댓글이나 이메일을 통해 자신의 견해를 피력할 수 있다. 물론 작가가 그 의견을 전적으로 받아들일 수는 없겠지만, 최소한 독자의 의미화 작업이 작가에게 직접 전달됨으로써 작가와 독자 사이의 쌍방향 소통구조가 형성되는 것이다. 더 나아가, 한 작가가 연재소설을 진행 중에 있다 할 때, 독자들의 간섭은 의식적인든 무의식적이든 다음 연재에 반영될 수밖에 없다. 이제 독자들은 자신이 한 사람의 '작가'인양 작가의 텍스트에 간섭하고, 작가 역시 한 사람의 '독자'가 되어 독자들의 간섭을 인정하게 된 것이다.

작가와 독자 사이의 심리적 거리의 무화는, 결과적으로 문학을 '담장없는 예술'로 만들어주었지만, 한편 작가가 텍스트에 담아내야 할 자신만의 고유한 정체성의 영역을 침범당할 수도 있다는 단점을 동시에 떠안고 있다. 인터넷 상의 문학이 '독자추수주의'라는 함정을 빗겨가기 위해서는, 작가와 독자 사이에 이루어지는 쌍방향 소통 구조가, 상호 보완적인 틀 안에서, 더 나은 텍스트를 향한 생산적인 형태로 이루어져야 할 것이다.

마지막으로 기성문단의 영향권 밖에 놓임으로써 실험적이고 자유분방한 상상력을 제공해 주었다는 점이다. 마광수의『즐거운 사라』가 외설 판결을 받는 현실 공간과는 달리, 가상 공간 내에서는 소재에 대한 금기가 없으며 '소설'이나 '시'라는 장르적 형식의 제약도 없다. '소설같은 시', '시같은 소설'이 엽편(葉片)소설이라는 형태로 창작되어지고 있으며, 창작과 비평이 동시에 이루어지는 간장르 실험도 실제 행해지고 있다. 또한 초등학교 학생에서부터 칠순 할아버지에 이르기까지 나이, 성별, 지위에 관계 없이 문학 게시판에 자신의 작품을 올리는 순간 한 사람의 가상작가로 인정받을 수 있다. 학벌이나 지연 등으로 얽혀있는 기성문단과는 달리 가상 공간에서는 실력있는 작가는 그가 어떤 처지에 놓여있건 간에 독자들의 주목을 받는, '등단'이나 '질적인 수준'을 요구하는 문학의 전통적인 인습에서 벗어난 해방구인 셈이다. 그리고 바로 이 점이 정보화시대 문학이 가장 경계해야할 부분이기도 하다. 소재의 제약이 없거나 질적인 수준을 요구하지 않는다는 장점은 동시에 가상 공간 자체 내에 검열체제가 마련되어 있지 않다는 의미도 된다. 가상 공간 내에서는 철저히 자신만이 자신의 작품에 대한 검열관이 될 수 있으며, 작가들에게 요구하는 것도 작품에 대한 철저한 자기반성과 냉철한 검열 기제이다. 따라서 소재주의나 선정성 논란은 자신의 작품을 다른 사람에게 읽히고 싶다는 현시욕(顯示慾)이 주체적인 검열 기제보다 앞선 데서 기인하는 것으로,

문학 주체들의 의식 전환이 이루어질 때 자연스레 해소될 것이다.

4. 매체적 상상력의 세 가지 토대

‘매체’는 인간과 세계, 인간과 인간 사이의 매개물이다. 이는 곧 매체가 변화할
수록 인간과 인간을 둘러싼 환경에 대한 세계관과 존재론도 변화한다는 것이다.
세계관의 존재론의 변화는 상상력의 변화로 이어지며, 디지털이라는 새로운 매체
언어의 등장은 자연스럽게 기왕의 상상력과는 다른 매체적 상상력을 동반한다.
매체적 상상력은 크게 세 가지 방향에서 논의되어 진다. 첫 번째는 문학의 저작
도구로서의 ‘워드프로세서’, 두 번째는 문학의 소통 공간으로서의 ‘가상 공간’, 마
지막은 문학이 반영해야할 또 다른 현실로서의 ‘가상 현실’이다. 이것은 모두 <컴
퓨터>라는 새로운 매체가 등장함으로써 가능해진 상상력의 새로운 토대들이다.

컴퓨터 프로그램의 일종인 워드프로세서라는 저작 도구가 글쓰기 환경에 미친
영향은 이전과는 비교할 수 없을 정도로 그 진폭이 넓다. 글쓰기에 미친 영향을
이야기할 때, 누구나 손쉽게 글을 쓸 수 있다는 ‘글쓰기의 편리함’을 먼저 들 수
있을 것이다. 전자언어가 주는 손쉬운 글쓰기 방식은, 펜과 원고지에 의지해 글을
쓰던 시대와는 달리 글쓰기에 대한 일반인들의 손쉬운 접근을 허용하였다. 동일
한 매수를 쓰는 데 있어서 펜으로 쓰는 것보다는 키보드를 두드리는 것이 훨씬
더 능률적이고 피로감도 덜 오며 프로그램 자체 내에 한자사전이나 영한사전 같
은 사전류가 내장돼 있음으로 해서, 고등교육을 받지 않은 사람들도 편하게 한문
이나 영어를 사용할 수 있게 되었다. 또 문장을 몇 번이나 고쳐 쓰는 것은 물론,
문장의 첨가나 복사 및 삭제가 용이하기 때문에 텍스트의 퇴고와 교정을 손쉽게
할 수 있다.

두 번째, 보관이 편리해졌으며, 하나의 텍스트를 원하는 만큼 복사할 수 있게
되었다. 물론 물리적인 요인으로 인해 쓴 글을 송두리째 잃어버릴 수 있는 위험성

은 문자언어보다 높아졌지만, 책 한 권 분량을 단 한 장의 디스켓에, 그것도 무한 대로 복사해 저장할 수 있음은 전자언어의 효용성을 단적으로 보여준다.

세 번째, 워드프로세서는 개개인의 고유한 필체 대신에 다양하면서 미려한 서체를 제공해 줌으로써 글쓴이로 하여금 자신의 글에 대한 심리적 안도감을 느끼게 해 주었다. 그것은 자신이 전자언어라는 사회적 약속 안에서 글쓰기를 하였다는 안도감이며, 동시에 정돈되고 규칙적인 문장의 배열이 무의식적으로 텍스트 자체의 객관성이나 논리의 일목요연함으로 인식되기 때문이다.

그렇다면 워드프로세서를 이용하여 문서를 작성하는 '디지털적 사고'는 펜으로 종이에 글을 쓰는 '아날로그적 사고'에 비해 어떠한 무의식적 특징을 갖는가? 컴퓨터라는 매체가 가능케 해준 전자언어가 문학적 상상력과 맺고 있는 관계를 설명하기 위해서는 먼저 이 부분을 짚고 넘어가야 할 것이다.

먼저, 사고의 분절(分節)과 단편성을 들 수 있다. 워드프로세서로 글쓰기 작업을 하게되면 자신도 모르는 사이에 키보드의 타이핑 속도감에 의식이 따라감으로써 미처 다듬지 못했던 사고들이 그대로 입력된다. 한가지 생각을 오랫동안 머리속에 머물게 하기에는 디지털적 사고가 아날로그적 사고에 비해 불리하다. 따라서 전자언어로 쓰여진 텍스트는 문장이 거칠고 길이가 짧아진다. 모니터 화면 안이라는 제한된 시각 탓에 텍스트 전체의 폭넓은 통찰이 어려워지고, 단어와 문장의 교체가 손쉬워짐으로써 오히려 문맥의 내적 연관성을 훼손시킬 위험이 높다.

두 번째, 전자언어로 글쓰기 작업을 할 때, 자신만의 독창적인 필체나 규칙 대신에 일관된 글자체, 좌우 여백, 들여 쓰기, 행간과 자간 등을 사용함으로써 자신만의 개성을 텍스트에 담아내었다고 생각하기 힘들다. 개성의 표현에 있어, 디지털적 사고는 아날로그적 사고에 비해 둔감할 수밖에 없으며 전자 언어 텍스트의 문제점으로 지적되는 문체의 몰 개성화 또는 평준화 현상 또한 여기에서 출발하고 있다.

세 번째, 디지털적 사고는 기억력을 단기간에 그러나 매우 집중적으로 활성화시켜주는 대신에 아날로그적 사고에 비해 기억력을 오랫동안 간직할 수 없다. 펜으로 글을 쓸 때는 글쓰기 작업 전에 초고를 작성하거나 메모가 가능해 언제든지 기억을 복원할 수 있지만, 디지털적 사고는 모니터 앞에 키보드를 사이에 두고 앉는 순간부터 작업을 마치고 일어서기 직전까지만 자신이 쓰고자 하는 글에 대한 기억이 임시적으로 그러나 활발하게 저장될 뿐이다. 초고를 작성하거나 메모가 용이치 않으며, 자신이 써놓았던 글이나 남이 쓴 글을 컴퓨터에 저장해놓고 필요할 때마다 불러올 수 있지만 그것 역시 자신이 기억하고 있는 것이 아니라 컴퓨터가 대신 기억해 주고 있는 것에 불과하다. 실제로 전자 언어로 오랫동안 글쓰기 작업을 해온 사람들 중에는 컴퓨터 앞에 앉지 않으면 단 한 줄도 쓸 수 없다고 말하는 사람들이 많다.

네 번째로, 디지털적 사고는 완결감이나 성취감을 주지 않는 대신에 텍스트를 지속적으로 고쳐 써나가고자 하는 책임감을 불러온다. 문자언어는 초고가 있고, 퇴고 과정을 거친 원본이 있음으로서 한 편의 글을 완성하였다는 성취감을 맛보게 해 주지만, 전자언어는 비물질적이며 언제든지 손쉽게 고칠 수 있고 수정과 삽입이 용이하다는 특성상 원본을 만들어낼 수 없다. 따라서 텍스트를 완성하였다는 성취감은 소멸된다. 그러나 언제든지 자신의 컴퓨터에서 특정한 텍스트를 불러내 고쳐 쓰기와 이어 쓰기 작업을 할 수 있다. [ALT-S]를 눌러 저장한 텍스트는 다시 [ALT-S]를 누르기 전까지 일시적 원본으로 기능한다. 성취감은 약화되지만 연속적인 글쓰기에 있어 디지털적 사고는 아날로그적 사고에 비해 친밀감을 갖는다.

전자언어의 디지털적 사고가 갖는 사고의 분절과 단편성, 몰개성화, 단기간의 기억, 성취감의 소멸 등은 근본적으로 글쓰기 자체에서 '주체'를 소외시킨다. 글쓰기는 타자화되며, 전자언어 글쓰기의 영향하에서 글쓰기의 주인으로서의 작가의 '주체성'은 심각한 훼손을 경험한다.

일차적으로 글을 쓰는 과정에서, 글쓰는 이는 자신의 생각을 문자로 표현하면서도 다시 그것을 쉽게 수정하거나 삭제할 수 있다. 따라서 작가는 그것이 공간적으로 가변적이며 시간적으로 동시적이란 의미에서 정신의 내용이나 구어와 아주 유사한 재현물과 마주치게 된다. 작가와 글, 주체와 객체는 서로 근접하여 동일하게 되는데(정체성의 시뮬레이션 묘사), 이는 세계가 정신과는 아주 다른 존재인 <물체>(세계는 물物이 기계적으로 연장된 결과로서, 정신의 영역과는 독립된 실체라는 개념)로 구성된다는 데카르트적인 주체의 기대를 뒤엎는 것이다. 따라서 객체인 화면과 주체인 글쓰기는 단일의 가변적인 모사물로 합체되면서, '작가'의 정체성마저 위태롭게 된다. 이차적으로 글을 읽는 과정에서는, 독자가 자유분방하게 텍스트에 접근할 수 있음으로 해서, 텍스트의 가역성을 작가의 의도와는 무관하게 확인시켜 주게되고, 텍스트의 생산자라는 작가의 권위는 독자에 의해 심각한 도전을 받게 된다. 독자가 한 작가의 전자언어로 쓰여진 작품을 고스란히 자기 컴퓨터에 저장해 놓고, 전자언어를 통해 스토리나 플롯을 자의적으로 변경할 수도 있다고 할 때, 이제 '작가'와 '독자'의 구별은 더 이상 유효하지 않다.

이같은 글쓰기의 타자화와 작가의 주체성 훼손은 문학적 상상력에 있어서 작가 고유의 독창적인 상상력 대신에 기왕의 상상력에 의존하여 주어진 정보를 문맥에 맞게 재배치하거나 익숙한 상상력을 차용하는 등 상상력의 비주체성을 자연스럽게 발현시킨다.

장 프랑수아 리오타르는 『포스트모던의 조건』에서 디지털화된 정보의 데이터베이스를 '포스트모던한 시대 사람들의 새로운 자연'이라 정의 내리고, 여기서는 기존의 상상력과는 다른 상상력이 요구된다고 하였다. 완벽한 정보게임의 경우 최고의 수행성은 부가적 정보를 얻는데 있지 않고 오히려 자료를 새로운 방식으로 배열하는데 달려있다는 것이다. 한 아마추어 작가가 하루끼의 소설을 열광적으로 탐독하면서 그의 모든 소설을 자신의 컴퓨터에 전자언어로 저장해 놓았다고 생각해보자. 그는 워드프로세서가 제공하는 다양한 기능을 통하여 두 개의 작품을 하나로 합칠 수도 있고, 빈번하게 사용된 부사나 관용어를 뽑아낼 수도, 맘에 드는 문장만 오려내 따로 보관할 수도 있다. 그리고 그가 소설을 쓴다 했을 때, 그는 하루끼의 문체나 표현뿐만 아니라 상상력까지도 자연스럽게 자신의 것으로 채화시키며, 궁극적으로는 하루끼와는 전혀 다른 작품 세계를 창조해낼 수 있다.

최근 젊은 작가들의 소설을 읽다보면 이미 어디서 읽은 듯한 느낌을 받는 경우가 있다. 독서 행위 내내 작가의 상상력이 독창적이기보다는 이미 익숙한 상상력이라 판단되며, 텍스트에 녹아있는 상상력은 기시감을 동반한다. 이같은 상상력의 기시감은 두 가지 경우에 나타난다. 하나는 실제로 작가가 기왕의 상상력을 차용해 온 경우이며, 다른 하나는 글쓰기의 타자화와 작가의 주체성 훼손이 독자에게 뚜렷이 인지돼 실제로 전에 읽어본 적이 없음에도 불구하고 읽었던 것처럼 인식되는 경우이다. 두 경우 모두 상상력의 비주체성을 보여주는 것으로 워드프로세서로 창작 작업을 하는 젊은 작가들의 상상력이 어떻게 타자화되고 있나를 잘 드러내준다.

따라서 전자언어 글쓰기는 글쓰는 주체를 새롭게 구성한다고 할 수 있다. 주체는 분산과 복수화, 탈중심화를 통한 경계 지대에서 새로운 글쓰기를 체험한다. 주체는 무수히 분산된 복수 자아들과 타자들, 그리고 컴퓨터라는 '큰 타자'와 상호작용 하면서, 혹은 경쟁하면서 메시지들을 생산해낸다. 결국 글쓰기의 타자화와 작가의 주체성 훼손은 주체의 소멸이라는 부정적인 측면이 아니라, 오히려 역동적인 복수 주체의 다성적인 글쓰기라는 긍정적인 측면으로 이해되어야 하며, 비주체적인 상상력 또한 포스트모더니스트들이 주장하는 "태양아래 더 이상 새로운 것은 없다"라는 진술과는 다른 층위에서 컴퓨터라는 매체 자체가 갖는 비주체성과 밀접한 연관을 맺고 있는 것이다. 컴퓨터는 그 스스로 사고할 수 없으며, 정보화사회의 인간은 컴퓨터 없이 일상을 영위할 수 없다. 결국 워드프로세서라는 저작 도구를 통한 창작 작업은 필연적으로 컴퓨터라는 '타자'와 작가라는 '타자' 사이에서, 상상력의 비주체성을 동반할 수밖에 없는 것이다.

정보화사회의 새로운 소통 환경인 가상 공간은 '쌍방향 소통', '광역 소통', '실시간 소통'으로 특징 지워질 수 있는 탈중심화된 공간이다. 이때의 '탈중심화'는 현실 공간과 달리 물리적인 힘을 지닌 권력 구조도, 억압적인 검열 기제도, 명확한 가치 판단이나 준거 틀도 없는, 중심으로부터의 '벗어남'이다.

'가상 공간'이라는 새로운 소통 공간이 글쓰기에 끼친 영향은, 탈중심화를 기점으로 하여 크게 네 가지로 목록화할 수 있을 것이다. 첫 번째, 공간의 개방성과 익명성이 가져다준 창작담당층의 확대이며, 두 번째 실시간 쌍방향성으로 인한 작가와 독자 사이의 자유로운 소통과 경계의 무너짐, 세 번째는 권위 있는 검열기제의 부재로 인한 자유로운 상상력, 또는 일탈적인 상상력의 특화, 마지막으로 일상으로서의 글쓰기가 가능해졌다는 것 등이다. 이 영향 관계에서 주목할만한 것은 자유로운 상상력, 또는 상상력의 탈중심성이 현실 공간에 비해 두드러지게 나타난다는 점이다.

가상 공간은 철저히 '탈중심화'된 공간이다. 가상 공간 내에서는 국가, 가족, 교회, 학교라는 집단적이고 권위적인 영역 대신에 카페, 블로그, 커뮤니티 같은 개인적이고 느슨하게 통합된 영역만이 존재한다. 네트즌들은 자신이 원하면 아주 다양한 수십 개의 카페에 동시에 가입할 수도 있으며, 또 동시에 탈퇴할 수도 있다. 실제 공간에서 우리가 소속되어 있는 국가나 학교, 가족 같은 중심 영역들은 주체적으로 선택할 수도 없을 뿐 아니라 일단 한번 주어진 이상에는 임의적인 가입, 탈퇴가 불가능하다는 점을 생각해 보면 가상 공간이 갖는 '탈중심화'의 성격은 뚜렷해진다. 책임과 의무라는 사회적 약속보다는 개인의 자의적인 의사가 더 존중되는 공간이다.

글쓰기에 있어서도 마찬가지이다. 물리적 억압을 가할 수 있는 권위나 검열기제가 제대로 그 힘을 발휘하지 못하면서, 자연스럽게 글쓰기는 가장 일차적인 표현 욕망인 '노출증'에서부터 출발한다. 탈중심화는 권위가 부정된다는 점 말고도 익명성을 보장해주는 역할도 동시에 수행한다. 중심화된 관계 망에서 개인의 정체성을 숨기기는 어려운 일이지만, 가상 공간 안에서는 자신이 '치는'대로 매번 새로운 '나'가 만들어질 수 있다. 제도화된 영역이 주는 도덕 관념이나 책임감, 의무감 또한 희박해질 수밖에 없으며, 이것이 문학 행위에서 '노출증'을 극화시킨 상상력의 탈중심성을 부추겨 주었다.

가상 공간에서 문학은 자신을 드러내고 싶은 노출증을 가장 효과적으로 무마시켜주는 장치이며 동시에 노출증은 문학의 창작 심리 기제이다. 노출증을 창작 심리 기제로 삼을 때 상상력은 어떻게 하면 많은 사람들의 이목을 집중시킬 수 있는지에 몰입하게 된다. 가상 공간의 문학이 SF나 추리, 무협같은 주변부 장르들에 호의적인 이유도 여기에 있다. 현실 공간에서 장르 문학은 발표 지면도 협소할 뿐만 아니라 통속문학이라는 편견 탓에 활발하게 창작되어지지 못했다. 현실 공간 문학의 중심화된 정체성이 상상력의 일부분을 제한하고 있는 것이다. 그러나 가상 공간은 오히려 많은 사람의 관심을 끌 수 있다는 점에서 그같은 주변부 문학의 상상력이 전략적으로 이용된다. 상상력의 탈중심성은 주변부 장르에서뿐만 아니라 기존 장르에서도 뚜렷이 나타난다. 노출증을 충족시키고 사람들의 호기심을 자극하고자 현실 공간에서는 취사할 수 없었던 성적 소재들이 아무런 제약 없이 소재화돼 습작되고, 문학이 견지해야할 최소한의 내적 연관성도 무시한 채 단지 자기만족으로서의 형식 실험이 자연스럽게 이루어진다.

가상 공간에서 문학 행위를 하고 있는 리티즌들의 연령층은 10대 후반에서 20대 중반까지의 영상 세대들에 집중되어 있다. 그들은 신데렐라를 동화책으로 읽는 대신에 만화 영화를 통해 만난 세대이며, 귀여니의 인터넷소설에 별다른 거부감을 갖지 않는 세대이다. 따라서 그들의 문학적 감수성은 기성 세대들과 다를 수밖에 없으며, 전세대와는 판이하게 다른 문학적 감수성이 가상 공간이라는 익명화된 광장 안에서 일탈된 상상력으로 구체화되고 있는 것이다.

물론 실시간성 쌍방향성을 인해 작가와 독자의 경계가 희미해지고, 창작과 비평이 서로 넘나든다면, 타자의 간섭과 개입으로 작가의 상상력이 오히려 위축될 수도 있지 않은가라는 의구심이 뒤따를 수 있다. 그러나 그것은 문학적 상상력의 위축이라기 보다는 타자와의 소통 속에서 더욱 자극되고 촉발되고 교호되는 상상력의 확장이라고 보아야 할 것이다. 타자와의 '소통'은 '주체'의 상상력을 간주체적, 혹은 탈주체적인 상상력으로 형질 전이시키며, 상상력의 탈중심성은 이 지점에서도 목격된다.

정보화사회는 우리에게 의사 체험의 공간인 가상 현실의 세계를 활짝 열어주었다. 현실 세계가 물질적인 공간이라면 가상 현실의 세계는 비물질적인 공간이다. 지금까지 우리들은 오직 '볼 수 있는 것'만을 보아 왔다. 그러나 가상현실

(Virtial Reality)로 대표되는 정보화의 진전에 의해, 현실세계에서 보는 것과는 구별되는 또하나의 방식(컴퓨터를 통해 본다고 하는)이 동시에 성립할 수 있게 되었다. 이것은 인간의 인지와 이해에 커다란 영향을 미친다. 현실 공간에서 볼 수 있는 것과 컴퓨터를 통한 비현실 공간에서 볼 수 있는 것이 모두 '보고 있다'라고 우리에게 인지된다 했을 때, 당연히 현실에서 '보는 것'과 비현실에서 '보는 것'의 거리만큼 '보여질 수 있는' 상상의 세계 또한 분명히 달라진다. '이전부터 존재해 왔던 일상세계'와 '가상 현실로 구성되는 새로운 일상세계'가 공존하고 있는 지금, '보는 것'을 토대로 '보여질 수 있는' 세계를 구현하고자 하는 문학의 상상력은 기왕의 일상세계와 새로운 일상세계가 어떤 공간적 특성을 갖고 있는가에 따라 그 형질 변화가 수반될 수밖에 없다.

현실 공간은 물질적인 공간이다. 우리는 실제로 그 공간 안에서 걷고 말하고 먹는다. 물질 안에서 물질을 통해 물질과 함께 삶을 영위하고 있는 것이다. 그러나 가상 공간은 비물질적인 공간이다. 그 안에서는 아무 것도 실재하지 않으며, 사물이 갖는 물질성은 0과 1이라는 비트(beat)의 조합으로 환치된다. 가상 공간은 인간의 의식으로만 경험할 수 있는 시뮬라크르한 공간인 것이다.

현실 공간의 물질성과 가상 공간의 비물질성으로 인해 우리는 두 공간에서 '보는 것'부터 다르다. 현실 공간에서 우리가 보는 것은 실재하고 손으로 만질 수 있는 물체(物體)이지만, 가상 공간에서는 직접 보는 것이 아니라 보고 있는 것처럼 의식할 수 있을 뿐이다. 가상 공간에서의 일상성은 철저히 개인의 의식 세계 안에서만 체험된다. 따라서 물질적 상상력은 비물질적 상상력으로 전이되고 만다.

현실 공간을 반영하고자 할 때 그것은 물질적 상상력에 의지하게 된다. 가스통 바슐라르의 진술에 의하면 상상력은 "자연 속에 깊이 자리잡을 필요가 있"으며, 물질적 상상력은 대상의 형태가 아니라 실체를 파악하고 그것과 공존하는 것처럼 느끼는 것이다. 물체로서의 얼음 덩어리는 희고 투명하고 번쩍이는 굳은 형태를 갖고 있지만 인간의 상상력 안에서 물질로서 나타나는 얼음 덩어리의 이미지는 물로도 수증기로도 변화한다. 물질적 상상력은 이처럼 외계의 대상의 이미지를 받아들여 그것을 스스로 궁극적인 것 즉 이상적인 것으로 삼고 있는 상태로 독자적이며 역동적으로 변화시켜 나가는 것이다.

그러나 비물질적 상상력은 '자연 속에 깊이 자리잡을 필요가 없'다. 가상 공간은 인간이 만들어낸 인공 자연이며, 바슐라르가 물질적 상상력의 4원소로 제시한 물, 불, 공기, 땅 또한 존재하지 않는다. 얼음이 물이 되고 수증기도 될 수 있는 공간이 현실 공간이라면, 가상 공간은 '얼음'도 '물'도 '수증기'도 모두 아스키 코드로 표시하는 비트의 조합으로밖에 재현될 수 없다.

물질적 상상력과 비물질적 상상력을 보다 분명하게 대비하기 위해서 '집'을 예로 들어보자. 바슐라르에 있어 '집(house)'은 인간에게 안정의 근거와 그 환상을 주는 이미지들의 집적체이다. 집은 내부이며 바깥세계(외부)로부터 인간을 보호해 주는 피난처이다. '집'이 피난처로서의 이미지를 갖는 것은, 문(門)이라는 것을 통해 내부와 외부가 분명하게 경계 지워져 있기 때문이며, 문이 닫혔을 때, 인간은 외부로부터 격리되었다고 의식할 수 있다. '집'과 '문' 모두 물질성을 갖고 있음으로 해서 안정의 근거가 명확해진다. 그러나 가상 공간에서의 '집(site)'은 안정적인 공간도 피난처도 아니다. 현실 공간의 '집'은 개인적인 공간이지만 가상 공간상에 자리잡고 있는 많은 '집'들은 다수의 사람들과 공유해야하는 집단적인 공간이다. '문'은 외부와 내부를 경계지워주기 보다는 누구나에게 열려있음으로 해서 지금부터 '집' 안에 들어선다는 상징적인 의미만을 갖는다. 가상 공간에서 '문'은 비물질성으로 인하여 결코 닫혀질 수 없으며, 닫혀질 수 없는 '문'을 갖고 있는 '집'은 그래서 확정적이기보다는 유동적이며 안정적이기보다는 불안하다. 우리는 '집'을 결코 볼 수도 만질 수도 없으며, 다만 집안에 들어와 있다고 느낄 뿐이다.

가상 공간상에서의 '집'이 안정적이거나 피난처로서의 이미지를 갖지 못하는 대신에 비물질성이 주는 유동성은 주체에 의해 끊임없이 '집'이 변화하고 발전할 수 있다는 열린 공간으로서의 이미지를 갖는다. 가상 공간 내에 위치한 각각의 집(site)들을 유체(流體)구조라 명명하면서, 그 공간들이 철저히 주체의 필요에 의해서만 존재하며, 주체의 발전을 도와줌으로써 그 자체로 발전하는 공간이라 주장하는 마코스 노박(Marcos Novak)의 진술은 바슐라르의 물질적인 '집'과 가상 공간에서의 비물질적인 '집'이 각기 어떠한 상이한 이미지를 갖고 있는가를 드러내 준다.

따라서 가상 현실의 세계가 보편화되거나 현실 세계와 동등한 비중을 지니게 될 때, 문학적 상상력은 지금까지 우리가 생각지도 못했던 전혀 새로운 형질을 갖게 될 것임은 자명하다. 정보화시대 문학의 매체적 상상력은 상상력의 비물질성을 그 토대로 가지며, 새로운 세대들의 문학적 감수성과 맞물려, 재현 대상인 가상 현실의 비물질성을 다양한 방식으로 상상력의 자궁 안에 끌어들이게 될 것이다.

5. 텍스트의 미래, 하이퍼텍스트

하이퍼텍스트의 역사를 이해하기 위해서는 먼저 인터넷의 역사를 살펴볼 필요가 있다. 인터넷은 그 자체가 거대한 하이퍼텍스트 시스템이며, 이론 수준에 머물렀던 하이퍼텍스트를 구체적인 형태로 진화하게 만든 공간 기반이기 때문이다.

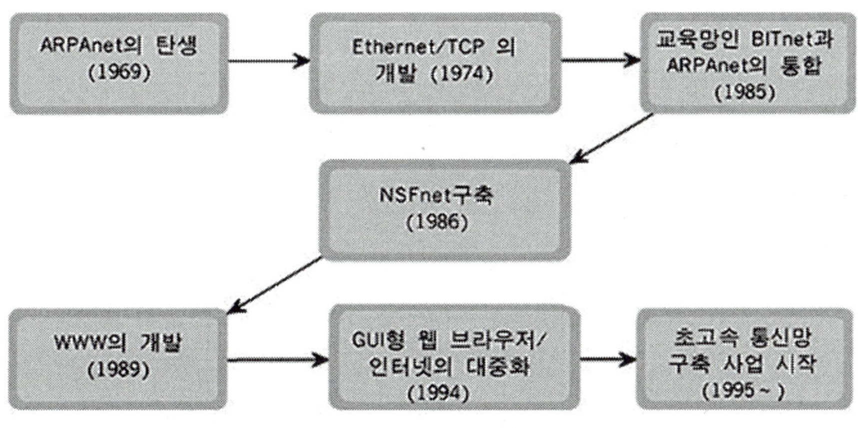

인터넷의 역사에서 가장 중요한 기술적 발전은 1989년 CERN(유럽원자핵공동연

구소)의 Tim Berners Lee가 WWW라는 하이퍼미디어 프로젝트를 시작하면서 부터
이다. 월드와이드웹(World Wide Web)의 등장으로 최초로 실용화된 분산형 멀티미디
어 하이퍼텍스트 시스템이 구현되었다.

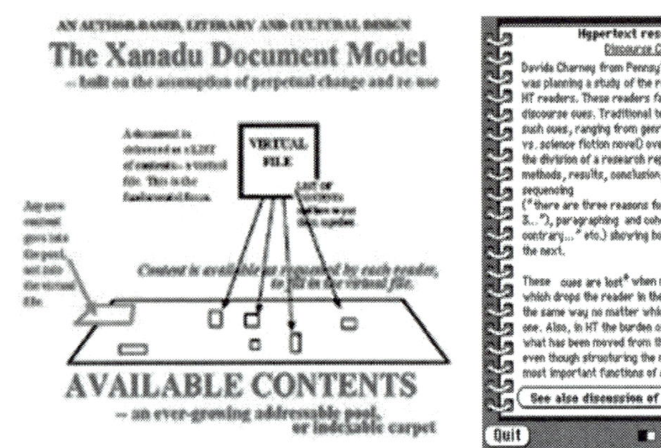

〈제나두 문서 모델의 구상도〉　　　　　　　〈애플의 하이퍼카드〉

　　　WWW의 등장으로 하이퍼텍스트가 웹의 형태로 구현되었지만 그 아이디어는
1945년 Vannevar Bush가 '우리가 생각하는 것처럼(As we may think)'이라는 글을 통해
처음으로 제안하였다. 이 글에서 그는 당시 도서관의 구태의연한 도서분류나 검
색 체계로서는 더 이상 정보의 홍수를 감당할 수 없다고 진단하고, 기억 확장기라
는 의미의 '메멕스(memex: memory extender)'라는 시스템을 제안한다. 그는 "인간의 마
음은 연상에 의해 작동한다. 한 항목이 포착되면 마음은 곧바로 연상 작용에 의해
다음 것을 확 잡아챈다. 이것은 두뇌 세포가 지니는 단서들의 복잡한 그물에 따라
이루어진다"고 지적한다. 인간의 사고는 위계적으로 조직되어 있는 것이 아니라
자유로운 '연상'에 기초하고 있다는 것을 강조하고 인간 두뇌의 작동 방식을 모방
한 텍스트를 상상하였던 것이다. 1965년 Theodor Nelson는 Xanadu 프로젝트를 통해
Vannevar Bush의 아이디어를 한층 정교화한다. 'Hypertext'라는 용어를 처음 만든
장본인이기도 한 Theodor Nelson은 사용자 컴퓨터의 지역 데이터베이스에 사용자

정보가 저장되어 사용되며 외부 정보를 연결하는 링크를 활성화시키면 전위 처리 컴퓨터가 네트워크를 통해 후위 정보 저장소의 정보를 검색하도록 설계한 Xanadu 를 통해 하이퍼텍스트의 기본 골격을 창안해 내었다.

1987년 애플사가 매킨토시 시스템에 '하이퍼카드'라는 응용프로그램을 접목시 킴으로서 사용자들에게 데이터베이스의 링크를 따라가는 비선형적 경로를 제공해 주게 되었고 하이퍼카드의 혁신적인 아이디어는 결국 WWW의 개발로 이어졌다. WWW은 애플의 하이퍼카드를 네트워크상에서 구현한 것이라 할 수 있으며, 하이 퍼링크를 사용하여 여러 문서, 그래픽, 동영상, 사운드를 자유롭게 검색하고 접근 할 수 있게 함으로써 인터넷을 통한 거대한 정보혁명의 밑거름이 되었다.

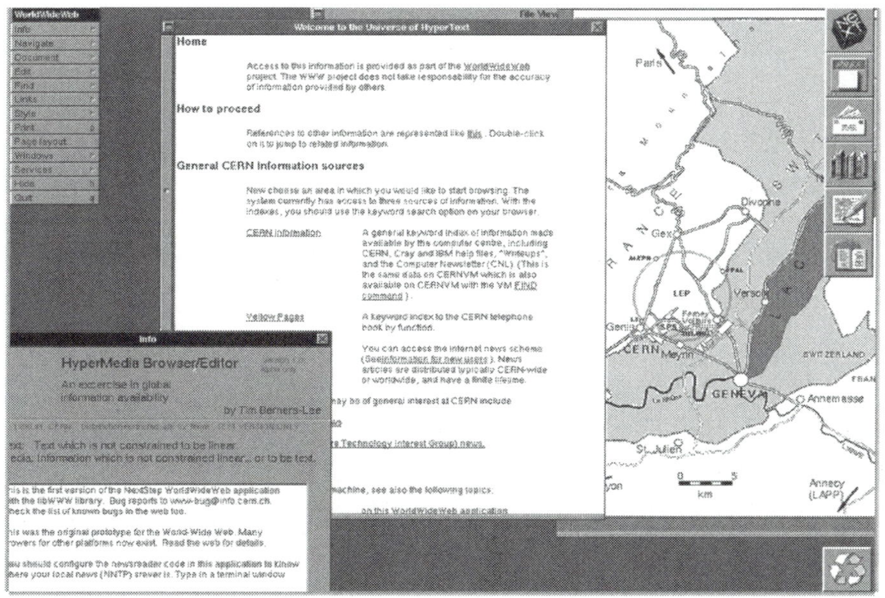

〈Tim Berners-Lee's original World Wide Web browser〉

하이퍼텍스트는 독자가 원하는 방향으로 자료를 찾아 자유롭게 읽어나갈 수 있는 백과사전의 방식과 유사하나 순차적이거나 단계적인 방식으로 항목들을 배 열하는 백과사전과는 달리 다양한 링크들을 통해서 더욱 더 역동적인 읽기와 정보검색이 가능한, 인터넷이라는 새로운 환경에 걸맞은 새로운 독서 방식이다.

인터넷은 시간과 공간이 뫼비우스의 띠처럼 연결되어 있는 공간이다. 인터넷이라는 거대한 네트워크 안에서 우리는 수시로 시간과 공간의 제약을 뛰어넘어 자신이 원하는 정보에 접근할 수 있다. 인터넷에서 과거란 존재하지 않는다. 모든 기억은 비물질적인 기호인 비트로 표시되어 있으며, 그것은 어느 때고 누군가에 의해 다시 끄집어내어지는 순간 현재가 된다. 독자들이 작가의 작품을 읽을 때 표시되는 조회수는 '현재'를 상징하는 점멸 부호이다. '층층'이 아니라 '겹겹'으로 구성된 하이퍼텍스트는 텍스트에서 페이지를 삭제하고 활성화와 비활성화를 통해 화면에 떠오른 시각적 정보에 집중하게 해줌으로써 독서의 동선을 독자 스스로 자의적으로 구성할 수 있도록 해 서사의 위계를 파괴하였다. 하이퍼텍스트의 비선형적 구조는 인류가 만들어낸 어떠한 매체보다도 인터넷이 사용자중심의 서사 환경을 조직해낼 수 있도록 해준 혁명적인 방식이다.

현재의 인터넷은 하이퍼텍스트 시스템을 기반으로 구조화되었다. 하이퍼텍스트는 텍스트의 복합체로서 노드(node)로 구성되어 있는데, 이 노드는 기존 텍스트의 페이지, 문단, 장, 권에 해당하는 것으로 링크(link)에 의해 상호 연결 및 변형이 가능해 일방향적 체제에서 다방향적 혹은 쌍방향적인 커뮤니케이션 체제로의 텍스트 구성이 가능하다. 독자가 기존 평면텍스트를 순차적으로 읽어야 함에 따라 텍스트에 대해 수동적인 반면, 하이퍼텍스트의 경우에 독자는 읽을 노드를 계속 선택한다는 측면에서 텍스트를 구성하고 창조하고 있다고 볼 수 있다. 따라서 하이퍼텍스트는 독자와 작가의 경계가 흐려져 텍스트가 텍스트 자체 이상의 효과를 지닌다고 말한 롤랑 바르트의 텍스트 개념보다 훨씬 확장된 의미를 갖게 된다.

기존 텍스트가 선형적이고 평면적인데 반하여 하이퍼텍스트는 평면을 뚫고 지나 새로운 텍스트를 지속적으로 만날 수 있는 비선형 구조를 가지고 있으며 공간과 시간의 전후통로가 개방되어 있어 인간의 의식 구조와 유사하다. 평면텍스트는 텍스트를 페이지 순서대로 순차적으로 읽어 나감에 따라 몰입의 상태에 빠지게 되는데 이 때, 독자 자신은 텍스트에 대해 수동적이다. 반면 하이퍼텍스트는 독자가 텍스트 속에 들어가 그 환경을 변화시킬 수 있는 텍스트 환경과의 상호제휴성 및 상호활동성을 내포하고 있기 때문에 그 텍스트는 인간의 상상과 하이퍼상상이 합일되는 무한한 상상공간을 제공한다.

하이퍼텍스트는 작가가 만들어놓은 수많은 서사의 경우 수를 독자가 임의적으로 취사 선택하여 서사를 재구할 수 있도록 짜인 열려있는 텍스트이며, 새로운 쓰기와 읽기를 가능케 하는 텍스트이다. 독자는 임의적으로 링크(link)를 클릭 함으로 해서, 이야기의 흐름을 바꾸어 자신만의 줄거리로 텍스트를 재구성할 수 있다. 만약 중간에 어떤 한 링크의 선택을 번복한다면, 당연히 줄거리 또한 달라진다. 따라서 하이퍼텍스트는 끝없이 연속되어지며 결코 완결될 수 없는 미완 구조를 지닌다. 미완 구조 역시 현실 공간의 텍스트에서도 찾아볼 수 있는 형식 미학이지만, 그것이 독자의 의도에 따라 구체화된다는 점에서 현실 공간의 그것과는 다르다. 이제 독자들의 문학적 기호는 읽고 따라가는 독서에서 쓰고 참여하는 독서로 새롭게 변화해 나가고 있으며 하이퍼텍스트가 그것을 가능하게 해 주었다.

하이퍼텍스트는 크게 '노드(node)', '링크(link)', '웹브라우저(web browser)'라는 세 가지 구성요소를 갖는다. 노드는 하이퍼미디어시스템에 있어 정보를 저장하는 기본 단위로 텍스트, 이미지, 또는 그래픽, 사운드, 비디오 같은 여러 종류의 미디어로 된 정보가 들어갈 수 있다. 사용자는 하나의 노드 내에 여러 정보를 적용하거나 단지 하나의 정보만으로 하나의 노드를 구성할 수도 있다. 노드는 하이퍼텍스트 정보의 기본 단위이며, 웹에서 한번 클릭으로 볼 수 있는 화면 전체이다. 하나의 노드에는 독립적인 성격을 유지하는 하나의 정보가 표현된다. 우리가 눈으로 볼 수 있는 하이퍼텍스트는 노드들의 모임이며, 이 노드는 링크로 서로 연결된다.

링크는 노드들 간을 연결해 주는 것으로 노드들 간의 상호관계를 정의하며, 원하는 링크를 따라감으로써 관련된 정보들을 연속적으로 표시할 수 있다. 링크가 제공하는 몇 가지 일반적인 기능은 다음과 같다.

① 텍스트 속의 참조사항 표시와 참조사항 연결, 문헌에 대한 참조사항을 문헌 자체와 연결

② 텍스트나 이에 관한 주석이나 각주의 연결

③ 문헌 목차와 텍스트 항목의 연결, 그리고 문헌 내에 관련된 텍스트 부분들을 연결

④ 도표내의 엔트리와 이에 관련된 설명 부분을 연결하거나 텍스트와 도표의 연결

⑤ 문헌 내에서 상호 참조된 다른 문헌으로의 연결 제공 등이다.

하이퍼텍스트에서 링크로 연결되는 과정은 주어진 것을 단순히 기계적으로 결합시키는 것이 아니다. 인터넷에서 독서는 해석이 이루어지는 능동적인 과정이며, 이 해석의 과정은 끝없이 열려있고 불확정적이다. 이 과정에는 해석학적 순환, 즉 새로운 정보가 이전의 익숙한 정보를 변화시키고 기왕의 정보를 업데이트하는 순환성이 내재되어 있다.

브라우저는 하이퍼텍스트 네트워크의 전체적이거나 부분적인 구조를 도식적으로 보여주고 있는 일종의 데이터베이스 구조 지도로 하이퍼미디어시스템에서 정보의 위치를 파악하고 정보를 표시한다. 브라우저를 통하여 노드에 접근하게 되는 도구는 기본적으로 학습의 편의성(Learnability), 사용의 편의성(Usability), 일관성(Consistency) 그리고 유연성(Flexibility)을 제공하여야 하며, 이러한 기본적인 요소들을 지원하게 되는 기능으로는 전체 하이퍼미디어의 구성을 확인하게 되는 전역 다이어그램(Overview Diagram)과 지역 맵(Local Map), 원활한 탐색을 위한 후방 탐색(Back-tracking)과 경로 이력(Path History), 기존 탐색을 보존하기 위한 발자취(Footprint) 또는 책갈피(Bookmark) 기능 그리고 용어사전(Glossary) 또는 색인(Index) 등이 있다.

하이퍼텍스트의 형태는 순차형태(Sequence), 격자형태(Grid), 계층형태(Tree), 웹형태(Web) 형태로 구분된다.

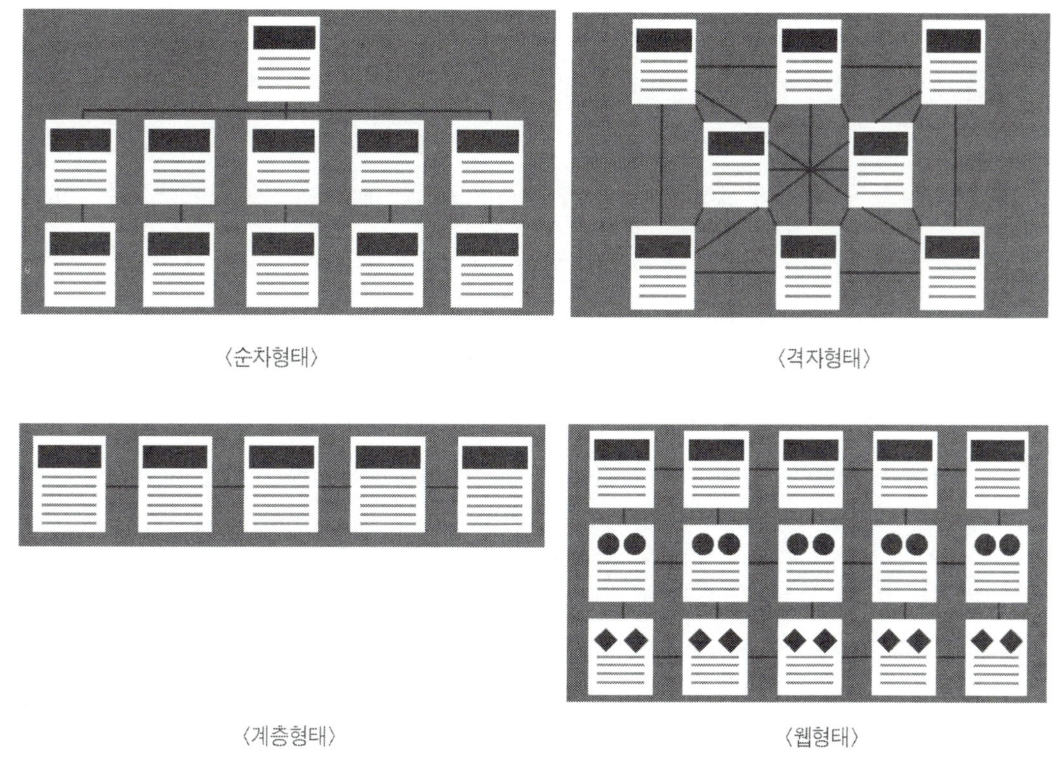

〈순차형태〉　　　　　　　〈격자형태〉

〈계층형태〉　　　　　　　〈웹형태〉

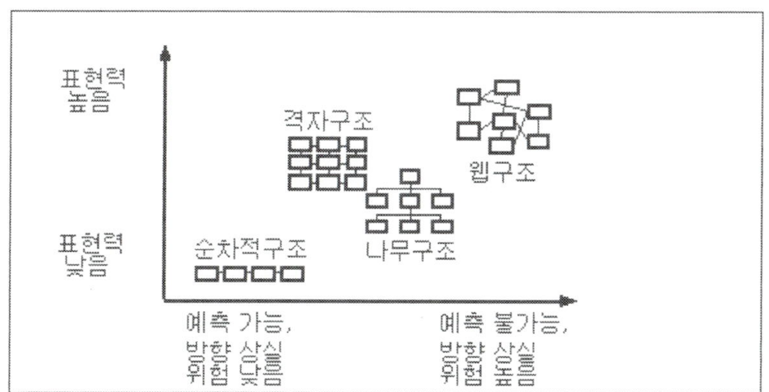

　　전통적인 이야기구조인 순차형태는 예측이 가능하고 텍스트에서 길을 잃을 위험이 적은 반면 표현력이 약하다. 웹구조는 표현력이 매우 강하나 예측이 어렵고

독서가 혼란스러울 위험이 있다. 이 양극단의 형태가 갖는 위험을 피하면서 장점을 살리는 타협적 형태로 격자형태나 계층형태가 사용된다. 특히 자료를 분류하고 구조화하는데에는 우리에게 가장 익숙한 계층형태가 사용된다. 그러나 인터넷이 정보의 바다로 부상하면서 다양한 사람들이 다양한 정보를 얻고자 하는 정보 습득의 욕망 역시 강렬해지게 되었고 링크로 연결된 방대한 정보가 겹겹이 노드를 구성하면서 최근에는 웹형태가 가장 일반적으로 사용되고 있다. 물론 예측불가능성과 방향상실의 위험이 기술적으로 완벽하게 제거된 것은 아니며, 웹형태의 하이퍼텍스트의 단점을 보완할 수 있는 새로운 형태의 출현이 요구된다.

Shneiderman이 제안한 '하이퍼텍스트 황금률(The golden rule of hypertext)'은 이 점에서 주목할 만하다. 그는 하이퍼텍스트에 적합한 정보를 판단하는 기준으로 다음 세 가지를 제안하였는데, 그것은 ① 큰 덩치의 정보가 많은 수의 조각들로 짜여 있을 것, ② 그 조각들은 연속적일 필요는 없으나, 서로 느슨하게 연상적으로 관련되어 있을 것, ③ 사용자는 언제나 그 중에서 한 단위나 부분만을 필요로 할 것 등이다. 이는 인터넷이 등장하기 이전에 마련된 것으로 여러 정보들 중 하이퍼텍스트가 어울릴 만한 정보를 찾아내기 위한 기준으로 제안된 것이었지만, 현재 상황에서도 귀기울일 만한 적절한 지침이라고 보인다.

하이퍼텍스트는 독자의 독서 습관을 바꿔놓았을 뿐 아니라 하이퍼픽션이라 불리는 새로운 형태의 문학 장르를 탄생시켰다. 하이퍼픽션은 정보통신기술의 발전으로 컴퓨터가 멀티미디어로 발전하고 PC통신과 인터넷이 생활화됨에 따라 미국과 유럽에서 1990년대 초부터 시작된 새로운 소설 양식이다. 기존의 영화·소설 등과 결정적으로 다른 것은 이야기 구조가 하나의 선(線)으로 이어지는 것이 아니라 다중의 방향을 갖는다는 것이다. 또 일방적으로 독자가 정보를 제공받기만 하는 것이 아니라 독자와 텍스트가 상호작용한다는 것이다. 즉, 하이퍼링크(hyper link)와 쌍방향성이라는 컴퓨터의 특성을 결합한 것으로 독자가 텍스트를 조합해 제2의 창작이 가능하도록 한다. 미국과 유럽에서는 이 하이퍼픽션이 CD롬 타이틀로 이미 계속 출간되고 있으며 집필을 위한 전용 소프트웨어도 시판되고 있다. 하나

의 소설 속에 수십, 수백 가지의 다양한 줄거리 전개가 가능한 컴퓨터 전용 전자
책이라 할 수 있으며, 독자는 소설의 시작에서부터 그리고 이야기의 고비마다 그
때그때 자신의 선택에 따라 각기 다른 방식으로 다른 줄거리를 읽을 수 있다는
것이 특징이다.

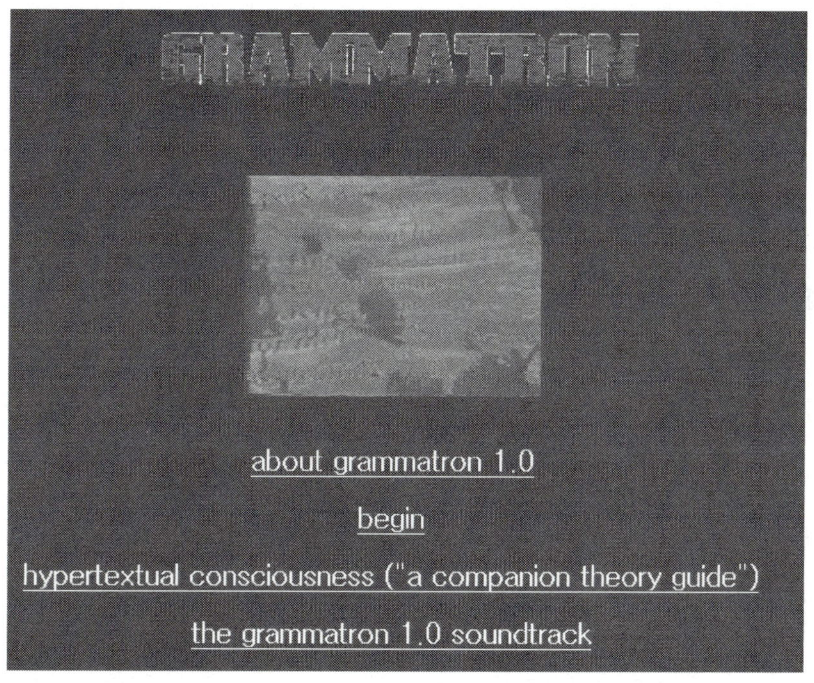

위 화면은 1997년 5월 인터넷에 처음 공개되고, 6월 <뉴욕타임즈>에 관련기
사 소개되면서 일반대중에 소개된 Mark America의 하이퍼픽션 <GRAMMATRON>
(http://www.grammatron.com/index2.html)의 초기화면이다. '문학계의 하이퍼텍스트 수소
폭탄'이라 표현될 정도로 큰 호응을 불러일으켰으며, 1100개 이상의 텍스트, 2000
개의 링크로 구성되었으며, 40분여의 OST를 포함하는 Virtual Art의 대표적인 작품
이다. 이 작품은 전자문명이 극도로 발전했을 때 글쓰기가 어떻게 전개될 것인가
를 은유적으로 보여준다. 사람이 전자매체를 이용해 글을 쓰는 단계에서 한걸음

더 나아가, 전자문명의 발전으로 전자 매체 자체가 인간의 마음과 감정을 읽어 글을 쓰게 되는 상황을 허구적으로 그려냈다. <그래마트론>이라는 제목은 Gramma (글쓰기에서 의미의 기본단위) + tron(기계) = 글쓰기를 위한 기계를 의미한다. Mark America는 이 작품을 정지된 평면적 서사물이 아니라 입체적, 역동적 내러티브 환경이라는 공간적 개념으로 파악하였다. 문학 작품의 차원을 떠나서 다양한 실험성이 문학 장르에 접목된 하나의 프로젝트로서, 그 구성은 [이야기+참고자료+작가소개+작품소감](언어적 텍스트) + [배경음악](청각) + [동영상+이미지](시각) 등 멀티미디어 텍스트를 포함하는 복합예술이다.

<그래마트론>의 주인공인 '나'는 글쓰기 기계이자 기계와 합쳐진 인간 즉 사이보그이다. 기계는 글을 쓰기 위한 도구이기도 하고 실제로 기계가 글 쓰는 사람의 의식이 되어 글을 쓴다. 텍스트에서 대문자로 나오는 IT는 대명사 'it'를 의미함과 동시에 'Information Technology'를 연상시킴으로써 디지털 존재와 정보, 기술문명과 인간의 긴밀한 유대관계를 나타낸다. IT가 가상공간에서 하는 여행이 이 작품의 내러티브를 구성하고 있다.

인터넷은 그리고 하이퍼텍스트는 우리의 글쓰기에도 엄청난 영향을 끼치고 있다. 이제 순수하게 독자적이고 창의적인 글쓰기의 시대는 막을 내리고 있다. <Know How>의 시대에서 <Know Where>의 시대로 접어들면서 21세기가 우리에게 요구하는 것은 신처럼 군림하는 'Writer'가 아니라 정보를 찾아내고 선택하고 가공하는 유연한 사고의 'Editer'이다. 하이퍼텍스트는 모두에게 열려 있고 시작과 끝이 없으며 결코 완결될 수 없다. 우리가 편집자로서 정보에 접근해야 하는 이유가 바로 이것이다.

1. 스마트폰의 등장이 우리 일상에 미칠 영향에 대해 논의해 보시오

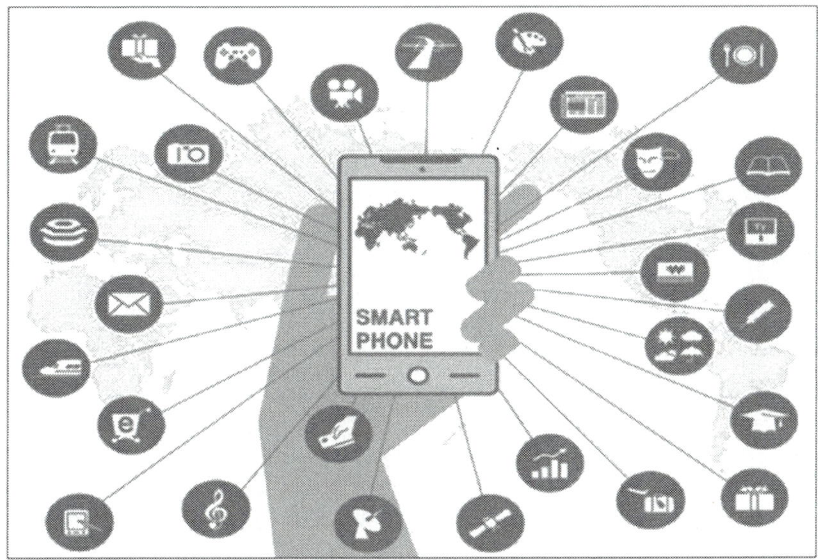

2. SNS((Social Network Service, 소셜네트워크서비스)의 정의를 내려보고, 트위터나 페이스북같은 미국형 소셜네트워크서비스와 싸이월드로 대표되는 한국형 소셜네트워크서비스와의 차이점에 대해 토론해 보시오.

3. 1인 미디어와 기존의 미디어와의 차이점과 경쟁력, 장점과 단점에 대해 논하시오.

매체언어 비평의 눈

매체언어 비평의 눈

[영화비평] **구성된 피해의식, 부질없는 구원의 논리**

송효정

〈밀양〉에 대한 만장일치 찬사에 이의를 제기한다

추방인가? 신애는 딸의 자리와 아내의 자리(나중에는 엄마의 자리에서도)에서 밀려나 밀양이라는 비밀의 햇볕 속으로 왔다. 그녀는 꼬리 잘린 과거를 지녔다. 영화는 출발한 곳을 보여주지 않고, 이렇게 신애가 도착한 곳에서 시작한다. 아무도 나를 모르는 곳으로 가서 새로운 삶을 살겠다고 강변하지만, 그녀는 과거의 풍문에서 떠나왔거나 혹은 쫓겨났다.

<밀양>의 신애는 흔한 검정 구두를 신는, 가르마를 타지 않는 부스스한 여자다. 이 여자가 고통을 겪는다. 고통은 그것이 극적으로 연출되지 않았기 때문에, 더더욱 그 상(像)이 그려지지 않으며, 좀처럼 언어화될 수 없다. 이 낯설고 이질적인 고통을 어떻게 받아들이란 말인가. 영화는 인물이 갖는 적의의 실체를 모호하게 흐려놓았다. 그렇다고 악의 불가지성을 주장하지도 않는다. 오히려 이들에게 무관심하다.

아이의 우울증으로 은폐된 신애의 광기

신애라는 이방의 여자가 도착한 밀양이라는 도시는 풍문과 신앙의 공간이다. 미용실과 거리와 교회 등 곳곳의 시정에선 신애 자신의 의지와 관계없이 그녀에 대한 풍문들이 유통된다. 밀양 사람들에게 그녀는 좀 이상한 여자, 불온한 여자, 이방의 여인이자 과부이다. 그녀가 토착민들에게 '이웃'의 자리에서라도 밀려나지 않기 위해서는 일종의 위장 전술이 불가피하다. 그래서 신애는 거짓말을 한다. 돈이 많은 듯, 그래서 땅을 사려는 듯. 그렇다고 그녀가 땅을 사려는 이유에 전적으로 진실이 결여되어 있는 건 아니다. 마치 밀양 외에 다른 어떤 곳도 없는 양, 신애에겐 여기가 종점이다, 그녀에겐 안주할 상징적 영토가 필요하다. 그런데 신애라는 여자가 위험한 까닭이 하나 더 있다. 영화의 초반엔 잘 드러나지 않지만, 그녀는 처음부터 미친 여자다.

남편의 외도와 죽음 뒤 신애는 새로운 삶을 찾아, 이상하게도 망각하는 것이 더 편할 남편의 고향 밀양에 왔다. 그녀는 정상적인 애도를 마치지 못한 채, 일종의 '오인'의 상황에 빠져 있다. 이 오인은 의도적이거나 혹은 신념의 차원의 것으로. 즉 남편은 나와 아이를 배신한 적이 없다는 것이다. 이러한 착오적 신념은 영화 후반부에서 신애의 광신과 연관될 것이다. 어쨌든 신애는 겉으로 멀쩡해 보인다. 자신에 관해 다소 과잉 방어하고 있는 듯한 인상을 준다 해도 적어도 비정상은 아닌 것 같다. 겉으로 보기에 문제는 오히려 아들 준에게 있다. 웬일인지 아이는 숫기없고 우울하다. 자기 속의 이야기를 하지 못하고, 원고에 쓰인 내용으로 웅변을 하는 아이. 마치 자신의 대사를 읊고 있는 듯이 삶을 연기하고 있는 신애의 모습과 비슷하지 않은가? 나는 여기서의 아이가 신애가 지닌 증상의 대리물이라 보았다.

남편의 외도와 죽음이라는 심리적 파열을 겪었음에도, 신애는 자신의 증상을 드러내지 않는다. 삶에 대한 의지가 너무도 강하다. 그녀는 애도를 생략하고 신념과 착각으로 이를 은폐한다. 그래서 증상은 아이의 우울증으로 나타난다(물론 신애의 증상이 얼핏 부상하기도 하는데, 영화의 도입부에 신애가 아이에게 "일어나."라고 앙칼지게 소리쳤던 것을 기억해보자). 증상을 은폐하는 기호였던 아이가 사라지고 나서야 서서히 신애의 광기가 가시화하기 시작한다.

오직 광인만이 하늘과 대화한다

개봉 뒤 <밀양>은 인간의 고통과 구원에 관한 '윤리적인' 영화라고 상찬 받아 왔지만, 이 와중에 모호한 윤리적 판단들이 유보되었다. 가령 아이와 유괴에 관한 것이 그러한데, 서사를 위해 유괴라는 소재를 차용했을 때, 피학과 외설이 쉽게 수용되면서 관객의 감정 이입을 이끌어내는 장치로 전유된다는 것은 일반적인 사실이다. 다행히 <밀양>은 이 아슬아슬한 지점을 피해갔다. 범인의 목소리를 전달하지 않았기 때문에 관객은 가상의 유괴범을 증오하는 것에서 차단되었으며, 아이의 훼손된 신체가 등장하지 않았기 때문에 외설적 욕망이 작동될 여지가 없었다. 하지만 위험한 부분은 남아 있다. 바로 아이가 신애의 증상으로 물신화했다는 점이다.

아이가 상상적 매개물이라면, 아마도 그녀의 증상은 영화의 시작 이전에 시작된 것이다. 즉 신애의 광기가 유괴범에 대한 용서라는 미명으로 위장된 '사적 복수'가 차단되었기 때문에 발생한 것이 아니라, 그 이전에 시작된 것이라는 말이다. 고통의 결과 미친 것이 아니라, 처음부터 신애는 미친 여자다. 이는 영화의 첫 시퀀스가 아들 준이 하늘을 바라보는 시선으로 시작하는 것에서도 드러난다. 이후에 이 시선은 신애의 시선으로 바뀐다. 오로지 광인만이 하늘을 인식하고, 하늘과 대화한다. 그녀의 광기가 아이로 대체되어 잠재되었던 것일 뿐, 처음부터 그녀는 멜랑콜리악(melancholiac), 즉 우울증 환자였다. 여기서 아이라는 대상은 신애의 억압된 심리 상태의 징후이자, 동시에 물신으로 기능한다.

감독은 이 영화가 하늘에서 시작해서 땅에서 끝나는 영화라고 한다. 여기서 하늘이란 무엇일까. 신애와 하늘의 숏 리버스 숏을 통해, 카메라는 사실상 하늘이 초월적이고 억압적으로 편재하는 햇볕의 근원임을 보여주며, 신애가 이에 분노하는 것을 구성해낸다. 이 초월적인 힘은 고대 비극에서처럼 윤리적 의무를 부여하면서 주인공을 분열증으로 몰아가는 힘이 아니다. 그렇다고 신애가 겪는 비극이 운명을 거스르는 그녀의 하마르티아(hamartia) 때문인 것도 아니다.

남편의 배신과 죽음, 그리고 오로지 아이밖에 없던 그녀에게 또 닥친 아이의 상실. 이러한 일련의 파탄이 근거없이 일어날 리 없다는 신념은 하늘이라는 초월적 존재자를 원한의 '근거'로 구성해낸다. 극심한 고통에 원인이 없을 리 없다, 그렇다면 삶은 말이 안 되니까. '하늘, 네가 이 모든 것을 다 보고 있으면서도 그렇게 너그러운 햇볕을 쏟아내고 있다니, 참을 수 없어.'라는 듯이 신애는 하늘을 흘겨본다. 자신의 피학적 경험을 희생으로 전치시키고, 하늘을 그 희생과 고통의 원인으로 만든다.

영화 속에 영원히 고립된 여자

신애는 원래 미친 여자며, 처음부터 하늘과 대치적 관계에 있었다. 그러나 강조컨대, 하늘은 신애가 구성한 상상적 허구다. 이창동 감독은 처음 이청준의 <벌레 이야기>를 읽었을 때, 그것을 광주에 대한 이야기로 읽었다(<씨네21>, 602호). 정치적으로 화해하자는 공론화 작업이 일어나는 것을 보면서 피해자가 용서하지 않았는데, 누가 용서한다는 것인가 하는 생각이 들었다는 것. 이 '누구'에 대한 억압적 인식이 만들어낸 것이 바로 하늘이다. 그래서 기독교라는 소재는 부수적이다.

작용자로서의 역사 혹은 어떠한 힘이 있다는 인식, 그것이 인간들을 피해자로 만들며 또 너그럽게 인간보다 먼저 용서하고 망각시킨다는 인식. 바꿔 말하자면, 하늘은 신애를 피해자로 돌린 감독이 만들어낸 허구적 실체다. 인간들을 내려다보는 하늘의 숏이 불쾌한 것은 그러한 까닭이다. 역사, 진리, 정치 혹은 그것이 무엇이건 간에, 초월적 질서가 인간을 내려다본다. 그 시선하에서 인간은 피해자가, 고통의 인간이 될 수밖에 없다(<오아시스>에서도 역시 종두와 공주가 하늘을 올려다보는 장면이 나온다. 이들 역시 피해자들로 소환된 것이다). 초월적 타자에게 희생당했다는 의식이 구성된 것이라면, 이 영화가 말하는 구원의 논리도 부질없어진다. 시크릿 선샤인은 모든 것을 보고 있다. 그러나 신애는 공감될 수 없는 고통을 느낀다. 그녀는 그렇게 영화 속에 고립되었다.

어쨌든 신애는 다시 집에 돌아와 거울 앞에 앉아 머리를 자른다. 밀양에서 신애는 아마도 완전한 이웃이 될 수는 없을 것이다. 적당한 호의와 적당한 적의 속에서 완전히 그 사회에 흡수되지 못하는 약간 미친 이방 여인으로 살아야 할 것이다. 신애(信愛), 믿음과 사랑, 그러나 소망없는 여자. 모든 이방인들은 광인들이다. 그들은 법과 도시와 질서 밖에 있으며, 토착민들의 균질적 삶에 균열을 일으키는 불안정한 존재자다. 다만 종찬은 매우 이질적 토착민이다. 심심타파적 일상들에 둘러싸여 있지만, 생일날 혼자 두루치기를 먹는, 마흔이 다 되도록 엄마의 잔소리 전화를 받는, 늘 신애를 졸졸 따라다니는 이 쓸쓸한 남자 역시 정상처럼 보이지 않는 것은 내게만 그러할까?

출처 : www.cine21.com

[방송비평] KBS와 MBC 달라도 너무 달랐던 2010년 첫날 뉴스

김동수

2010년을 중심으로 지난 우리 역사 100년은 엄청난 사건들이 있었다. 일본제국주의에 의해 1910년 우리는 국권침탈을 당했다. 1950년은 아직도 끝나지 않은 한국전쟁이 일어났다. 1960년은 이승만 독재 정권을 붕괴시킨 4·19혁명이 일어났고, 1980년 5월 광주에서는 민중항쟁이 일어났다. 2000년 남북정상회담을 빼놓을 수 없을 것이다.

2010년 새해 첫날 KBS와 MBC는 <뉴스9>와 <뉴스데스크> 시간을 통해 이런 우리 현대사를 평가하고, 새해 우리 사회가 나아가야 할 방향을 제시했다.

먼저 KBS는 11번째 뉴스인 '대한민국 주름진 100년, 새 도약 100년' 기획물을 통해 "2010년은 우리 민족에게 격별한 한 해"라며 "100년 전 나라를 빼앗겼고 60년 전에는 동족상잔의 비극까지 겪어야 했지만 영욕의 역사를 딛고 세계 10위의 경제대국으로 우뚝 서는 기적을 일궜습니다."고 지난 100년 역사를 앵커멘트를 통해 평가했다.

먼저 "잔학한 일제에 무력하게 나라의 주권마저 송두리째 빼앗겨야 했다."며 꼭 100년 전 우리의 슬

▲ 1월 1일 KBS 〈뉴스9〉 화면

픈 자화상이라고 국권침탈을 평했다. 하지만 우리 민족은 "들불처럼 번진 3.1 독립 운동은 나라는 빼앗겼어도 민족혼은 결코 죽지 않았음을 만방에 알렸다."며 "이봉창 의사, 윤봉길 의사 등 수많은 독립투사들이 상해 임시정부를 기반으로 일제에 항거했다."면서 독립운동을 반추했다.

국권침탈과 독립운동에 이렇게 평가한 KBS는 해방 이후 정국을 "그토록 기다리던

해방. 전국 방방곡곡은 거리로 쏟아져 나온 인파의 만세 함성으로 뒤덮었다."며 "좌우 이념 대립으로 끝없는 혼란과 혼돈의 연속이었고, 결국 남한엔 이승만 초대 대통령의 대한민국 정부가 북쪽에는 김일성의 조선민주주의 인민 공화국이 들어서고 남한만의 단독 정부 수립에 반대하던 독립운동의 거목 백범 김구선생은 피살되고 말았다."고 했지만 '미군정'은 전혀 언급하지 않았다.

그리고 이승만 독재와 4·19혁명과 박정희가 주도한 5·16군사쿠데타 역시 전혀 언급하지 않고 넘어갔다. 4·19혁명과 5·16군사쿠데타가 우리 현대사에 엄청난 영향을 끼쳤는데 전혀 언급하지 않고 넘어갔다는 것은 안타깝다.

민주주의를 유린한 박정희의 5·16군사쿠데타를 언급하지 않았던 KBS는 박정희 대통령을 이렇게 평가했다.

경제 개발에 모든 것을 걸었던 시절. 경부고속도로 건설과 산업의 쌀을 쏟아내는 포항제철의 준공으로 비약적인 경제 성장의 기틀을 마련했습니다. 1961년 일인당 국민소득 85달러에서 십년 만에 252달러로 뛰었고 수출은 60년대 3억 달러에 불과하던 것이 1977년 마침내 수출액 100억 달러를 돌파했습니다. 1970년대 초반 강남 지역의 모습들을 지금과 비교해보면 말 그대로 상전벽해, 한강의 기적임을 실감케 합니다. 장기 독재의 막을 내린 10.26의 총성, 이어터진 5.18 광주 민주화 항쟁은 현대사의 커다란 분수령이 됐습니다.

박정희 정권을 경제기적을 일으킨 정부를 칭송하는 데 많은 시간을 할애했지만, 5·16군사쿠데타로 민주주의를 유린하고, 수많은 민주시민들을 탄압했던 일은 "장기 독재의 막을 내린 10.26의 총성"이라는 짧은 문장으로 넘어가버렸다.

그리고 김대중 정부와 노무현 정부는 "여야 정권 교체를 이루었고 권위주의를 벗어던진 참여정부"라며 잠깐 언급한 후 이명박 정부에 대해서는 "세계 일류국가 고품격 국가를 향한 이명박 정부에 이르기까지 숨 가쁘게 달려온 대한민국. 이 같은 정치적 민주화의 성공과 함께 자동차와 선박에 이어 첨단 IT 제품, 한국형 원전의 수출까지 세계 10대 무역 강국으로 경제적 번영까지 이룬 세계사에 유례를 찾기 힘든 자랑스러운 나라입니다.”라면서 이명박 정부를 '고품격', '세계일류국가', '자랑스러운 나라'라고 추켜세우기 바빴다.

하지만 MBC <뉴스데스크>는 달랐다. MBC <뉴스데스크>는 뉴스는 22번째 기사에서 '품격 있는 사회'라는 주제에 "자신만 더 돋보이기 위한 치열한 경쟁은, 그러나 모두가 잘 드러나지 않는 낭패를 낳았다."면서 "절대 질 수 없다는 무한의 경쟁심이 대한민국을 세계 10위권의 경제대국까지 끌어올렸지만, 그 치열함이 이젠 마치 승자 없는 간판 경쟁처럼 모두를 패배자로 만들지 모른다."고 경고했다.

▲ 1월 1일 MBC〈뉴스데스크〉화면

이어 "식민지, 전쟁, 독재, 경제발전, 쉴 새 없던 소용돌이 속에서 버텨내야 했던 절박함은 일단 나부터 살고 보자는 이기심이 돼 주변 모두를 적으로 돌려세웠는지도 모른다."고 우려하면서 특히 이런 문제를 해결할 책임 있는 위치에 있는 사람들이 더 챙기려 한다고 강하게 비판했다.

꼬여 있는 실타래를 먼저 풀어줘야 할, 힘 있고, 돈 있고, 권세 있는 사람들이 더 챙기려 한다는 게 문제를 더욱 어렵게 만들고 있습니다.

이어서 "지금까지 우리가 살아온 방식을 통해 물질적 풍족함을 얻은 건 분명하지만, 치열함은 추구하되 이제는 조금 벗어날 필요가 있다."면서 "다양한 삶에 대한 인정, 다른 사람들이 행복해야 나도 행복할 수 있다는 신념, 힘 있는 사람들의 솔선수범까지, 경제성장에 걸맞은 배려와 정신적 여유, 우리는 그걸 품격이라고 부르고자 합니다."고 했다.

이승만 독재와 박정희 군사독재는 언급하지 않거나 박정희 전 대통령을 경제 기적을 이룬 사람으로 평가하고, 이명박 정부를 "세계 일류국가 고품격 국가를 향한" 정부라고 추켜올리는 <KBS>.

"세계 10위권의 경제대국까지 끌어올렸지만 그 치열함이 이젠 마치 승자 없는 간판경쟁처럼 모두를 패배자로 만들지 모른다."고 경고하면서 "꼬여 있는 실타래를 먼저 풀어줘야 할, 힘 있고, 돈 있고, 권세 있는 사람들이 더 챙기려 한다는 게 문제를 더욱 어렵게 만들고 있다."고 기득권을 비판하는 <MBC>.

새해 첫날 KBS와 MBC는 달라도 너무 달랐다. 누가 진짜 품격을 말했을까. 아는 사람은 다 안다.

출처 : www.ohmynews.com

[광고비평] 이동통신 3사의 유머 광고전
—광고에 웃되 지갑은 열지 않는 소비자들

강두필

광고 기근에 시달리는 요즘, 이동통신 3사의 유머광고가 광고계의 유일한 버팀목이 되어 주고 있다. 올해 'SHOW하고 살자'라는 슬로건으로 대한민국광고대상을 2연패한 SHOW 광고, 중독성 강한 '되고 송'으로 전국민을 사로잡은 SK텔레콤의 '생각대로' 캠페인, 사소한 직장생활의 에피소드를 잘 살린 LG텔레콤의 오주상사 영업2팀 광고까지 유머광고가 대부분을 차지한 상황이다. 이번 광고비평에서는 이동통신 3사의 유머광고를 해부해 보았다.

2008년 5월부터 시작된 '내 인생의 쇼' 시리즈 중 '7살의 쇼' 편.
영상통화로 벌어질 수 있는 유머러스한 이야기로 시청자들의 폭소를 자아냈다.

분명 어려운 시기가 도래한 것이 확실하다. 광고들이 일제히 유머라는 코드로 무장하고 소비자 앞에 나서고 있다. 지난 1997년의 IMF때보다 더 거대한 파도가 밀려오고 있다. 이번은 한국만의 문제가 아닌 것 같다. 전 세계가 동시에 영향을 받고 있는 것 같다. 정부의 어떤 부양책도 아주 잠시 효과를 보일 뿐 증시의 몰락과 환율의 급등을 막지 못하고 있다. 취업률이 미증유의 저점을 보이고 있고 서민이니 중산층이니 분류가 의미 없이 모두 힘들어만 할 뿐이다.

이 와중에 이동 통신사들의 광고 물량은 마지막 포도당 주사처럼 광고계를 간신히 지탱해주고 있다. 현재 이동통신의 3대 광고주가 모든 광고를 유머 일색으로 바꾸며 진영을 개편하고 있다. KTF의 SHOW 광고는 2007년 2월 '우물쭈물 살 것인가'라는 독특한 광고를 시작으로 2008년 11월 말 현재 '100살의 쇼'까지 총 59개의 광고를 내 놓았다. 1년 9개월 동안 59개라면 물량 면에서 단연 챔피언 급이다. 경쟁사인 SK텔레콤은 T 광고 중 '되고 송'으로 형식을 맞춘 2008년 3월의 '장동건'편으로부터 2008년 11월 현재 집행중인 명동 한복판의 '조용男의 생각대로'편까지 9개월간 총 36개, LG 텔레콤 OZ의 경우 2008년 4월 '힘이 되는 3G, LG텔레콤이 시작합니다.'로부터 시작하여 2008년 11월 현재 꽤 좋은 반응을 얻고 있는 오주상사 영업 2팀의 비즈니스 코믹 CF 시트콤 시리즈 6편에 이르기까지 8개월간 총 17개의 광고를 내놓았다. 물론 사이사이에 기업 광고나 가격고지, 프로모션 광고 등 몇 편을 제외하고 SHOW, T, OZ의 브랜드광고들은 일관되게 유머광고로 집행되고 있다. 경제가 어려운 시기가 도래하면 어김없이 유머광고가 성행한다는 암묵적인 합의가 어딘가에 있기는 있는 것 같다.

물량공세로 3G 시장 선점한 SHOW, 이후 유머광고로 소비자 사로잡아

현재 3G 이동통신의 선두주자로 나선 KTF의 SHOW는 'SHOW를 하라, SHOW'라는 슬로건을 내세우며 2007년 2월 유머광고의 강력한 포문을 열었다. 3월부터 SHOW가 시작된다는 티저(Teaser) 광고였는데 정자가 신나게 헤엄쳐서 난자와 도킹을 하고 세포분열이 일어나며 새로운 무엇인가가 시작됨을 알렸다. 동시에 버나드 쇼의 비문 "우물쭈물 살다가 이렇게 끝날 줄 알았지."를 응용하며 지루한 것은 갔다, 이제 새로운 쇼가 시작된다며 장례식장에서 춤을 추며 유쾌해하는 사람들을 보여주는 컬트적인 광고를 제작해 소비자들의 궁금증을 증폭시켰다. SHOW의 서비스가 시작된 3월 1일 방송에는 대한민국에서 가장 유명한 비디오 아티스트 고 백남준 선생의 어록을 인용하며 "똑같은 걸 하느니 차라리 죽지! 쇼 하고 있네."라는 파격적인 자막과 그의 생전 모습들(피아노를 때려 부수고, 여러 가지 기행으로 사람들의 이목을 집중시키던)과 작품들을 빠른 편집으로 보여주며 "세상에 없던, 세상이 기다리는 SHOW를 하라."고 외쳤다. 같은 날 프랑스 파리 세느강 바토 무슈에서 에스카르고(달팽이요리)를 자연스럽게 시킬 수 있었던 것은 한국과의 영상통화가 가능했기 때문이라며 3G의 기능을 확실하게 어필한 '바토 무슈'편도 동시에 집행되었다.

'서태지의 쇼'편은 유머광고가 연관성을 갖췄을 때의 임팩트를 보여준 작품이다. 서태지가 자신을 알아보지 못하는 어린 팬에게 굴욕을 당한다는 내용.

이후 SHOW의 광고는 거의 1주일 간격으로 융단 폭격처럼 집행되었다. 영상통화가 아니면 알 수 없는 '사랑해'의 다양한 뉘앙스를 보여준 '사랑해의 의미'편, 지루함을 못참는 사람들은 모두 모이라는 'SHOW당(黨) 창당'편, 일상을 활기차게 할 기발한 아이디어의 물건들을 끊임없이 보여주는 '발명'편, 야구장에서 휴대폰으로 개인 생방송을 하다가 자기 스타일의 여자를 보고 중계를 끊고 쫓아가는 '영상폰의 기능'편, 문자 서비스를 많이 이용하는 젊은 사람들에게 어필하는 '40자 문자는 가라. 1000자 문자 제공'편 등이 TV 브라운관을 뒤덮었다. 이 모든 광고가 단 20여 일 동안 집행되었던 것이다.

전쟁으로 치면 선전포고 하자마자 적군이 상상할 수도 없는 물량과 다양한 신무기를 단번에 쏘아붙인 셈이다. 시간이 갈수록 SHOW 광고의 마니아가 늘었지만 초기 진압전에서 이미 SHOW는 분명한 자리매김에 성공한 것으로 보인다. 그러나 이때까지만 해도 SHOW 광고가 유머광고로 초점을 맞출 것이라는 조짐이 보인 것은 아니다. 기발한 아이디어와 사람들의 호기심을 자극할 만한 기능의 편이를 앞세운 전략적이고 잘 준비된 광고들이 착착 전선에 나서고 있었다.

출처 : http://kobaco.co.kr

[게임비평] 온라인 게임의 환상성

이용욱

　　온라인게임의 환상성은 게임 텍스트 밖에서 만들어지는 것이 아니라 게임 텍스트 내부에서 만들어진다. 게임 텍스트 내부는 거대한 가상 공간인데 문학 텍스트가 창조해낸 허구적 공간과 달리 행위자와 텍스트 사이에 심리적 거리가 존재하지 않는 실재 세계의 완벽한 모사물이다.

　　게임 시나리오 기획자를 '작가'로 놓고 게임 행위자를 '독자'로 설정한 후 텍스트의 창작과 독서 과정을 '가상공간'을 축으로 살펴보면 온라인게임의 환상성이 어떤 방식으로 발현(發顯)되는지를 맥락화할 수 있다.

　　현실 공간과 상반되는 개념인 가상 공간은 비물질성을 지닌 비트(bits)의 조합으로 이루어져 있으며, 실재하지 않지만 실재하는 것처럼 인지되는 시뮬라크르한 구조물이다. 가상 공간의 시뮬라크르한 맥락은 독자들의 문학적 기호를 기시감이라는 의식의 자장권 내에서 자유롭지 못하게 구속한다. 기시감은 일차적으로 독서 행위 과정 중에 나타난다. 가상 공간 안에서 독자들은 '언젠가' '어디선가' 이미 읽어본 듯한 무수한 텍스트들을 만나게 된다. 이것은 가상 공간이 기표와 기의의 결합으로 구조된 현실 공간과는 달리 이미지의 세계이며, 독자들은 자신들이 이미지로 기억하고 있던 독서 경험을 또 다른 이미지와 겹쳐 읽기 때문이다. 작가들 역시 자신들의 상상력을 독창성보다는 상호스트성에 의존하고 있다. 가상 공간의 작가들에게 중요한 것은, 자신이 획득한 정보를 새로운 방식으로 배열하는 것이다. 이때의 새로운 배열이란 따로 떨어져 있는 일련의 자료를 자신의 의도대로 결합·접합하는 능력을 말하며, 텍스트에 대한 독자들의 기시감은 결합과 접합에 대한 기억의 이미지이다. 가상 공간이라는 새로운 자연을 재현하고자 하는 작가들의 상상력은 창조적인 능력보다는 패러디와 패스티쉬를 동원한 상호텍스트성에 의존할 수밖에 없다. 가상 공간 자체가 현실 공간과 끊임없이 상호텍스트되기 때문이다. 따라서 가상 공간 내에서 독자들의 끊임없는 기시감은 현실 공간에서의 독서 경험과 겹쳐짐에서 기인하며, 작가들이 텍스트 안에 의도적으로 펼쳐놓고 있는 형식적인 틀 역시 이미 현실 공간에서 익숙하게 보아왔던 것이라 생각할 수 있다. 이것은 온라인게임의 환상성을 해석하는데 중요한 단서를 제공한다.

온라인게임의 환상성(幻像性)은 네 가지 측면에서 형성된다. 먼저 게이머들은 자신이 처음 접하는 온라인게임의 가상 공간을 전혀 낯설게 느끼지 않는다. <기시감의 법칙>이다.

MMORPG 게임인 <아크로드>에 처음 접속한 게이머는 드넓은 칸트라 대륙의 한 지점에 던져진다. 그러나 그는 당황하지 않고 초보인 자신이 해야 할 일을 익숙하게 처리한다. 마을 상점에 들려 초보용 아이템을 사고, 퀘스트를 부여받고, 마을 밖으로 나가 사냥을 한다. 물론 온라인 게임이 처음인 유저라면 무엇부터 해야 할 지 어리둥절할 수도 있다. 그러나 다른 게이머의 조언이나 홈페이지에 마련된 초보용 길잡이 등을 통해 그는 금방 낯선 세계에 적응한다. 이 같은 일련의 행위들은 "내가 낯선 세계에 홀로 던져졌다면 어떻게 해야 할까?"라는 상황 판단의 자동 반응이다. 게이머는 가상 공간에 처음 발을 내딛었음에도 불구하고 이미 언젠가 한번 경험해 봄직한 기시감에 사로잡히게 되는데 이는 온라인게임이 구현해 놓은 세계가 가짜이거나 허구가 아니라 실제로 존재하는 세계로 인식하기 때문에 가능해진다.

　두 번째는 가상 세계에서의 일상이 현실의 일상과 별반 다르지 않다는 <일상의 법칙>이다. 판타지 소설이 리얼리티를 갖는다면 그것은 시공간의 배경이나 스토리 전개에서가 아니라 텍스트 안에 인물들이 현실 공간의 우리들처럼 사랑하고 분노하고 질투하고 슬퍼하는 일상적 감정을 고스란히 보여주고 있기 때문이다. 온라인게임도 마찬가지이다. 비록 게임의 공간은 신과 인간이 공존하는 신화적 공간이거나 인간의 한계를 뛰어넘는 초절정 고수들이 활동하는 무림의 세계일 수도 있지만 그 안에서 게이머는 여전히 인간의 위치를 고수한다. 인간의 위치를 고수하기에 '엘프'이면서도 인간처럼 행동하고 '드워프'이지만 인간처럼 생각한다. 다른 게이머와 파티플레이를 하고 필드에 나가 사냥하고 레벨을 올리는 게임 속 일상은 대인 관계를 맺고 직업을 구하고 돈을 버는 현실의 일상과 중첩된다. 어쩌면 이 '중첩(重疊)'이라는 심리적 효과 때문에 게임이 심한 중독성을 갖게 됐는지도 모른다.[1]

---

1) 현실과 가상을 구분하지 못하게 만드는 온라인게임의 환상성은 어처구니없는 사건을 불러일으키기도 한다.
　"지난 8일 오전 7시쯤 온라인 게임 '리니지'에서 자신의 캐릭터를 죽인 상대에게 복수하겠다며 PC방을 찾아갔다가 엉뚱한 사람을 흉기로 찔러 중상을 입힌 30대가 경찰에 잡혔다. 보도에 따르면 그는 경찰 조사에서 "(게임 캐릭터는) 또 다른 나다"며 "캐릭터를 죽이니까 내가 죽은 것 같이 느꼈기 때문에 흥분하고 화가 났다"고 밝혔다."(마이데일리 인터넷판(2005-06-09)에 실린 기사 중 일부)

　　<리니지>에서는 게이머들 간에 결혼식이 종종 있다. 플레이하면서 서로가 맘이 통해 그것이 사랑의 감정으로 확대되는 경우이다. <리니지>에서의 결혼식은 현실의 결혼식과 하등 다를 바가 없다. 결혼식장이 마련돼 있고, 주례 선생님도 있으며, 축하해 주기 위해 하객들도 참석한다. 물론 결혼식을 올리는 신랑 신부가 현실에서는 둘 다 남자일 수도 있고, 결혼을 이미 한 기혼자일 수도 있고, 나이차가 너무 나 도저히 결혼할 수 없을 수도 있다. 그러나 온라인게임의 환상성은 현실의 그런 조건들을 모두 지우고 그 위에 일상성을 재위치 시킨다.

　　세 번째로 온라인게임의 환상성은 <욕망의 법칙>을 보여준다. 현대이론과 비평에서 판타지라는 말의 통상적인 용법에는 두 가지가 있다. 첫째 용법은 작중의 사건이 터무니없는 가공의 세계에서 일어나거나 초자연적인 성질을 띠거나 아니면 일어날 수 없는 일에 대한 예상을 대개 무시하는 문학작품을 일반적으로 일컫는다. 둘째 좀 더 전문적인 용법은 정신분석에서 나온다. 정신분석에서 판타지는 대체로 '백일몽'과 동의어로 검열기제가 허락하는 범위 안에서 의식이 상상과 욕망을 자유로이 활동하게 놓아두는 명상의 상태를 말한다. 정신분석에서 판타지는 백일몽과 같은 의식적 판타지와 정신분석이 드러내고자 하는 억압된 욕망의 표현인 무의식적 판타지 모두를 가리키는데 쓰인다.[2] 온라인게임의 <욕망의 법칙>은 현실에서 억압된 욕망의 가상적

----

2) 조셉 칠더즈·게리 헨치 엮음, 황종연 역, 『현대 문학·문화비평 용어사전』, 문학동네, 1999, p.182.

해소이다. 현실에서 억압된 욕망이 강하면 강할수록 게이머가 온라인게임의 환상성을 탐닉할 여지는 높아진다. 남보다 강해지고 싶고, 더 좋은 아이템을 획득하고 싶고, 자신에게 해를 입힌 타자에게 복수하고 싶은 욕망은 기실 현실의 욕망과 일란성 쌍둥이이다. 게이머들이 온라인게임의 환상에 몰입하는 이유는 일상의 욕망과 환상의 욕망이 겹쳐지면서 게임의 일상을 현실의 일상으로 치환시키는 <욕망의 법칙>이 작동하기 때문이다. <일상의 법칙>이 표면화된 세계를 보여준다면 <욕망의 법칙>은 그런 일상을 조직화해내는 무의식적인 효과이다.

<리니지1>에는 유저와 유저 사이에 아이템을 사고 파는 시장이 마을을 중심으로 형성돼 있다. 파는 사람은 좀 더 높은 가격에 팔고 싶어 하고, 사는 사람은 좀 더 낮은 가격에 사고 싶어 한다. 당연히 싸게 사서 비싸게 파는 전문 상인들도 등장하였다 (여기까지는 <일상의 법칙>이다). 이들 상인들 중 일부는 아덴(리니지의 화폐 단위)을 벌기 위해 비정상적인 상행위를 일삼기도 하는데 '매매사기'가 대표적이다. 시세보다 낮은 가격에 산다거나 산다고 한 가격보다 적은 아덴을 지불하는 경우이다. 자본주의의 세속적인 욕망이 아이러니하게도 선과 악의 대립을 구현하는 로망스(romance)의 공간인 가상 세계에 고스란히 투사된 것이다.

기란성 마을은 (무역도시…. 와는 전혀 상관이 없이;;)

많은 유저들의 시장 중심의 거점이 되는 장소이다.

팔고 사는 거래가 왕성한 만큼, 시세 격차가 심한… 매매 사기가 극성을 부리는 장소이기도 하다.

루나서버의 기란성 마을은 매매의 몇몇 구역이 암묵적으로 나뉘어져 있는데,

1. 정탄 골목 (주로 기란성 마을을 빠져나가는 북문 쪽 길목에 자리잡고 있다.)

2. 타우린 창고 주변~정탄골목 : 개인 구입상점 / 기초재료 공방상들

3. 기란성 마을 광장 기둥 쪽으로 : A급 이하의 공방상인들

4. 크라비아 텔녀 주변으로 : 데이, 젤 개인상점

5. 기란신전 입구 앞과 주변에 : 법서 개인상점

6. 그 외 넓게 분포한 모든 구역의 판매, 구입 개인 상점 등으로 나뉘고 있다.

특히 사기 행각이 주로 이루어지는 곳은,

1. 정탄골목 (예 : B정탄을 세 자리수로 팔고 있다…;;)

2. 타우린 창고 주변~정탄골목 : 개인 구입상점 (상점 구입가보다 싸게 사고 있다. 뭐냐…;;)

3. 데이, 젤 개인 판매 상점(예 : B데이 : 2천만, C데이 D데이도 몇백만 아덴 씩;;;;)

정도로,

많은 장사진들 속에 섞여 격차가 심한 물건을 팔고 있다는 것. ――;

일부 유저들이 아덴으로 1원씩 표시를 해놔도,

그것을 주어먹는 캐릭이 있기 때문에 (거의 대부분 사기 행각을 하기 위해 의도적으로 주어먹는) 사실상 사고 팔 때 유저가 주의를 해야 하는 것이 지금의 실태.[3]

'사기'야 말로 일상의 욕망이 게임의 욕망을 뒤덮은 사례이다. 뒤덮었기 때문에 두 욕망은 구분되지 않고 섞여버리게 되고, 이것이 온라인게임의 환상성을 만들어내는 것이다.[4] 두 공간이 모두 동일한 욕망에 충실하기 때문에 현실 공간과 가상공간은 구분되지 않는다.

마지막으로 온라인게임의 환상성은 <창조의 법칙>을 갖는다. 만들어 진 것이 아

---

3) 리니지2 이야기 - 기란성 마을 사기행각.
  http://blog.naver.com/eruku/80017584951
4) 실제로 게임 상에서 사기를 당한 피해자가 현실공간에서 가해자를 찾아내 폭력을 행사하거나, 검찰에 고발하는 일이 심심치 않게 벌어지고 있다.

니라 만들어가는 세계에서 게이머는 주인공이다. 문학에서 독자는 결코 주인공이 될 수 없다. 주인공 뒤를 쫓아가는 관찰자일 뿐이다. 서사를 새롭게 창조해나가면서 그 세계를 견고하게 유지하기 위해서는 자신이 만들어 나가고 있는 세계가 현실이라는 강한 확신을 갖고 있어야 한다. 만약 그런 확신을 갖지 못한다면 서사는 실재 현실로 부터 위협을 받게 되고 결국은 허구로 전락해 버리고 만다. 온라인게임의 유저들은 모두 자신만의 세계를 갖고 있다. 그리고 그 세계가 실재와 다르지 않다고 확신한다.

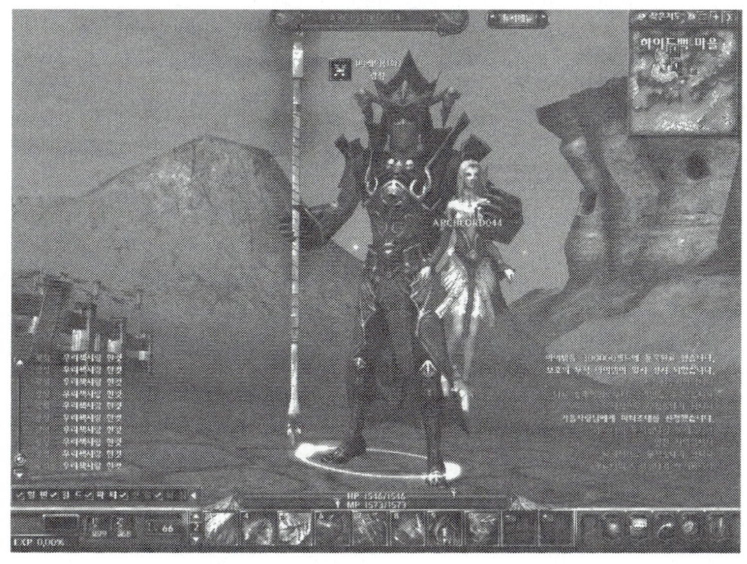

위 화면은 <아크로드> '베스트 추천 유저 스크린샷' 게시판에 올려져 있는 그림이다. 그림 밑에 다음과 같은 사연이 올려져 있다.

제목 : 집 나간 색시를 공개 수배 합니다.
얼굴 잘 보시고 혹 보시면 제보 부탁드립니다.
1년 전에 찍었던 신혼여행사진입니다.
마지막으로 색시가 이사진을 볼 수 있다는 믿음
의심치 않으며....
"색시야 은날개 바꿔줄게, 어여 내 곁으로 돌아와라.."

“그땐 돈 없어서 못사줬지만 이젠 너가 그렇게 좋아했던
　은날개 사놨어 어여 내 곁으로 돌아와ㅠㅠ”
사랑하는 남편이 목이 빠지도록 기다리고 있어요.

글을 올린 아이디 xx5289는 같이 플레이 하다가 어느 날 갑자기 연락이 끊긴 다른 유저를 찾으면서 집을 나간 것으로 임의로 판단하였다. 상대방이 사정이 생겨 게임을 더 이상 할 수 없게 됐을 수도 있고, 워낙 넓은 가상 공간이라 미처 못 만났을 수도 있건만 xx5289는 자신을 중심으로 서사를 만들어 나가고 있다. “은날개를 사 주지 못해 아내가 집을 나갔고 이제는 그것을 사줄 수 있는 여력이 생겼으니 그만 돌아오라”는 신파조의 이 글은 서사의 창조가 어떻게 환상성과 밀착되어지는 가를 잘 보여준다.

현실 세계에서 자기 자신이 세상의 중심이며 주인공이라고 생각하는 사람은 드물다. 자신의 의지대로 세상을 살아가기가 어렵기 때문이다. 어렸을 때는 부모님의 뜻에 따르는 것이 중요하고 결혼해서는 가족들을 먼저 생각해야 한다. 자신의 삶을 자신이 주도할 수 없다는 패배의식은 온라인게임을 통해 보상받는다. 그래서 유저들은 그 세계에서 벗어나고 싶지 않은 것이다. 자신이 주인공인 유일한 세계에서 그는 현실세계에서 받은 상처를 달래고 자신과 같은 사람들을 만나 위안을 얻고 스스로 이야기를 만들어가면서 삶의 희열을 느낀다. 새로운 세계를 창조하면서 그것을 현실이라고 믿고 싶은 게이머의 욕망이 온라인의 환상성을 만들어 내는 것이다.

온라인게임의 환상성은 문학의 환상성과 다르다. 환상(幻想)과 환상(幻像)의 차이는 아날로그 서사와 디지털 서사의 거리이다. 온라인게임이 보여주고 있는 환상(幻像)적인 세계와 그것을 통해 구현되는 미적 체험을 ‘가상성(假像性)’과 ‘버추얼 리얼리티’라 명명할 수 있다. 온라인게임의 환상성을 통해 서사예술의 미적 범주와 가치체계는 한층 더 확장되게 될 것이다.

출처 : 『온라인게임 스토리텔링의 서사시학』, 글누림출판사, 2009

Workshop/Textshop

1. 신문이나 잡지, 인터넷 등에 게재된 매체언어 비평문 하나를 택하여, 아래
기준에 따라 분석·평가해 보시오.

비평문의 기초 정보	제목 : 필자 : 출처 : 대상 장르 :
비평의 초점	
비평의 태도	
비평문에 대한 자신의 평가	

2. 자신이 최근에 접해 본 매체언어 중 가장 인상적인 텍스트를 하나 선택하
여, 이에 대한 비평문을 작성한다고 가정하고 그 개요를 적어 보시오.

비평문의 기초 정보	제목 : 필자 : 출처 : 대상 장르 :
개요